慈禧與她的帝國

魏得勝

——著——

目次

第一章 北京看升旗

一段春事易江山 006
君君臣臣不見了 008
帝王城上豎降旗 018
風花雪月一日凋 029
滿懷愁緒錯錯錯 042
山雨欲來風滿樓 052
多事之秋添驚雷 061
翻手作雲覆手雨 068
縱情無忌小安子 076
無情黑手老毛子 088

093

第二章 兵敗如山倒 098
鳳起荷塘情已了 100
冬去冬來江南岸 114
還盡秋色梧桐落 120
迴腸盪氣鴨綠江 132
紫禁城裡喜洋洋 143
上野公園舉國歡 148
第三章 迷途的羔羊 154
可憐一個傀儡帝 156
月轉風回翠影翻 169
回眸一瞥論成敗 177
第四章 把帝國擊碎 184
舉足輕重小李子 186
誤入歧途梅花拳 204
京都落日西風吹 221

情何以堪義和團 226
最是倉皇辭廟日 244
一抹殘陽下山崗 255
蝗蟲集團在路上 262
第五章 落葉秋風掃 266
春暖花開心未開 268
海歸宮女領風騷 273
頤和園內女主人 287
重返戊戌雁過也 307
幾點黃花滿地秋 310
惜春春去雨打花 313
附表 清帝承繼表 329

第一章

北京看升旗

慈禧

一段春事易江山

春心動荷塘

又是一個荷花綻放的季節。不同的是，這一年圓明園裡的荷花，要比往年繁盛得多。人走在荷塘邊，抑或走在穿塘而過的小橋上，猶如掉進青紗帳，彎彎腰，就不見了人影。蓮蓬初成，荷風送爽。這難得的好去處，因為常常吸引當今皇上奕寧，別的人也就只好敬而遠之了。

這天午後，一覺醒來的奕寧，搖著一把折疊扇，晃晃悠悠就來到了荷塘邊。百無聊賴的奕寧剛剛伸了一個懶腰，耳畔就傳來一陣美妙的歌聲。他以為自己聽錯了，兜住耳朵再聽，沒錯，是個女孩子在唱歌。他急忙順著聲音尋去，走著走著，就來到荷花深處。他剛看到女孩的半個頭，不及打招呼，那女孩子靈巧一閃，嬌美的身影轉瞬即逝，隱沒在荷塘之中。奕寧是何許人也？此乃大清帝國一等尋花問柳的好手呀，在這麼靜謐的地方發現美女，焉有放過之理？

奕寧的風流，當然遠遠比不上他的祖先弘曆。那傢伙，一生之中，僅僅是南巡，就來了六回，他是一路走，一路風流，濫情得一塌糊塗。這都是弘曆他老爸、他爺爺給他打了個好家底，國庫充盈，他也就揮霍得起。奕寧就沒有趕上這樣的好時候，他那是什麼年代呀？他當皇上之前，就先來了一場使帝國大傷元氣的鴉片戰爭；可他登基為帝的當年，還沒消停一下，洪秀全又來了，直弄得帝國雞犬不寧。好在奕寧這個年輕人的心態還算不錯，管他什麼洪秀全白秀全，大清的天有中央政府裡的那幫高級奴才們頂著，當皇上的不及時行樂，實在是傻瓜。

所以，刻下的奕寧追起女孩來，那真是毫不含糊，他業務熟呀。就在一個小亭子下，他追上了那個亭亭玉立的女孩。讓奕寧大吃一驚的是，在整個圓明園裡，還沒有哪個女人如此打扮，大襟短袖淡荷色，藍底褲子襯玉蘭。這什麼打扮呀？宮裡的女人哪有這些行頭，這簡直是村氣射人嘛。也正因為如此，眼前的女孩給奕寧留下終生不滅的印象，此時此刻，也深深地打動了大清的這位青年皇帝。奕寧感覺出了女孩內心世界的波瀾起伏，女孩動人的春山，就在奕寧面前一起一伏，這使他多少有些不能自持了。風流皇帝恨不得現在就把女孩攬入懷中，然而他是皇帝，這一點他還算自知。再說，侍衛們就在屁股後面侍駕，就是猴急也得有個分寸。

電視劇《康熙王朝》有個鏡頭，在蒙古大草原上，玄燁和一個蒙古女孩追逐嬉戲，情濃雨稠，他們雙雙倒在草地裡——這時，侍衛人員當即拉起一圈黃色的帷幔，給皇帝搭建了一個臨時交媾的場所。你完全可以把這理解為滿人的性風俗，講求的是情至欲盡。但我總覺得，奕寧再風流，似乎在性問題上，比他的祖宗們保守些。這結果，應該緣於滿人的被漢化。漢人在性問題上就特別保守，偽君子、衛道士這些詞，實際都是漢人先驅謾罵假正經們的經典性語言。奕寧在荷塘裡看到他所喜愛的女孩，沒立即行動，就屬於假正經範疇。他近前問那女孩：「剛才是你唱歌嗎？唱的是什麼？你怎麼會唱宮外的歌？」一連問了很多問題。

那女孩趕緊施禮，說自己太魯莽，衝撞了主子。這個女孩，就是本書的主角兒慈禧。當然了，眼下的這個女孩還不叫慈禧，她叫葉赫那拉·杏貞。一八六一年，杏貞的兒子載淳做了皇帝後，有生以來她得到的第一個徽號即為「慈禧」。從此，這個名字便伴其終生。為便於敘述，本書皆以杏貞的第一個徽號「慈禧」為其名，並貫穿始終。

當下（一八五二年）的慈禧，剛剛十七歲，可謂如花似玉的好年齡。其時的慈禧，被選入宮未幾。說到這裡，我們有必要交代一下皇帝的妻妾。不然讀者會產生誤會，說慈禧既然是奕寧的宮眷，他怎麼會不認識呢？這要先從皇帝的妻妾等級及數量說起。

帝制時代的皇帝，其妻僅有一位，那就是皇后，餘者皆為妾，或曰姨太太。妻妾姨太太之類，那是民間的叫法，到了等級森嚴的皇宮，妻就有了一個代表帝國尊嚴的稱號——皇后；妾也因此有了等級，以區別於民間，依次為皇貴妃（首席姬妾，一人）、貴妃（兩人）、妃（四人）、嬪（六人），還有人數不定的貴人、常在、答應和宮女若干。嚴格說來，宮女還不算是妾，只是妾的後備軍。皇帝哪天高興，又碰巧和某個宮女有了性行為，她才有資格升為「答應」，或更高一級。一切就看宮女個人的造化。終其一生未被皇帝臨幸過的宮女，成千上萬。而能升格為妾的，更是鳳毛麟角。你想，後宮有多少正式的妻妾圍著皇帝轉呀，別說是宮女，就是常在和答應這些有妾之身份的女人，也不是隨時可以得到皇帝的臨幸的，甚至一年半載也得不到一次這樣的機會。這還得說是皇帝自己當家，如果皇帝頭上有位皇太后，那麼除了皇后以外，任何妃嬪要想和皇帝過夜，沒有皇太后的恩准是萬萬不可以的。總體來說，清宮女人的數量，比起此前各個帝國的宮眷，那真不知要少多少，甚至可以說是不可同日而語。這一度被學界當做歷史的進步，加以讚許。

清宮以前的女人數量，這裡不予贅述。我們從奕寧說起，他的妻妾有案可查者僅為十五人。這比起隋唐後宮女眷動輒上萬的數量來說，清帝國在這一方面真的是進步多了。儘管如此，奕寧是不缺女人的，除非他不想要，否則沒有人可以阻擋他的欲求。但我們說，在皇帝妻妾成群的情況下，一個級別很低的妾，要想超凡脫俗，引起皇帝的注意，那可就太難了。以貴人一級的慈禧而言，就算她是貴人、常在、答應、宮女隊伍裡的領班，她的前面也還有十四個高級別的妾呀。女人誰不想把丈夫羈絆在自己眼皮子底下？誰肯拱手相讓？再者說，後宮等級森嚴，一個貴人焉敢展翅去爭風吃醋？說得不客氣點，她還沒有那個資格。皇后是後宮一把手，皇貴妃是其助理，別說這兩位主兒你得罪不起，就是嬪妃也不是好惹的，身份都在那裡擺著呢，豈容低級妾僭越。還有一個因素，奕寧多年輕呀？他的那些有名分的妻妾全是情竇初開的主兒，正是個個拿色當飯的年齡，奕寧一人對付這十幾位，就夠他嗆的了，他哪還有精力，去臨幸貴人及其以下的小妾。更何況，慈禧進宮才幾時呀？哪有那麼好的運氣撞上門。說穿了，一切還得靠自己去爭取，靠自己去創造條件。

也別說，慈禧還真是個人物，她這不就來了嗎？這實在是個有心機的女孩，她成天盯著奕寧的行蹤，當她發現奕寧的行動規律後，就在這天的下午，提前跑到荷塘裡等著去了。她把自己當做魚餌，拋向荷塘，等大清帝國的皇帝前來咬鉤。奕寧上鉤了，他輕輕撫摸了慈禧一把，慈禧就順勢半依半躺在奕寧懷裡。柳眼梅腮，已覺春心動。奕寧已是急不可待，他另一隻手將慈禧的雙腿一兜，便把整個人給抱了起來，然後走向近前的一座亭子。那些隨身侍從見狀，立即退避三舍，到了一個只聞呢喃聲，而不見其影兒的地方。過了好長時間，從那座涼亭裡傳來慈禧的歌聲，那是一首委婉動聽的南方流行歌曲，它迴盪在整個荷塘裡，讓奕寧從此難以割捨，尤其難以割捨唱那首歌的慈禧。

奕寧哪裡知道，就是荷塘裡的這一段春事，改寫了一個小女子的命運，也改寫了愛新覺羅家族的歷史。就從這一刻起，愛新覺羅氏的江山，正悄悄易手葉赫那拉氏。

愛－葉情仇

愛新覺羅與葉赫那拉又是怎麼回事呢？這是兩個家族之間的一段陳年舊賬，事情可追溯到明初。十三世紀金帝國滅亡後，女真一族是國亡山河在，人也依舊生活在祖先留下的土地上，即今天的中國東北地區。

中國的塞北民族有個很大的特點，就是部落林立，大部落套著小部落，這就像俄羅斯的共和國裡套著若干小共和國一樣，很容易給人造成閱讀與認知上的困難。就拿女真部落來說，明初的時候，它實際由三大部落組成，即建州、海西①、野人。海西本身又由四個部落組成，其中葉赫部落與那拉部落，都是其家族成員。大部落之間戰爭不斷，小部落之間照樣是戰爭不斷。在葉赫部與那拉部的戰爭中，葉赫部占了上風，滅了那拉部，合稱葉赫那拉部落。這樣一來，葉赫那拉就成了海西部落的老大，進而代表海西，與其他部落爭鋒。

在女真的三大部落中，建州部落為最大，其領袖人物為努爾哈赤。假如海西部落與建州部落發生衝突，那就等同於葉赫那拉部落挑戰愛新覺羅・努爾哈赤了。結果，葉赫那拉部落真就與愛新覺羅部落幹了起來。葉赫那拉氏最後打敗了愛新覺羅氏，成為當時東北最大的一支女真部落。時光轉換，葉赫那拉氏終被愛新覺羅氏所滅，女真族的這兩大姓從此成為世仇。因為努爾哈赤對葉赫那拉的屠殺極為殘酷，葉赫那拉部落的酋長死前曾發誓說：「我們縱使只剩下一個女子，也要復仇。」

當然，葉赫那拉部落再慘，不可能只剩下一個女子。這種語言表達，只是一種決心性質的。葉赫那拉部最後剩下多少人不得而知，我們所知道的是，三百年後，葉赫那拉氏出了一位能幹的女人，她按照既定計劃，完成了其部落酋長的遺言，為葉赫那拉報了仇，雪了恨，努爾哈赤的子孫，被她的復仇之手一一埋葬，她就是慈禧。

貴人回娘家

我們不知道慈禧有怎樣的閨房技巧，把個奕寧擺弄得服服貼貼，甚至一刻都離不開她的樣子。頻繁的房事，並沒有即刻解決皇儲繼承人的問題，直到一八五六年四月，慈禧才為奕寧生下一個兒子，這個孩子就是載淳，即後來的短命皇帝同治。但這也頗為不同凡響，奕寧畢竟有那麼多的妻妾，只有慈禧為他生下龍子（一位徐貴人也為奕寧生下一個兒子，但未及起名就夭折了。此後的奕寧再無生育）。慈禧為皇帝生了兒子，立刻身價百倍，加上她又會討皇太后的歡心，所以不久，就升為貴妃。從此，慈禧成為圓明園裡的一顆明星。轉過年，二十二歲的慈禧，即獲得一個尊號，叫做懿貴妃。「懿」的意思是賢德，可後來的清宮上下，著實體驗到了慈禧之賢德的厲害。這是後話，放下不提。

留下筆墨，我們來說說慈禧回家的一段趣聞。一八五七年一月，慈禧生下兒子九個月後，經皇帝恩准後回家探親。據說，這是慈禧被選入宮後，第一次回家省親。一大清早，太監們前來告知慈禧的父母，說懿貴妃將於中午時分歸家省親。慈禧的家人鄰居得知，莫不引以為榮，個個奔相走告，歡喜不已。

慈禧家住北京城內的錫拉胡同，皇家的轎子還沒到，鄰居們就已經把街巷擠得水泄不通。突然有人喊道：「到了到了，我看見黃轎子了！」果然，就看見了開道的兵丁和前呼後應的太監。一見這陣勢，看熱鬧的人立刻閃到路兩邊，現場一片肅靜。這時，慈禧的母親率家人已分立院子兩側迎駕。其家人除其母及長輩外，統統跪迎慈禧。皇轎進入院內後，太監們恭請懿貴妃下轎。慈禧滿足地看了一眼跪在地下的親人，又滿含熱淚地看了眼母親。隨後，慈禧進入屋內，宴席之上，她為上座，其母為下座，以示慈禧為皇子之母的尊貴。倒是在席間，慈禧又回到了她談笑無忌的開朗本性。她把家裡人的情況，逐一問了個遍；家裡人也把她的情況問了個遍。彼此之間，都不免了掉幾滴傷春懷秋的淚水。

一月恰是夜長晝短的時節，歡宴很快就到了傍晚時分。帶隊的太監說，時候不早了，該啟程回宮了，慈禧這才與家人惜別。臨走的時候，她把帶來的禮物，一一分賜家人，隨之滿含淚水地上了轎。不大會兒，皇家的轎子就隱沒在夜幕裡。慈禧的一家，落寞得站在錫拉胡同巷口，久久不願離去。

此後的慈禧，再也沒有回過錫拉胡同。倒是她的母親，常常進宮探視。

皇帝的本名、廟號與諡號

在中國兩千多年的帝制史上，皇帝可謂多如牛毛。通常情況下，皇帝人人享有一個廟號，如太宗、高宗之類，實際也就是某個皇帝死後的諡號。因為是個皇帝就有廟號，各朝之間就不免重複和混亂。歷史學家在敘述這些皇帝的時候，往往首標朝代以示區別，如唐高宗李治、宋高宗趙構、清高宗愛新覺羅·弘曆。每個皇帝至少還有一個年號，有的皇帝，一年一個年號，乃至一年兩個年號。寫歷史的人，一會兒是皇帝的廟號，一會兒是皇帝的年號，一會兒是其名，讀歷史的人很容易有雲遮霧罩之感。比如我現在寫到的清史，滿洲人入關後的十個皇帝，也是年號、廟號，一個都不少。一個有趣的現象是，歷朝歷代的皇帝，大都是以其廟號響徹中國歷史，恰恰只有清朝的皇帝，無一例外地以他們的年號標榜史冊，如清初的康熙、乾隆，再如清末的光緒，這些年號早已蓋過了他們的本名玄燁、弘曆、載湉。但本書仍統一以皇帝的本名呈現，如果讀者想知道奕寧等清帝國皇帝們的年號和廟號，可直接到本書尾頁的附表中去查對。

答應

明清時對近侍太監和宮女的統稱，但傳統習慣，多指地位最低的宮女。紫禁城裏的答應，大都出身北京及近郊清白之家。初選入宮時，這些女孩在九至十四歲之間。絕大多數宮女在使婢生涯中度過青春，中年以後，有的被許配給某個宦官作伴，有的則被送到紫禁城的西北角養老打雜。宮女們經過這可悲可歎的一生，最後老病而死，還不許家屬領取屍體。她們的屍體火化後，埋葬在沒有標記的墳墓裏。

①該部位於長白山地區，與朝鮮比鄰，被視為滿洲的發祥地。

君君臣臣不見了

總督躲貓貓

在上面，我們曾經簡略地提到過奕寧所處的社會背景。不過這裡我重點強調的是，清帝國君臣們的無知與自大。鴉片戰爭之前，西方就已經以資本為其主義了，尤其英國，基本靠海外貿易生存，他們遠渡重洋來到清國，目的就是通商賺錢的。愚氓的清帝國那是絕對的自大狂，以為這世上只有自己才是惟一，對於英國使節提出的通商要求，斷然拒絕。英國使節帶著大禮，來了一回又一回，當他們第二回被拒絕的時候，就心生惱意：沒有這麼玩的，你不答應通商我就打，看你幹不幹。英國人真也霸道得很，找到藉口就跟清帝國幹上了。結果，清國被輕而易舉地拿下，兩國這才通起商來。一八四〇年的這場戰爭，其實純粹因貿易而起。

仗打完了，《南京條約》也簽訂了，就開始做買賣吧。一路下去，就這麼兩安無事地走了十多年。可是，鴉片戰爭並沒有把清帝國君臣從夢中打醒，他們依舊渾渾噩噩、自以為是。那麼一場大的戰爭，多麼刻骨銘心呀，可清政府打完就打完了，他們並沒有從這場戰爭中，給自己的國家戰略構築一個新的方向，甚至連最起碼的外交機構都沒有設立。我們無法想像，一個國家的土地上擁有那麼多的外國人、甚至還有那麼多的外國駐軍，卻沒有一個外事機構來處理相關問題。倘若不是清帝國君臣的腦袋統統被驢踢扁了，那麼就是他們故意找麻煩。也別說，清帝國還很有這麼一個外交官，負責處理相關事務，他就是兩廣總督葉名琛。

奇怪吧，清政府的外交事務，不在中央所在地的北京處理，而交由兩廣總督負責。自然，外國駐清國使節，也就只好住在廣州。當皇帝的意圖很明顯，把外國人推得越遠越好。這倒也罷了，外交權交給誰，誰就好好行使職權唄。不，若盡職盡責了，那就不是清政府的官員了。清政府的官員只有兩個例外是盡職盡責的，那就是侍奉皇權或頂頭上司；再就是貪污。除此之外，尤其是對下對外，哪怕是他們分內的事，倘若主動了，彷彿大逆不道的一樣。習慣成自然所致，葉名琛身為清政府外交全權大使，竟然與各國外交官玩起了躲貓貓。也就是說，在他的任上，還沒有哪個外國公使見過他。清國與諸國的關係，雖然有條約在那裡框著，但畢竟人是活的，條約是死的，總有新的問題、新的事物，需要及時溝通，以免產生重大的外交衝突。比如英法兩國公使，就不斷的提出要求，見一見葉名琛，目的就修約事宜舉行談判。葉名琛照例不予相見，以此顯示他的尊貴和對皇帝的忠貞。

我們注意到，法國駐華公使布林隆，自一八五二年到清國，再到一八五五年回國，四年之間，屢次求見葉名琛，竟連一回信都沒見到。美國駐華公使史派克自一八四六－一八四八年、一八五〇－一八五二年，兩度出使清帝國，前後共六年，也從沒見過葉名琛。後來，接替史派克的新任公使馬歇爾於一八五二年到職，請葉名琛指定一個日期，以便他呈遞國書，可直到他於一八五四年離任，也是連個回信都沒有得到。我們說，葉名琛這個腐敗而冥頑不化的老官僚，其躲貓貓的技巧可謂出神入化。

這也讓英法兩國公使意識到，跟葉名琛躲貓貓，完全是白費時間。於是，他們一齊北上，到了天津，直接向清政府提出，准許兩國使節進駐北京，再准許開放天津，使之成為跟廣州一樣的通商港口。皇帝奕寧看到報告後，氣得兩手發抖：「這些蠻夷，朕開恩讓他們駐在廣州，已經是破壞祖制了，他們竟然得寸進尺，還要住到北京來，荒謬！真是荒謬絕頂！」可以想見，英法兩國公使會得到怎樣的答覆。

換種玩法

英法兩國公使進駐北京的要求被拒絕，他們意識到，跟東道主玩躲貓貓的遊戲，他們永遠是輸家。英法兩國決定換種玩法，即改用武力達到他們想要達到的目的。這就像日軍當年發動的侵華戰爭一樣，須為自己的非法行動找到一個藉口才行。很快，英法兩國都找到了他們的藉口。先說英國。

一八五六年，廣東巡邏艇在珠江口，截獲一艘名叫亞羅號的船隻，並逮捕了船上的十二個清國人。說起來，這艘船的背景還有點複雜，它雖然為清國人所有，但在香港註冊。我們不要忘了一八四二年清帝國與英國簽訂的《南京條約》，其中一條，便是清國割讓香港全部主權於英國。既然香港主權屬於英國，自然在香港註冊的船隻，其行政管轄權歸港亦歸英。更為重要的是，亞羅號上還掛著英國國旗。廣東巡邏艇上的水兵，壓根就不知道國旗的意義（其時的清帝國尚無國旗文化），因此，上去就把亞羅號上的英國國旗拔下，丟進大海裡。可見在廣東水兵的潛意識裡，旗幟還是具有一定代表性的，不然他也就不會有此舉動。恰恰廣東水兵潛意識之下的舉動，激怒了英國領事巴夏禮，他認為這是對英國的挑釁，於是照會葉名琛，必須書面道歉，並要求立即釋放那十二個清國人。不知處於怎樣的考慮，葉名琛很痛快地釋放了那十二個清國人，但拒絕道歉。

西方文明，很看重口頭的或是書面的道歉，哪怕是人類歷史上的大屠殺，受害方得到加害方一個道歉，都會倍加欣慰。清國人顯然沒有這樣的文化，他們拒絕道歉倒不是不想道歉，而是沒有道歉的意識。至今，中國人都缺乏道歉意識，尤其是官員，你很少見到他們就工作失職之類的事向納稅人道歉。葉名琛的不道歉，更加顯示了清帝國官員在外交方面的無知無畏。英國人看待道歉，就像清國人看待覲見皇帝的禮節（如雙腿跪地、九叩十八拜之類）一樣重要。哦，不道歉呀，正好找個機會哩，不道歉就打吧，看你往哪兒躲！於是，英艦開始炮擊廣州。廣州市民哪知這其中的緣由呀，反正你打我了，我也必須以牙還牙！就這樣，一把火把英國商館給燒了。廣州沸騰了，情緒激動的市民就像無頭蒼蠅，在大街上跑來跑去；通衢閭巷，到處瀰漫著「殺盡蠻夷，不留一人」的怒火。

緊接著，法國也找到了藉口。同為一八五六年，法國籍天主教神父馬賴在廣西西北部荒僻的西林縣，被當地政府官員當作江洋大盜斬首。一八五七年，法國會同英國，共同向葉名琛提出最後通牒，要求十日內舉行談判，否則將對廣州發動地面進攻。葉名琛依舊用躲貓貓的方式，敷衍英法聯軍的最後通牒。十日期限到了，葉名琛無動於衷，英法聯軍隨即發起進攻，廣州陷落，葉名琛被捕，並被英軍送到印度囚禁。次年，葉名琛在驚恐與羞辱中，離開人世。我想，這也倒是一個腐敗官僚應有的下場。

英法聯軍攻打廣州，固然罪不容恕。可倘若不是葉名琛們誤國，又何至於此呢？我們如果一味指責英法聯軍，而不反思自己存在的過失，十年後會犯同樣的錯誤，五十年、一百年後，依舊會犯相同的錯誤。一八五七年，就在英法聯軍向葉名琛發出最後通牒的時候，很大程度上還是要談判，他們渴望通過這種方式實現他們最初的目標，既開放天津口岸，以及到北京開使館。葉名琛一意孤行，給自己招來橫禍，更給廣州人民帶來災難，且授以英法聯軍攻打天津的口實——當英國人在廣州的商館被燒、百姓狂喊「殺盡蠻夷，不留一人」的時候，這口實尤其站得住腳。相關消息傳回英國國內，輿論之激昂，也就不難想像。

清政府玩砸了

你不要以為在整個清帝國官僚系統中，只有一個葉名琛會玩躲貓貓的遊戲，其實帝國上上下下的官僚，全都熟稔這種低級把戲；甚至可以說，這種伎倆正是他們賴以縱橫官場的資本。葉名琛跟英法兩國玩這種古老的遊戲，玩砸了，可謂搬起石頭砸自己的腳。可清政府並未從中汲取教訓，依舊跟英法玩躲貓貓的遊戲。怎麼樣呢？看看故事的開頭，就知道故事的結尾。

一八五八年，英法聯軍的艦隊北上，二話不說，上來就打。大沽陷落，天津危在旦夕。清政府一看，蠻夷這是要玩真的呀，咱也不能含糊，還給他來假的吧。二十八歲的奕寧皇帝就派了朝中大臣桂良，到天津跟隨軍而來的英法公使去繼續躲貓貓的遊戲。我們在這裡說是奕寧如何如何，其實這些天才的想法，都是奕寧身後的那個小女人之所為，她就是二十三歲的懿貴妃慈禧。奕寧的全部興趣在女人身上，其次是吸毒。慈禧恰恰相反，她特別喜歡權力。這倒不是說她生性如此，而是說這是人性的重要組成部分。這世上的絕大多數人，一旦與權力結緣，或靠近權力，就往往難以把持，就會蠢蠢欲動。尤其當權力缺乏制約的時候，尤其如此。

事實上，慈禧這個小女人，她十八歲的時候，就已經開始染指政治了。這首先取決於她在入宮未幾，就已經成功俘獲了奕寧帝那顆色瞇瞇的心。這除了說明慈禧長得漂亮外，同時還說明，老天賦予她一顆善於鑽營的心。當奕寧那顆色瞇瞇的心，遭遇慈禧那顆鑽營的心，權力的重心發生逆轉和偏移，那就一定在情理之中了。奕寧時代的文本，我們很少看到慈禧的身影，並不代表帝國政策沒有她的影響在裡面。這個時候的慈禧，還只是一個政治學徒工，即便是後奕寧時代，她也只是一個政治見習生。不同的是，一般的政治人物做見習生時，從告密栽贓到拍馬溜鬚開始；慈禧做政治見習生的起點可就太高了，她從宮廷政變開始。我們不得不承認她是個人物，就因為她做小女人的時候，就已經表現出了非凡的齷齪政治天才。在專制社會，非此不能走向政治巔峰。

讓我們暫且放下慈禧的事，繼續英法聯軍進逼天津的話題上來，看看清政府是怎麼玩躲貓貓的，他們又是怎麼玩砸的。到天津跟英法公使談判的桂良，用推、拖、打哈哈的方式，敷衍對方。英法公使把頭搖得快要掉下來，他們一百個不同意按照清政府的遊戲規則辦事，他們說，要麼答應以前的換約條件，要麼我們攻入北京，直接找你們的皇帝談判。桂良不敢怠慢，趕緊向北京當局彙報。最終敲定這麼一個思路：新的條約可以簽訂，以此把英法聯軍打發走。至於後面的事，還不是事在人為，什麼條約，我承認它，它是條約；我不承認它，它就是破紙一張。今之中國政壇依舊如此，落在紙上的是一回事，實際幹的又是一回事。對於執政者來說，憲法及法規彈性空間幾乎是無限大，因而腐敗問題層出不窮、乃至前腐後繼，以致到了不可收拾的地步。

桂良在報告中還表示，出了問題，中央政府就說我辦事不力，對外聲稱必將嚴加治罪，不就一了百了了。真實的情況，蠻夷知道個屁。慈禧看了桂良的報告，不住的稱讚：「桂良太有才了！」奕寧一聽，就知道美人認可了桂良的計畫，於是照準。這是吸毒犯與美女共同完成的一步政治大棋。不過，這才是整盤棋的一個開始，後面的戲，大有看頭。

桂良得到北京當局的命令，不管三七二十一，就在《天津條約》上簽了字。等英法聯軍艦隊一走，奕寧迅速下令，重建大沽炮臺，指派親王僧格林沁率領他的精銳兵團，沿海佈防。北京當局上上下下一定都在偷著樂，嘲笑蠻夷這些大個兒蘿蔔缺乏他們那樣的心機與政治智慧。而這些爛招兒，也一向被北京當局自美為「駕馭複雜的國際局勢」的能力。

《天津條約》中有一條，說待雙方政府批准該條約後，一八五九年在北京換約。之後，該條約才算正式生效，成為具有約束力的法律文件。這樣敘述，當然是站在英國的角度而言，也是當然的國際原則。但那時的清政府，仍蹣跚在自己營造的所謂「天朝」國裡。不要說是一八五〇年代有這意識，就是到了半個世紀後的一九〇〇年代初，滿清皇族的眼界依舊只有皇宮那麼大。當時，慶王的四女兒就曾經問海外歸來的滿族姑娘德玲這麼一個問題，她說：「難道英國也有國王嗎？我一直想太后是全世界的女皇。」所以，我們切莫高估了一八五〇年代的清政府，他們的思維方式，實在不敢讓人恭維。

一八五九年，換約時間到了，英法兩國公使如期而至。可令他們想不到的是，清政府告知他們，大沽已經成為軍事重地，他們乘坐的軍艦不可以在此停泊。兩國公使低估了清政府的警告，他們決定強行在大沽登陸。大沽的清軍也不白給，警告無效就開炮懲罰。英法艦隊被打蒙了，心想不按套路出牌呀。事出緊急，那就應戰吧。美國軍艦也一時傻在了那裡，這怎麼說？沒有任何前兆，怎麼說打就打起來了？因為地緣關係，美國艦隊不想袖手旁觀，於是也在倉促之中，加入作戰，以幫助處於弱勢的英法艦隊。然而，仍未能挽回英法聯軍的敗局，最終以英法軍艦沉沒四艘、重傷六艘的結果，結束這場突如其來的戰事。

站在清帝國的角度，如果說鴉片戰爭玩輸了，那麼毫無疑問，大沽一戰就算是玩贏了。風流皇帝奕寧和小女人慈禧相擁相慶：我們贏了！我們贏了！清政府各級官員和知識界彈冠相慶：我大清有救了！我大清有救了！

我們當然知道清政府上下高興的太早了，因為我們是讀史者。站在今天的角度回看滿清政府當時的心態，實在覺得他們連蠢豬都不如。但處在當時的清國人，並沒有意識到他們犯了一個致命的錯誤，那就是橫挑強鄰。這個強鄰如果說遠在海外，你挑動了人家的利益和價值觀，你還有個準備的機會。問題是，這些強鄰的軍隊，就住在你的院子裡，他們反擊起來易如反掌，到時你拿什麼來招架？這不是清政府考慮的問題，他們想的是現在贏了就行了，現在痛快就爽了。

一八六〇年八月下旬，清政府的短視及背信行為，很快招致英法聯軍的報復，他們捲土重來、有備而來，以絕對的優勢摧毀大沽炮臺，軍隊隨即登陸，並攻陷天津（英法兩國政府分別任命額爾金和葛羅為全權代表，率英軍一萬五千餘人、法軍約七千人，展開這次規模巨大的軍事行動）。未幾，英國女王維多利亞的國書譯文，呈到三十歲的奕寧帝面前。我們為什麼要在此強調奕寧的年齡呢？意在提醒讀者注意，這位無知無畏的風流皇帝，死於三十一歲。也就是說，再過一年他就得退出歷史舞臺了。可眼下這位國主不知死期將至，依舊花天酒地、吃喝嫖賭，依舊不知天高地厚。他接過維多利亞女王的國書，當他看到蠻夷女人也竟敢在自己面前自稱「朕」的時候，劈頭蓋臉就是一陣冷笑，進而在一旁批註道：「夜郎自大。」隨即下令僧格林沁：迎頭痛擊英法聯軍，把丑類全部殲滅乾淨！

《天津條約》的主要內容

一、英法兩國派遣使節駐紮北京，清國派遣使節駐紮倫敦、巴黎。

二、開闢遼寧營口、山東煙臺、臺灣臺北和台南、廣東汕頭、海南瓊山為通商港口。

三、清國賠償英法軍費銀幣六百萬兩。

四、英法商船可自由航行於清國內河。

帝王城上豎降旗

恭親王的傑作

天津失陷了，奕寧一邊派僧格林沁前去消滅丑類，一邊急派桂良等到天津議和。英法兩國提出，清政府除必須全部接受《天津條約》外，還要增開天津為通商口岸，增加賠款以及各帶兵千人進京換約。奕寧認為，一切喪權辱國的條件都不丟人，最最丟人的是允許洋鬼子踏上北京的土地，無論是外國使節來此居住，還是帶兵前來換約，都是奇恥大辱。因此，談判破裂，英法聯軍進而從天津向北京發起進攻。

奕寧感到了壓力，他取消了桂良談判代表的資格，另派怡親王載垣、兵部尚書穆蔭，到通州議和。雙方依舊是各執己見，談判也再次破裂。一八六〇年九月十八日，英法聯軍攻陷通州，並繼續向北京方向推進。三天後，清軍與英法聯軍在八里橋展開激戰。可笑的是，奕寧派去消滅丑類的統帥僧格林沁，卻率先落荒而逃。八里橋一戰，清軍也由此慘敗。

八里橋的重要性就在於，它是由通州入京的咽喉之地，距北京約十多公里。八里橋一失守，北京等於陷落。在此危急時刻，奕寧只好聲明接受《天津條約》。然而，就要準備要簽字的時候，英國代表巴夏禮提出新的條件，即條約批准後進入換約程序時，所有的國書都要由使節親自呈送給國家元首。這在今天看來，是再普通不過的一個外交禮節了，但奕寧堅持認為，這是辱沒祖宗的奇恥大辱。北京高層上上下下幾乎全是屬豬的，橫豎算不過這筆賬來，國可丟，土可失，祖制就是不可更！他們的觀點是，你蠻夷外交官多大的腦袋，竟然提出與我們的皇帝陛下面對面，這簡直比使節進駐北京的要求更使奕寧不能接受，他暴跳如雷：「這些蠻夷竟敢如此無禮，天朝皇帝是他們想見就能見的嗎？」

奕寧也就是在皇宮裡跳跳樑，面對英法的軍事壓力，他還得走談判之路。在清帝國的談判團隊中，奕寧的異母弟弟恭親王奕訢，是最年輕的一位，他僅有二十八歲。這個年齡，倘有非凡的才華，是不可以加入到這麼重要的談判中來的。但帝國制度不允許執政者做這樣的思考，千百年來形成並完善的宗法制告訴人們，對於皇族來講，家就是國，國就是家。因此在處理任何問題上，都可以從家的角度出發。皇室男性成員，登上大寶的為帝，此外的為王。帝王系統的建立，就這麼簡單。王不分年齡大小，有了這個輩分（爵位），就成了爺；小的叫小王爺，壯年的叫王爺，老的叫老王爺。王沾上一個「爺」字，彷彿連智慧都有了，奕訢這才代表帝國，走向談判桌。

去。其實，重要的談判，派皇家的人去，作為一種政治姿態，是無可厚非的。關鍵就是說，去可以，但如果要主導談判，恐怕於事無補。二十八歲的毛頭小伙子，知道個啥？奕訢以為，他是王爺，自然就無所不能，智商也自然比別人高了。所以，幹起事來，就顯得特別的有恃無恐。在談判過程中，奕訢發現談判之所以不順利，原因就出在巴夏禮身上。何以見得？因為巴夏禮會講漢話，什麼事上，清國談判代表很難在他面前糊弄過關。

奕寧也一定會這麼想，與外國人談判，這是我們家的事，我們家的人不參加說不過

恭親王奕訢

奕訢想當然地認為，只要把英法聯軍的靈魂人物巴夏禮這顆釘子給拔除了，一切也就迎刃而解了。於是，他就茫然而動，下令逮捕了巴夏禮及其隨從人員（共三十九人）。這是現代外交的大忌，結果奕訢的蠢動，鑄下大錯，為清帝國、同時也為他的愛新覺羅家族之墓，開掘出第一鍬土。

關於巴夏禮等被捕的事，《紐約時

報》（一八六〇年十月九日）記載得較為詳盡。這是西方人自己的視角，或不免主觀。但以我的判斷，〈英國領事巴夏禮被囚記〉①一文，仍不失為一個參照，起碼它道出了一個基本事實。下面是其原文：

巴夏禮等三名英國俘虜，被清軍押解著向北京方向前進，來到一條小溝渠的旁邊。這時，對面方向有一隊清軍迎面而來。一位大清的軍官騎在馬上，大聲招呼俘虜們過去。巴夏禮很快發現其中有一個人，他就是清軍統帥僧格林沁。②

僧格林沁向他們衝了過來，同時，巴夏禮和洛奇被粗暴地抓了起來，他們被推搡到僧格林沁面前，並被強迫在僧格林沁面前跪下。僧格林沁詢問了他們的姓名和軍階。當巴夏禮說出了自己的名字時，這位蒙古王公看上去非常苛刻，樣子非常兇惡。僧王對巴夏禮發出了最粗野的辱罵，說現在清國與英法之間正發生著的事件，都緣於巴夏禮該死的邪惡影響，他應該對所有已發生的爭端和不幸負擔全部責任。僧王並且暴跳如雷地對巴夏禮吼道：「既然現在你已經被抓到了，就要受盡折磨，以償其罪。」

有緊急軍情，僧王即策馬而去。而巴夏禮、洛奇和其他印度兵們則依次被帶到一所帳篷，在裡面他們的手腳都被捆綁了起來，雙手都被反扭到身後，用繩索把肘關節和腕關節捆了個結結實實。

先前，當僧格林沁辱罵可憐的巴夏禮時，站在邊上的清兵就狠勁兒敲巴夏禮的頭，以此來強調他們王爺所說的話，並且每當巴夏禮試圖開口說話時，就被強迫制止。這時，洛奇的處境甚至比他的同伴還糟，那些人抓住他的鬍鬚和頭髮，把他的頭拖到地上，讓他的頭在僧格林沁坐騎下的塵埃中蹭來蹭去。

在這所帳篷裡被關押了一段時間後，他們被告知僧格林沁已決定把他們當做戰爭罪犯，移交給恭親王。於是，他們三人被全部裝進一輛馬車裡，穿過通州，沿著通往北京的大路上，行駛了好一段距離。然而，恭親王的確切地址沒有找到，於是只好又撤回了大約三四英哩，被帶到一個高階的滿清官吏面前。巴夏禮作為他們三人中唯一懂漢語的人，自然而然地成為他們三人的發言人。但他們全部，特別是這兩位英國人，又再一次受到了殘忍的、羞辱性的對待，正像他們在僧格林沁面前受到的一樣。這位清國官吏以每種可能的方式凌辱巴夏禮。巴夏禮本人終於失去了最後的耐心，他告訴洛奇說，必須假裝昏厥才可能避免進一步的拷問和虐待。詭計幸運地成功了，而戰犯們得到了短暫的休息。但好景不長，他們很快又被重新帶回到那位官吏面前，而這通訓斥變得更加狂暴，圍在他們身旁的人群也變得如此兇惡，誰也未站出來制止暴行。

正當清國人忙於虐待他們時，人群突然爆發一陣騷動……有一輛大馬車快速地駛了過來，他們和印度兵一同被甩進車裡，後面跟著兩名軍官，一行人沿著通往北京的方向小跑。

出發時大概在下午兩三點鐘，日落時分才抵達北京。路途上，他們受盡了折磨：他們的手腳被繩子緊緊地綁在一起，被迫躺在非常狹窄而難以忍受的位置。同時，馬車的車身沒有減震彈簧，一路上馬車沿著凹凸不平的路面顛簸而行，不時引起全身各個關節的劇痛。

到達北京後，他們立即被送往刑部監獄。這是北京城內最最重要的監獄。然後就給他們戴上一副沉重的鐐銬，投入到一間關有各色各樣罪犯的牢房。這間牢房內至少關了七十二個人，而現在他自己就是其中一員。洛奇被投入到另一間關押著五十五名囚犯的牢房內。那位可憐的印度人和其他人一樣，也被戴上沉重鐐銬投入牢房。第四天，他接受了恒祺③的訪問，恒祺說他來此是向巴夏禮處於不幸的境況表示慰問的，並且他努力想證明巴夏禮的不幸是咎由自取。

兩天之後，他又來了，但說話口氣全變了。他說，恭親王非常希望講和，同樣希望向巴夏禮表示友好。為此，他非常渴望巴夏禮能給額爾金勳爵寫封信，同時也讓額爾金勳爵知道巴夏禮情況很好，很愉快，並受到了清方的良好對待。他進一步建議，如果巴夏禮能在信中寫上親王是位易於打交道的大好人、一位文明的政治家，親王肯定會感到滿意的，並且這也可能成為改善目前處境的一個途徑。

巴夏禮告訴他說，他無緣結識親王本人，因此很不幸，他不能說親王是恒祺所描述的那種人，儘管他毫不懷疑恒祺所說的一切都千真萬確。至於他本人，鑒於他自己既不愉快也沒獲得良好的對待，他當然不願謊說自己愉快並受到良好的對待。

對此，恒祺回答說，親王剛剛得知巴夏禮受到了怎樣的對待，並命令立即解除鐐銬，不得有絲毫拖延。巴夏禮說僅僅這樣做是不夠的，親王應該尋求最佳途徑，同時也是最聰明的辦法，應當立即釋放他和洛奇，因為他們本來就是被錯誤監禁的。但如果親王不準備這樣做，也應該讓他們離開監獄並讓他們享受到適當的膳宿。

恒祺說保證會滿足他的要求，但至少對他一個人，至於洛奇同時被釋放是不可能的，多想也無益。巴夏禮說，鑒於洛奇和他是同時被抓的，因此他們必須同時被釋放，否則不會從他身上得到任何寫給額爾金勳爵的信件。

很快，巴夏禮與洛奇的鐐銬被解除，並被轉移到北京一所廟宇裡。他們在那裡一直待到獲得完全自由。當清政府被迫把巴夏禮釋放時，只剩下三十四人；十數天的囚禁中，五人死於獄卒的酷刑。《紐約時報》（一八六一年一月一日）另一條相關消息援引戰俘的話說：

安德森死前兩天，他的手指和指甲由於繩索的緊繃而爆裂，局部組織壞死，白色的腕骨露了出來。實際上，他還活著的時候，傷口部位就已經生蛆，這些蛆從他的傷口內不斷爬出來，還在他身上爬來爬去。安德森少尉死去的當天晚上，他們給我們解開了捆綁胳膊的繩索，但雙腿仍然被捆著。只是從那時起，他們給我們吃得好了一些。④

北京看升旗

恭親王逮捕巴夏禮等西方外交使節的愚蠢舉動，更加惹惱了英法聯軍，這增強了他們進攻北京的決心。我不認為此前的英法聯軍有拿下北京的堅定意圖，他們總是打打停停，即已表明希望以打促談。然而，他們的希望總是落空。他們也知道，攻陷一個古老帝國的首都意味著什麼，所以，這步險棋，不到萬不得已，是不能走的。他們的目的就是通商，戰爭起處，何談通商？

英法聯軍進攻至八里橋，北京近在咫尺（八里橋距北京僅僅十五公里），且唾手可得，然而英法聯軍卻停止前進，提議再度談判。西方人真是拿著談判當飯吃的，傳統的東方政治不玩這個，他們信奉「勝者王，敗者寇」的理論，為王者之目標，不惜一切代價，勇往直前，去爭取最後的勝利。舉一個簡單的例子，李自成要北伐，如無不能克服的阻力，他絕不會停下戰爭的腳步，更不會眼看就要到手的北京棄之不顧，更不會談什麼判。東北一隅的愛新覺羅一族亦然，他們的戰車一開到關內，就一心望北京了。當年的洪秀全們，若不是內部出了問題，拿下北京也必然是他們的最終目標。李自成們、愛新覺羅們、洪秀全們，等等等等，全是得勢不饒人的主兒。在他們眼裡，政治談判、政治妥協，全是外星人幹的蠢事；他們只有一個政治原則，即不是你死，就是我活；不是你勝，就是我敗——勝者王，敗者寇。總之不能共生共存，總要有人為王，至尊天下，而另一波人及其龐大的群體，只能為奴，屈王簷下。而且爭奪地盤的雙方還有一個非常可怕的理論，叫做「不成功便成仁」。「勝者王，敗者寇」中的那個寇，在這一理論下，搖身一變，又成了「仁」的化身，那麼他此前的一切爭鬥，也不過是殺身成仁罷了。頭顱滿地，血流成河；勝者王，敗者仁，這理論悖逆得簡直令人一步三歎！這就是東方的傳統政治文化，自相矛盾、自以為是、自得其樂、自高自大、自命不凡、自欺欺人，就是缺乏自知之明。

西方人凡事愛談判，緣於他們千百年來的契約精神的支持。你不能想像的是，在中世紀的歐洲，主僕之間的關係，竟然也是以契約形式存在於世的。說到這裡，讓我們的神思做一個短暫的游離，從一八六〇年代的清帝國，跳躍至中世紀的歐洲，到那裡去欣賞一份奴隸委身狀：

立約人某地某某人信賴某地某某大人之權威。眾所周知，我一無所有，衣食難以為繼，因此懇請您憐憫周恤，蒙您仁慈恩准，使我得以信賴您的保護。您應按我所盡之力，依照我所提供之勞役和勞績，助我保有食物、衣服。只要我一息尚存，便盡我作為自由人之所能，竭誠效力、順從，絕不脫離大人之權力和保護，而且我一生每日每時都在大人權力和保護之下。茲經雙方約定，如我們之中有人違反協議，將向另一方賠償金錢（數額待定），並且協議持續有效。⑤

這是東方文化所不能理解和認同的。主是至高無上的，奴是低賤至極的，這在東方，人人明白，主宰者無需契約便可主宰一切，被主宰者也無需契約便無條件予以服從，乃至自覺自願地服從。

回到一八六〇年的清帝國。英法聯軍要求再度與清政府談判，並不是說他們懼怕進一步的爭鋒，他們船堅炮利，何所畏懼。自他們進入清帝國以來，就一直採用柔軟的政治姿態，凡事都要溝通談判。這恰恰是清政府所不能容忍的，他們沒有外交部，更沒有外交人才，洋鬼子所談的國際關係是他們所不懂、也不感興趣的。因為不懂、不感興趣，所以就消極對待，用對付國內百姓的慣用伎倆（推脫敷衍），對付洋鬼子。洋鬼子當然不懂得、也不理解清政府為什麼這麼懼怕談判。彼此之間的這種不懂不解，其實就是東西方文化的碰撞。

就在英法聯軍逼近北京的時候，奕寧帶著他的老婆孩子及宮眷一百多人，以及部分政府官員狼狽逃竄，去避暑山莊熱河躲了起來。英法聯軍急了，這是他們立即停止進攻的一個重要因素，因為他們深怕所有的人都跑了，他們找誰去談判？嘿，還是一個談判！事到臨頭，清政府也只好硬著頭皮去談，恭親王奕訢繼續他未盡的談判事業。第二次參與談判，這位年輕人再也沒有了最初的精神，他蔫拉巴幾地指示司法系統，把巴夏禮等放了。然後，在北京城上豎起白旗，以示投降。清帝國沒有國旗，也沒有國旗文化。因此，大清在自己的首都上空升起的第一面旗幟，竟然是象徵失敗和投降的白旗；隨之升起的第一、第二面國旗，又竟然是英法兩國的。

逃到熱河的奕寧羞愧而沮喪，他授權弟弟奕訢，答應英法聯軍所提出的全部條件，只求其早日撤離北京。繼釋放了巴夏禮等之後，奕訢再次擔當大任，與英法聯軍簽訂了《北京條約》。出席簽字儀式時，英法聯軍的代表看到這個二十多歲的親王，面色蒼白，又氣又怕。怎麼也看不出，就是這麼一位戰戰兢兢的人，竟然下達了逮捕英國外交官那樣的命令。

英法聯軍僅以兩萬多人，就拿下了大清帝國的首都。他們入城後，開始坐下來，傾聽巴夏禮們被俘後的悲慘經歷，這讓英法聯軍義憤填膺，他們決定到北京郊外的圓明園撒撒野，去給野蠻無知的皇家一個教訓。於是英法聯軍，各派了一支部隊，到那裡去實施最為野蠻的洗劫。這個時候的奕寧，並沒有擔心北京如何，也沒有擔心他們皇家的豪華別墅圓明園如何，而是一門心思玩美女，然後就是吸毒提神。而此時，離這位年輕吸毒犯的死期，已經不遠了。那麼懿貴妃慈禧又在幹什麼呢？她正在加緊密謀，實施宮廷政變。總之，都沒有閑著。大清有了這樣的掌舵人，不愁亡不了國、滅不了種！⑥

《北京條約》的主要內容

一、《天津條約》除賠款一項外，其餘繼續有效。

二、清國賠償英法軍費白銀各八百萬兩；恤金英國五十萬兩，法國二十萬兩。

三、割讓九龍半島給英國。

四、各國使節進駐北京，並覲見皇帝。

五、增開江蘇鎮江、湖北武漢、江蘇南京、江西九江、天津為通商港口。

六、允許外國傳教士在清國內地傳教，並有權購置房屋田產。

①鄭曦原編：《帝國的回憶》，北京三聯書店二〇〇一年版。

②僧格林沁（一八一一—一八六五），自幼在清宮長大的蒙古人，清朝大臣，一八五五年晉封親王。一八六五年在山東曹州被撚軍斬殺。

③恒祺在一八五四—一八五八年間，多次受命接管粵海關稅務。他任粵海關監督時，與巴夏禮打過交道，有些交情。巴夏禮被囚期間，負責照料並聯絡有關事宜。

④鄭曦原編：《帝國的回憶》，北京三聯書店二〇〇一年版。

⑤德尼茲・加亞爾等著：《歐洲史》，海南出版社二〇〇〇年版，第二百一十頁。

⑥愛新覺羅家族，在晚清接連有三朝皇帝（即奕寧帝、載湉帝、溥儀帝）絕種，他們伴隨清帝國走完最後一程。

愛氏老巢

巴夏禮們的悲慘遭遇，給了英法聯軍以撒野的口實，他們浩浩蕩蕩去了愛新覺羅氏的老巢——圓明園。這是一個讓我討厭的地方。無論從哪個角度說，我都不喜歡圓明園，包括其他分支的皇家園林、皇家別墅。對愛新覺羅家的圓明園，每每觸而及之，我第一想到的就是，這所占地五千多畝地的豪華別墅，無不是拿帝國百姓的血汗錢建成的，因之心有不爽，憤憤然。所以，當英法聯軍去糟蹋這顆「東方明珠」的時候，我一面譴責那些西方狂徒之不法，一面也暗自稱快燒得好。真是矛盾極了。

圓明園是怎樣的一個地方呢？因為它太知名了，我這裡只能略為一提。圓明園位於北京西郊的海淀區，距北京城區十五公里。一百五十多年間，愛新覺羅家族傾全國之財力物力，集全國之能工巧匠，填湖堆山，種植奇花異木，將這裡建成中國歷史上最大的一所皇家宮苑，建築面積達十六萬平方米，其水域面積為兩千多畝；園林風景百餘處，廣為搜刮來的金銀珠寶、藝術珍品和圖書文物（如《四庫全書》、《古今圖書集成》、《四庫全書薈要》等）難以計數。

康熙時，圓明園已初具規模。到雍正時，這裡又擴建了正大光明殿和勤正殿，以及內閣、六部、軍機處等值班室，是謂「避喧聽政」，即離開喧鬧的京城，到秀麗宜人的郊外辦公。說白了，就是一邊休閒，一邊辦公。打這，圓明園就已經有了大衛營的功能。不得不感歎，愛新覺羅一族真會享受呀。自入關算起，滿洲人共有十位皇帝。到雍正這裡，算是帝國的第三代領導人，他已開始享受腐敗帶來的樂趣了。到乾隆時就更不用說了，帝國的這位第四代混蛋，直接就是一個花花公子，他在位六十年，年年營構圓明園，日日修飾圓明園，浚水移石，費銀無算。

在咱們普通人看來，北京城內的紫禁城多好呀，簡直是人間天堂呀。可愛新覺羅家的人還嫌不夠，非得跑到城外老遠的地方，再弄個大衛營似的度假聖地，那不是瞎折騰嗎？這就是小老百姓的思維，北京高層才不會這麼去想，就是把天折騰下來，與皇室有什麼關係？折騰得死去活來的，永遠都是百姓，而享受的卻永遠都是皇室。歷史上的各代中國政權，你見哪朝哪代的領導人怕過折騰？無論幹什麼，動靜越響越好，場面越大越好，面子越足越好。反正這一切的一切，對皇室皇權絲毫沒有損傷。玩唄，權力一朝在手，不玩怎麼顯示得出來？沒有大場面、大活動、大工程，權力怎麼體現得出來？皇權以下的各權力機構當然也願意上峰折騰，而且折騰得越大越好，他們可以從嘩嘩流淌的庫銀中撈取足夠的好處。很大程度上，一個帝國的貪污系統就是這麼鑄就的。

強盜的自供狀

回到原題，我們去看看英法聯軍是如何蹂躪愛新覺羅老巢的。一八六〇年十月六日，英法聯軍佔領圓明園。從第二天開始，聯軍就開始瘋狂地進行搶劫和破壞。下面依舊採用《紐約時報》當年的相關文字——〈英法聯軍佔領北京西郊，圓明園慘遭洗劫〉（一八六〇年十月九日）：

據英軍隨營記者報導：英軍宿營地，距北京東北大門一英哩。我們於六日再次紮營。同天夜晚，清國皇室的頤和園、圓明園被聯軍佔領。昨天，小邁克斯、巴夏禮、亨利・洛奇等被清方釋放並已回到公使館。

為何我軍沒按計劃繼續向圓明園挺進尚不得而知。而法軍和我軍的騎兵隊，連同一些炮兵則按計劃向圓明園進發。但法軍落後於我軍兩個小時才到達那裡。彼時，已到達那裡的英軍部隊正在等待著其餘部隊。當法國人到達時，英軍指揮官提議與他們合作。法國人要求英軍繞到園後去切斷韃靼人的退路，而他們自己則從正面進攻皇家園林。法國人的確進攻了，他們發現圓明園中有三百名太監在負責，另外只有四十名男人在掌管著花園，他們中只有二十人有武器。皇家園林方面只進行了微弱的抵抗，兩名太監被殺，而法軍有兩名軍官受傷。接著，法軍就佔領了這座皇家園林。

最近這兩天發生在那裡的景象，卻是任何筆桿子都無法恰當描述的。不分青紅皂白的搶掠被認可。貴賓接待廳、國賓客房和私人臥室、招待室、女人化粧室，以及其他庭園的每個房間，都被洗劫一空。清國制或外國制的藝術品有的被帶走，有的體積太大無法搬走，就把它們砸毀。還有裝飾用的牆格、屏風、玉飾、瓷器、鐘錶、窗簾和傢俱，沒有哪件東西能逃過劫難。數不清的衣櫥裡，掛滿了各式各樣的服裝、外套，每件都用華貴的絲綢和金線，繡著大清皇室特有的龍紋。另外還有統靴、頭飾、扇子等等。事實上，房間裡面幾乎到處都是這些東西。儲藏室裝滿了成匹成匹的上等絲綢，一捆一捆地擺放著。這些絲綢在廣州光買一匹就要花二十至三十美元。粗略估算，這些房間裡的絲綢肯定有七八萬匹之多。它們被扔在地上隨意踐踏，以至於地板上厚厚地鋪滿了一層。人們拿著它們彼此投來投去，所有人都盡其所能，拿走了他們所看中的絲綢。這些絲綢裝了很多車，捆綁這些車輛用的不是繩子而是絲綢。整個法軍營地都被這些搶劫來的絲綢堆滿了，法國人用它們來做營帳、床鋪、被單等。

昨天下午，一群法國人拿著棍子又到各房間去搜尋了一遍，打碎了剩下的每樣東西——鏡子、屏風、面板等等。據說，他們這樣做是為了給他們的同胞——也就是被釋放的戰俘報仇，因為這些戰俘受到了對方殘暴的對待。聯軍的憲兵隊守衛著一座裝有巨量金塊和銀錠的寶庫，這些財寶將由英國人和法國人瓜分。

被毀壞的財產總價值，估計能達到聯軍要求賠償金額中的大部分。在圓明園的一間貴賓接待廳，人們發現了額爾金閣下簽署的《天津條約》的英文版和漢文版。它被人扔在地上，躺在一堆被打碎的物品中間，直到那份英文條約明顯地吸引住了發現它的人的目光。

英軍總司令下了一道命令，要求軍官和士兵們把搶來的所有物品上交，並公開拍賣，拍賣所得歸部隊所有，後來就這樣做了。所有人都允許按他們自己估計的價錢佔有他們已經拿走的物品，並且人們對這次拍賣的拍賣品擁有接受或拒絕的選擇權。很多精美古董和紀念品，就這樣以一種純象徵性的價格歸個人所有了。全部拍賣額有兩萬兩千英鎊（按當時比價，折合白銀不到十萬兩），而這筆財富的價值估計為六萬一千英鎊。拍賣得到的錢作為獎金當場分發了。

總司令以及其他將軍們沒有參與獎金分配。部隊送了一個價值連城的金盂給總司令。幾乎所有拍賣品都在市場上賣到了相當高的價格，塗有瓷釉彩飾的鑲邊花瓶，以及其他一些裝飾品，完全賣到了和上海同類物品差不多的價錢。這些物品曾經為奕寧皇帝所擁有，這個事實讓任何東西都會身價倍增。賣場設在喇嘛寺，英軍總部就位於那裡，其間的景色值得藝術家的畫筆仔細描繪。如果當初大清國的皇帝陛下，能把圓明園中的一切完美無缺地移交過來的話，那它將會賣出一個天價，可惜有四分之三以上的東西被法國人毀壞或掠走了。①

我們看到，當英法聯軍對圓明園瘋狂地進行洗劫時，就有無數的土匪參與了打劫。能拿走的統統拿走，拿不動的用車或者用牲口拉走，實在拿不走就任意破壞。英法聯軍選擇最貴重的東西搶劫，土匪掠奪剩餘的精華，小民則撿拾丟棄於路途的零碎，甚至守園太監也有趁火打劫者。易得的值錢物品很快被搜羅乾淨了，有人又把希望寄託在散落、埋沒於塵土中的細碎寶物上，他們操起掃帚和簸箕，在園中道路上飛沙揚塵，希望撿個漏兒。

為迫使清政府儘快接受議和條件，英國公使額爾金、英軍統帥格蘭特，他們以清政府曾將英法被俘人員囚禁在圓明園為藉口，命令米切爾中將於一八六〇年十月十八日，率領三千五百多人的聯軍，直撲圓明園，把能燒的，全點燃了。圓明園昔日的風花雪月，幾乎就在一日之間化為灰燼。

火劫餘話

圓明園作為愛新覺羅家族搜刮帝國人民血汗錢的罪證，被英法聯軍付之一炬；與此同時，英法聯軍又把他們的罪證，留在了清帝國的土地上，留在了清國人的心坎兒裡，留在了清國的歷史裡。罪證一滅一立，承接著恥辱的，卻只有後來人。

尚且未完。一九〇〇年，當八國聯軍入侵北京時，圓明園再次成為燒殺擄掠的目標。不僅如此，這一回就連八旗兵丁、土匪地痞，也加入了燒殺擄掠、趁火打劫的隊伍，外匪內匪上下其手，把圓明園殘存和陸續修復的近百座建築物，皆拆搶一空，使得圓明園建築和古樹名木，遭到徹底毀滅。完了嗎？還沒完，其後的圓明園遺物，但凡政府、官僚、軍閥、奸商，無不巧取豪奪，肆意損毀。所有的人都瘋狂了，他們把園內火劫之餘的木製建築一一鋸斷，尚未坍塌的土石建築，用繩索拉倒，園內大小樹木濫伐殆盡。即便是後來者如北洋政府，他們本是圓明園遺址的保護者，卻監守自盜，把園內的石雕、太湖石等等搬回自家，以修其園宅。

再後來如走馬燈般更迭的軍閥，更是把圓明園作為取之不盡的建築材料場，溥儀時期的檔案留下了不少無奈的記錄：「軍人押車每日十餘大車拉運園中太湖石。」實際上，拆賣的情況遠比檔案中記載的嚴重得多。徐世昌拆走圓明園屬鳴春園與鏡春園的木材，王懷慶拆毀園中安佑宮大牆及西洋樓石料。從此，圓明園廢墟凡能作建築材料的東西，從地面的方磚、屋瓦、牆磚、石條，及地下的木釘、木樁、銅管道等全被搜羅乾淨，斷斷續續拉了二十多年！至此，圓明園建築、林木、磚石皆已蕩然無存。

回看圓明園，回看愛新覺羅家族的老巢，總的來說，歷史對它的洗劫是徹底而痛徹的。以我的觀點，這也叫惡有惡報吧。可是我看過很多與圓明園及其遺址相關的文字，無外乎稱羨，無外乎讚美，再加些遺憾。如「圓明園是中國園林藝術的精華和傑作，它裡面收藏了不僅僅是清代文物，而且是中華有史以來五千年文明的精華。圓明園被焚毀被搶掠，是我們中華五千年文明史上最沉痛的浩劫。是中華五千年的奇恥大辱，是中華民族五千年的空前浩劫。」這其中最讓人匪夷所思的，是把圓明園立為愛國教育基地。對此，我是一萬個不予苟同的。你想啊，圓明園那是什麼地方？那是愛新覺羅的家呀！那是愛新覺羅一族的犯罪現場呀！那是愛新覺羅一族搜刮帝國百姓近二百年建起來的花天酒地的場所呀！後世把充滿罪惡、又是如此齷齪的地方當做愛國教育基地，是不是見廟就拜地弄錯了地方？

從制度的角度講，愛新覺羅家族建立的清帝國，是中國歷史上最為專制的朝代之一，也是腐敗透頂的朝代之一。圓明園就是愛新覺羅家族的腐敗集中營，後人把這裡設為愛國教育基地，是要後人崇尚清帝國的專制主義，還是要後人重走清帝國的腐敗之路？即便是從英法聯軍、八國聯軍那裡論起，圓明園也無法啟迪後人。畢竟，英法聯軍那把火，燒的是愛新覺羅家的老巢，而不是中國人的利益所在。即便圓明園不被焚毀，普通百姓也無緣享受那裡的繁華，而極有可能成為現代中國的大衛營，成為袁世凱或馬世凱們的大衛營；再或成為蔣介石或馬介石們的避暑山莊。總之，與普通百姓無緣無份就是了。

我上面說的這個無緣無份是指，專制主義者們的權力不是來自人民的一票一票的選舉，而是來自宗法制、來自一族一姓一黨內的代代承接。這樣的權力及其卵翼下的腐敗場所與百姓何干？莫說燒一個圓明園，就是燒它十個八個又與百姓何干。這樣的腐敗集中營，燒了也就燒了；不燒還不知又要造就多少腐敗政權、腐敗分子。這樣想來，那圓明園燒得實在是好！進而又難過，北京市拿出數億人民幣，用於圓明園遺址的開發和維護。他們在拿出這筆錢的時候，是否徵求過納稅人的意見？一個腐敗集中營遺址，值得如此去消費嗎？

言猶未盡的是，中國人的見廟就拜，遠不止於此。就說明十三陵吧，在大殿正中，有一座龐大的朱棣銅像，在其腳下的一塊牌子上寫著「成祖文皇帝保佑平安」九個字。銅像的前面擺了一個功德箱，裡面盛滿了人民幣；功德箱的前面，是一塊厚厚的海綿墊子，供善男信女們叩頭膜拜。那麼，朱棣是個什麼貨色呢？其實，他是一位踐踏人權的超級壞種，為了一點宮闈醜事，他居然一次就誅殺宮女兩千八百多人，而且親自監刑，看著將這些無辜的少女一個個凌遲處死。這個惡魔在奪得他侄子建文帝的江山社稷後，實施異己清洗，凡建文帝的忠臣，遭零割而死就算便宜了，被剝皮楦草者有之，被割掉耳朵鼻子再燒了塞給本人吃的有之，將受刑者的兒子割了塞給本人吃的有之。令人髮指的是，建文帝忠臣的十族男丁都殺光了，剩下的女眷則被送到軍營做軍妓，而且要求多多地「轉營」，使其遭受不盡的侮辱……就是這麼個超級惡種，後人竟然如此膜拜，這與後人頻頻去憑弔圓明園，有什麼區別？

①鄭曦原編：《帝國的回憶》，北京三聯書店二〇〇一年版，第一八九—一九三頁。

滿懷愁緒錯錯錯

避暑山莊的癮君子

回過頭來，我們去說說滿清皇室於國難當頭時的作為。通過翰林學士吳可讀的日記，我們瞭解到，其時的奕寧已無決斷國事的能力。吳可讀的日記裡，涉及懿貴妃慈禧於一八六〇年九月六日所下的一道諭旨，這位接近帝國最高權力的小女人，上來就歷數英法聯軍的過錯，然後是懸賞反擊侵略者：

> 無論軍民人等，有能斬黑夷一名者，賞銀五十兩；斬白夷一名者，賞銀百兩；獲斬頭目者，賞銀五百兩；擊毀夷船一艘者，賞銀五千兩。①

一八六〇年九月十一日，奕寧認為載垣辦事不利，就把他的欽差大臣職務撤去，重新任命他的弟弟恭親王為全權議和大臣。隨後，他匆匆到宮殿裡的小廟中，對著戰神胡亂行了一通禮後，就拖家帶口逃出了京城。但他在一項詔令中，卻美化自己的這次熱河之旅為秋巡，正如其祖宗康熙、乾隆的南巡那樣，是一種工作視察行為。即便如此，我們也有理由相信，皇室的這一切安排，都出自懿貴妃慈禧的意思，或至少有她的影響在裡面。接下來的文字，你也許看不到慈禧的影子，但她那只看不見的手，事實上一直在發揮作用。

奕寧等逃竄當天，來到距京城二十九公里的一個小廟內暫棲，並在此下諭，命令所有的滿洲軍隊趕往熱河護駕。當他們走到密雲後，就安營紮寨，住了下來。奕寧的身體一直不好，叫英法聯軍一鬧，他直接就病了，而且病得不輕，因此無法主持在密雲的工作會議。慈禧責無旁貸，代行皇帝職能，與軍機大臣們商量對策。這是很奇怪的一個安排，大敵當前，皇上有病，臨時出來主持工作的不是皇后，而是處於次級地位的貴妃。由此可見，慈禧參與朝政，已非止一日。這也為日後西宮壓著東宮走，奠定了基礎。在密雲的臨時會議上，慈禧下令各省援兵都城，勤王的行動進一步升級。九月十八日，奕寧等到達熱河。

滿清皇室逃到熱河後，權力鬥爭成為第一要務。這也說明愛新覺羅一族的德行，他們在面對外敵的時候，考慮的不是如何予以抗擊，而是內部之間彼此怎樣竊取更多更大的權力份額，乃至為這一目標，爭個你死我活。

在這場宮廷鬥爭中，置身權力中心的奕寧帝，倒成了個局外人。他在忙什麼呢？他就牽掛美女、美酒、吸毒、看戲、北京。下面，我們逐一說來。先說美女，奕寧逃亡熱河，置兵敗於不顧，竟然有心思攜妃嬪在園中遊樂，寄情聲色，無所不用其極。對於美女的需求，也不是一時的突發奇想，早在他即位的第二年，就下令挑選秀女入宮。他不僅廣收滿、蒙兩族官宦人家的美女，還破除祖宗規制，選漢族秀女入宮。其中最受寵愛的是牡丹春、杏花春、武林春、海棠春四人，時稱「四春娘娘」。當然了，在所有選來的女人當中，他最寵愛的當屬慈禧了。

再就是違背祖訓，吸毒成癮。吸毒就吸毒吧，他還給自己吸食的毒品取一個好聽的名字，美其名曰「益壽如意膏」。換言之，他吸毒的時候，也就成了如意君了。普通人吸毒，那叫吸毒犯；皇帝吸毒，卻是益壽如意君。不過我要強調的是，胤禛帝是禁煙的，弘曆帝是禁煙的，顒琰帝是禁煙的，奕寧的老爸旻寧帝，也是禁煙的。可到了奕寧，卻墮落為一個吸毒犯，你說這是多大的諷刺。奕寧在吸毒這個問題上，抽他祖上的耳光，真是毫不含糊。

再加一條，奕寧還嗜酒如命，其身邊的太監、宮女，天不怕地不怕，就怕皇上說醉話。奕寧一醉，對太監宮女，非打既罵。酒醒又後悔不迭，只好拿銀子撫慰人家。可過後，他依舊是爛醉如泥，依舊是辱罵體罰太監和宮女。

暫不說奕寧看戲，先說說他眼下比較關心的英法聯軍佔領北京一事。他心裡最明白，這個問題如果解決不好，直接影響他前列三項的興趣與品質。所以，務必把最後一項處理好。他是怎麼做的呢？很簡單，就是催促他的弟弟奕訢，儘快與敵人議和，只要英法聯軍撤出北京，什麼條件都好商量。奕訢得到最高指示，於十月二十四至二十五兩天，分別與額爾金、葛羅交換了《天津條約》批准書，並與英法兩國簽訂《北京條約》。奕寧聞訊，大大鬆了一口氣。

條約簽訂了，奕訢等上奏摺請奕寧回京，但他還是賴在避暑山莊不走。不僅如此，奕寧還迅即召皇室文工團（升平署）到熱河演出，大有樂不思京的意思。皇室文工團的人到了避暑山莊，奕寧親點戲目，欽定角色，然後就在煙波致爽殿鳴鑼開戲，那真是鶯歌燕舞，一派文藝繁榮。奕寧不僅愛看戲，而且喜歡做導演，指導太監們如何演戲。有一次，奕寧糾正一個戲子的字音，戲子說舊譜就是這樣唱的。奕寧不容置疑地說：「舊譜就是錯的！」把這個執著勁兒放在帝國大政上，那該多好。問題是，他是帝國晚期的皇帝呀。專制集團的領袖，一代不如一代，直至他們徹底退出歷史舞臺，這是鐵律呀。所以，奕寧的所作所為，合乎規律，也合乎邏輯。奕寧還有更搞笑的一面，他看戲時，有時覺得不過癮，甚至親自粉墨登場，僅他參與演出過的劇碼，就有《教子》、《八扯》、《朱仙鎮》、《青石山》、《平安如意》等戲。他不是病了嗎？是呀，一遇撓頭的大事，他就病

（這恰是慈禧所樂見的）；一到粉飾盛世的場所（如花天酒地、歌舞昇平），他就長精神。

這奕寧也不想想，眼下那是什麼陣勢？幾近亡國的邊緣呀，可他卻還有心思在那裡看戲演戲，而且天天是他老兄的盛世。有時奕寧上午剛聽過花唱，中午又要傳旨清唱。天暖的時候，奕寧還常常命文工團把劇場搬到「如意洲」上去，他在那裡一邊吸毒，一邊看戲，真是快樂如仙。後來執掌帝國行政大權的慈禧，也是嗜戲如命，我想肯定有奕寧的影響在裡面。

寫到本節的最後，讓我最為感歎的是，旻寧帝有九個兒子（依次為奕緯、奕綱、奕繼、奕寧、奕誴、奕訢、奕譞、奕詥、奕譓），卻獨獨選中了最不成器的老四奕寧繼承皇位。在此，把陸游的一首詞送給他，想來大致不錯，詞曰：

紅酥手，黃藤酒，滿城春色宮牆柳。
東風惡，歡情薄，一懷愁緒，幾年離索，錯錯錯。

壞老師，渾學生

奕寧這麼一個無膽無識無才又無能的渾人，是如何走到皇帝大位上去的呢？我們知道，旻寧帝到了六十五歲時，才開始考慮接班人的問題。這個時候，大阿哥、二阿哥、三阿哥都已經過早地凋謝了。接下來，就是四阿哥奕寧年齡最長了（十六歲）。其後的五阿哥奕誴過繼出去，再後就是十五歲的六阿哥奕訢、七歲的七阿哥奕譞，三歲的八阿哥奕詥，兩歲的九阿哥奕譓。這也就意味著，皇權繼承人基本在奕寧和奕訢之間產生。奕寧之母雖受旻寧帝寵愛，但三十三歲時就死了。此後，幼年奕寧由奕訢的母親靜貴妃來照顧。

以奕寧的條件，他是無法與弟弟奕訢相爭的。他童年因騎馬受傷，落下腿疾，成了一個瘸子；他甚至得過天花，還有滿臉的麻子。功課更不用說，也遠遠在奕訢之後。至於騎射刀槍功夫，他都瘸了，還有什麼好比好論的。所以呀，他處處不如奕訢。他惟一值得驕傲的，就是有位好老師杜受田。皇帝的每個兒子，都有專門的老師，此外再加上侍從啦、奴僕啦等等，每個皇子差不多就是一個潛在的小朝廷。那麼，皇子的老師，幾乎就等於是這個潛在小朝廷的宰相了。

杜受田的智慧就在於，他能夠讓自己的學生藏拙。我們來講兩個小故事。旻寧帝要在奕寧和奕訢兩個兒子之間，選一個做接班人，於是決定考考他們文武方面的能力。這一天，奕寧和奕訢得到通知，要他們到南苑比試騎射功夫。到了南苑，奕訢的各項武功，都發揮的淋漓盡致。旻寧帝大為高興，決定立奕訢為皇儲。可輪到奕寧時，情況陡變。奕寧不騎不射，兩手空空。旻寧帝很是納悶，心想這孩子怎麼是咋啦？莫非他不想當皇儲不成？再看，奕寧已經跪到自己面前，說父皇一向教導孩兒要仁愛，現在正值春天，母畜多有懷孕在身者，倘若射之，豈不一箭奪雙命嗎？此乃不仁，孩兒不忍為之。旻寧帝一聽，大加讚賞。但他決定再試試兩位皇儲候選人的文。這個文不是筆試，而是口試。說得泛泛一些，就等同於今天人文方面的考試了。

這天，旻寧帝先召見了奕訢，對他說，我可能不久於人世，你說說這個國家將來怎麼治理呀？奕訢口才極佳，他滔滔不絕，依舊像那次比武一樣，讓旻寧帝大為開心。接著面試奕寧。論口才，這又是奕寧的弱項。別怕，他有老師呀。所以，他一見了父皇，還是比武時的那一套，跪在旻寧帝面前，一邊磕頭，一邊痛哭流涕，一言不發。旻寧帝又納悶了，這孩子的葫蘆裡又裝的什麼藥？旻寧帝把問奕訢的話，同樣問了奕寧一遍。奕寧哭著說，父親一定會健康長壽，何必囑託後事呢？我還要在父皇面前盡孝呢。旻寧帝聽了，大為感動。心想，事就這麼定了，就讓又仁又孝的奕寧來接班吧。

上面「藏拙示仁」與「藏拙示孝」的故事，無不是杜受田的傑作。奕訢之敗，實際是他的老師卓秉恬之敗。在這裡，儒家的仁孝價值觀，起到了決定性作用。但我要說，杜受田指導下的仁孝，是建立在欺詐基礎上的。這樣的老師，這樣的仁孝，利己禍國。奕寧當皇帝，害的是當代，他更為後世帶來一個亂政禍國的女人——慈禧！

後宮寵愛在一身

慈禧留在人們印象中的，是她的惡老婆子形象。其實，慈禧是一個不折不扣的把青春獻給帝國的人。自她十七歲那年用性感網住奕寧帝起，她就開始獻身帝國事業了。毫無疑問，這種獻身的惟一目的是自私自利。這麼說顯得很刻薄，但你去看看，政壇人物誰不是這麼走過來的。因此，我們沒有必要單就這個問題去譴責慈禧。她有的是值得痛斥的地方，我們須有足夠的耐心，去慢慢的解開慈禧的臭蓋子。我們眼下要說的，是少婦慈禧。

奕寧雖不至於「後宮佳麗三千人」，但從後宮寵愛在一身——在慈禧一身來說，慈禧自身也的確有他人所不及的地方。她有漂亮的臉蛋、漂亮的身段，更有勾人心魂的會說話的眼睛。對於一代色帝奕寧來說，慈禧恐怕還有了不起的床上功夫。否則，一個小女子要徹底把一個花花皇上拿下，為己所有，為己所用，那簡直太難了。毋庸置疑，慈禧都辦到了。這樣一個小女子，即便被時間老人拍兩巴掌，歲月的痕跡也輕易不會落到她的臉上。慈禧六十歲的時候，見過她的人還說，她像四十歲。因此，我們也就有理由相信，少婦慈禧，可能會更加迷人。而我們當下要說的慈禧，正值一八六一年。這一年，慈禧二十六歲。今天這個年齡的女性，還滿天滿地招呼「我們女孩子」如何如何呢，一個個努著櫻桃小嘴，矯情得不得了。而晚清時的女孩子慈禧，卻已經開始幹天大地大的事了。

我們在前面的章節中也鋪墊過，說熱河行宮裡的人，都在搞派系鬥爭，就奕寧帝自己是個局外人，他忙著及時行樂去了。樂到一八六一年七月十五日，身患肺病的奕寧，咳嗽帶血的情況，益發嚴重。中間隔了一天，到七月十七日就死了，年僅三十一歲。這年的春天，奕寧一直想回北京，以便從弟弟們手中奪回權力，但因病情嚴重，未能如願。

奕寧的執政權是如何旁落的呢？還不是那該死的英法聯軍攻打北京，逼得他沒有辦法，才把帝國的權力，全權委託給弟弟奕訢。在前面的章節中，我們曾經提到過奕訢這位年輕人，他的實際才能，遠在奕寧之上。這一點，奕寧清楚，慈禧更清楚。關鍵是，奕寧清楚是沒有用的，一方面，他與弟弟奕訢的關係尚且不錯；另一方面，奕寧的注意力不在權力，而在花天酒地、吃喝嫖賭。慈禧就不同了，她清楚的事，她惦記的事，幾乎就沒個跑。前面說奕寧想回北京，收回帝國的行政大權，其實，那完全是慈禧的意思。你想啊，一八六〇年底，奕訢與英法簽訂《北京條約》後，主動請奕寧回京他都不幹（他還把皇宮文工團搬到熱河，打算久住），更別說他要主動回去了。所以，一八六一年春的那次回京動議，除了慈禧，別無二人。

① 〔英〕濮蘭德、貝克豪斯著：《慈禧統治下的大清帝國》，天津人民出版社二〇〇八年版，第十五頁。此後引自該書的地方，僅標注書名及頁碼。

山雨欲來風滿樓

未雨綢繆

大清王朝的一代色帝奕寧，未能活著回到北京，這為帝國權力的交替，增加了變數。在這關鍵時刻，帝國權力中心的各派系，加大了他們的政治動作。總的來說，清帝國權力中心有三大派系，下面我們逐一分析與交代。

朝臣派系　奕寧去世之前，任命了一個大臣團隊，來輔佐幼帝載淳。奕寧為兒子載淳欽定的八個顧命大臣分別是：載垣、端華、景壽、肅順、穆蔭、匡源、杜翰、焦祐瀛。這八人中四個為宗室皇親（載垣、端華、肅順、景壽），四個為軍機大臣（穆蔭、匡源、杜翰和焦祐瀛）。從奕寧來講，他短暫的一生，大都渾渾噩噩而過，惟有臨死前的這個政治安排，還算得當。八個顧命大臣中，有宗室皇親，有軍機大臣，且有漢人身影於其中。由此可見，奕寧充分照顧了各股政治勢力，也就平衡了政治權力。

帝胤派系　這主要是指旻寧帝在世的五個兒子，當然以老六奕訢為代表人物了。我們前面也一再提到這個年輕人，他權重一時，王的爵位不必去說，他全權處理帝國要政的顯赫位置，就讓好多人眼熱、嫉妒。還是那句話，慈禧最不願看到她的這位小叔子權傾天下，因為她比誰都清楚，她的兒子載淳才是未來的一國之主。問題是，載淳還只是一個孩子，奕訢對其構成的威脅，是明擺著的。為此，慈禧假借丈夫奕寧之手，在其蹬腿之前，先就把小叔子奕訢的職務，給擼了個乾乾淨淨，僅留了個空而無當的爵位給他。這讓奕訢欲哭無淚。

奕訢會怎麼想？哦，洋鬼子打來的時候，哥哥嫂子侄子拍拍屁股，就去了熱河逍遙自在，把北京的爛攤子交給了他去處理。如今，天下暫安，哥哥嫂子就卸磨殺驢，一腳把他踢到了一邊，這也未免太不仗義了。更可氣的是，當皇帝的哥哥一死，他連當個顧命大臣的資格都沒有，這也太不拿他當回事了。作為帝胤派系的代表人物尚且如此，其他的哥兒幾個，也就更沒有什麼戲了。不過，帝胤終歸作為一個政治派系存在著，就一定有它的合理性。而這支最不起眼的政治力量，在後面的宮廷政變中，卻發揮了令人難以想像的作用。

帝后派系　載淳為帝，慈禧為後，帝后就是這麼來的。載淳是個孩子家，他自然政治不了，即便是他日後長大了，依舊沒有任何主導權。所以，一個孩子攤上一個性格粗暴、意志力堅強、權力欲望無限的母親，那實在是他的不幸，乃至是他的災難。載淳與載湉（即後來的光緒帝）的不幸人生與悲慘結局，就來自慈禧對權力不屈不撓的堅持。這都是後話，擱下不提。

我們這裡說到的帝后之後，不只是慈禧一人。在本書的敘述中，一個人總是缺席，乃至被邊緣化，她就是首席皇太后慈安（現在的東西兩宮太后，尚未得到慈安、慈禧的封號。只是為了便於敘述，我們才稱呼她們為人所熟悉的徽號）。丈夫死了，作為先帝遺孀的東西兩太后，也就暫時凝聚在一起，加上一個幼帝，「孤兒寡母」組合，由此登場。載淳幼小，但有天大地大的皇帝頭銜頂著；東太后慈安無兒無女，但卻是先帝奕寧的皇后；論資排輩，她也就是小皇帝載淳的第一皇太后；三人中，西太后慈禧位居最後，但她是小皇帝載淳的親媽，又充滿鬥志與政治算計，因此她成為「孤兒寡母」組合的靈魂人物。

照理說，孤兒寡母是最為讓人心疼的一個處境。但不要忘了，這卻是帝制時代的皇權政治核心。誰當皇帝，帝國的玉璽就在誰的手裡。皇帝年幼，就由代理人負責掌管。載淳年幼無知，自然就由他母親慈禧太後代為保管玉璽了。沒有玉璽，一切聖旨都是非法無效的。兩宮太后手中有了皇帝，再加上有了玉璽，政治的砝碼已經遠在「顧命大臣」組合之上了，當然更在「皇子」組合之上了。在接下來的宮廷對決中，一切都得到了充分顯現。

我們知道，奕寧病中的時候，各政治派系就已經加緊地下工作了。在顧命大臣出籠之前，奕寧漸為怡親王載垣所左右；而載垣的同黨則有鄭親王端華及其遠房兄弟肅順。這三人知道皇帝來日不多，風雲降至，便著手為自己的政治前途搭建一個遮風擋雨的平臺。三人中，肅順是他們的靈魂人物。而肅順的起家，也緣於怡親王、鄭親王的極力推薦。肅順的能幹與乖巧，很快受寵於奕寧，最終和其兄端華一樣，成為軍機大臣。

站在滿人的角度，肅順有很多可供指摘的地方。比如他就改變了滿清歷代防範漢人的慣例，大膽起用漢人進入關鍵職位。曾國藩之所以崛起，有肅順的提攜；左宗棠、郭嵩燾、王闓運等漢人，也都是他倍加欣賞與關照的。肅順為人豪爽，常在自己家裡宴請漢人高士。他對滿漢的評語是：「咱們旗人混蛋多，懂得什麼？漢人是得罪不得的，他那支筆厲害得很！」這與後來載湉帝的那句「滿洲軍隊都是廢物」的話，幾乎是如出一轍。也因此，載湉在戊戌變法中，才大量起用漢人。從根本上改變對漢人的看法的，肅順可稱之為滿洲第一人。在他的影響下，奕寧漸而倚重漢人，肅順自然也就得到奕寧的重用。

慈禧見肅順受寵，權勢日大，對她的政治謀劃構成威脅，正當想著怎樣清除肅順勢力時，英法聯軍打來了。奕寧問計，說這可怎麼辦呀？肅順說，為今之計，避其鋒芒為要。奕寧就想，朝中這麼多人，就肅順一人瞭解我的心思。可出逃無名也不行呀。還得說是肅順，他看出了皇帝的疑慮，那意思也無非怕後人說他臨陣脫逃。於是，肅順就上了一道奏摺，懇請皇帝到熱河去秋巡。歷史上有康熙、乾隆無數次的南巡，而歷任清帝的秋巡，更是不計其數。巡是什麼？就是巡視——視察的意思呀，視察就是工作呀。秋巡自然就是皇帝在秋天的時候出去視察了。奕寧不能白喜歡肅順，這傢伙的確的是難得的察言觀色的人才，奕寧暗中欽佩之至。他也毫不猶豫，就批准了肅順的奏請，以秋巡的名義溜之大吉。

依著慈禧，堅守北京是第一方案。英法聯軍多少兵力？他們加一塊也就兩萬多人。大清帝國多少兵力？各省部隊趕到北京勤王，少說也得有個幾十萬，敵我的力量簡直不成正比。再者說，北京城也不是豆腐渣做的，一道道防禦設施，雖不能說是固若金湯，要讓英法聯軍打進城來，也絕非易事。這促使慈禧往皇權方面去考慮，皇帝帶著老婆孩子跑了，北京的權力真空馬上就會被人取而代之。這個取代者無論是誰，都對未來的帝位繼承人、也就是她的兒子載淳構成直接威脅。況且，當皇帝的跑到首都以外的地方去，很容易被架空。令慈禧沒有想到的是，他們隨同奕寧逃到熱河後，帝國政權比她想像的還要分散，北京由奕訢實際掌控，熱河實際由肅順等人掌控，而他這一支政治力量，相對處於一個弱勢。這一切，她都歸咎於肅順。這為日後她對肅順的清算，埋下伏筆。

感到勢單力薄的慈禧，開始尋找政治同盟。肅順等人一向不把慈禧放在眼裡，同時也是他們極力防備的對象。很顯然，慈禧不會把肅順等勢力，當做拉攏的對象。這樣就只剩下恭親王奕訢這支力量了。慈禧的政治智慧顯而易見，皇帝還沒死，她就派貼身太監安得海回北京，密告奕訢，說皇帝病危，恐有變故，請恭親王及早拿主意。這一招兒實在厲害，讓奕訢誤以為，皇帝一死，他恭親王也就成了大清帝國的主心骨了。奕訢感到自己前所未有的高大，他理所當然地認為，皇嫂和未來的皇帝也就是他的侄兒載淳，就是他這一邊的人了。暈暈乎乎之中，也不免假裝一下謙虛，問安得海慈禧是怎麼打算的。安得海說，主子的意思是，請王爺速派一支兵馬來熱河護駕。奕訢當機立斷，就答應了。我們不知道的是，身為愛新覺羅氏的恭親王，他的這支兵馬大多竟然是葉赫人，與慈禧同出一脈。

我們前面已經說過，奕寧死後，一直躍躍欲試的奕訢，竟然身無一職，他有被耍的感覺。說老實話，這倒不完是慈禧的意思。這個時期的慈禧就是可以施加影響與奕寧，畢竟說她還只是一個貴妃。滿清皇室有個規定，即女人不得干政。這一點，奕寧不會不清楚。如果他對慈禧的洞察不是太深，也不至於遺詔皇后即慈安，說假如有一天慈禧有涉政的意圖或行為，就依據此詔把她拿下。這說明，奕寧是清楚慈禧的德行的，這也叫亦愛亦恨；愛慈禧的光鮮照人、閨房手段，恨她的政治熱情、背後手段。奕寧一生少有決斷，惟有臨死前把後事處理得井井有條。我的理解是：一，奕寧擼掉弟弟奕訢的所有權力，是為自己的兒子鋪平未來之路；二，玉璽交由兩宮掌管，是為抑制顧命大臣濫權、篡權；三，托孤八大臣，是為平衡兩宮的權力，防止她們干政。奕寧的不幸、愛新覺羅一族的不幸就在於，慈禧本人太能幹了，她會讓奕寧惟一正確的政治決斷一文不值。

多事之秋添驚雷

宮廷政變

奕寧死了，其五歲的兒子載淳繼位。這時的慈禧，才真正有了一個強有力的政治砝碼——太后。在政治上，太后不是一種職銜；但在宗法制度下，它卻是一種近乎天然的間接皇權。當皇帝未成年的時候，尤其如此。中國歷史上的太后臨政，也不在少數，漢有呂後，唐有武后，宋有曹后等等。鑒於歷史教訓，漢朝（始於漢武大帝）和北魏時，為避免太后干政，竟然實施一種野蠻的制度，即小皇帝登基之日，也就是其母升天之時。但這無法從根本上解決亂政的問題，只要皇帝年幼，不能親政，其皇權不是旁落太后一族，就是旁落皇叔一族，抑或旁落朝臣、乃至太監等政治力量。總之，炙手可熱的皇權不會吊在半空中，它必須實實在在的落下來，讓其中一支政治派系，代替年幼的皇帝行使職權。

慈禧的歷史機遇是，當她雄心勃勃地要施展自己的政治才華時，愛新覺羅氏——即慈禧她丈夫的家族，恰恰已進入執政的疲倦期。愛新覺羅氏的後繼無人，更為葉赫那拉一族的慈禧，提供了政治便利。所謂天時地利人和，全有了。接下來，就看慈禧怎麼運作了。

奕寧死了，載垣等顧命大臣以小皇帝載淳的名義下詔，決定將奕寧的靈柩運回北京。熱河距京城大約二百四十公里。快班轎夫日夜兼程，五天即可到京。靈柩就要緩慢得多，它非常沉重是一個，而且需要一百二十人抬著，彼此配合起來，步調一致前行，難度很大。這些因素，使得奕寧靈柩最快也要十天才能到京。如遇惡劣天氣，到京的時間還要推遲。

靈柩的行進速度，令慈禧頗為滿意，這樣的話，兩宮的返京隊伍，就可以先期回到北京。這使得慈禧有足夠的時間，與恭親王奕訢密謀大事。雖然恭親王什麼職位都沒有了，但家族內部的軍事組織，還在他手裡。這樣的軍隊（比家丁強，比軍隊弱）進行大規模作戰幾乎不可能，但發動宮廷政變卻綽綽有餘。

肅順等得到消息，說兩宮急返京城，意在發動一場宮廷政變。於是決定，就在途中把兩宮解決掉。這個時候，本書的一個關鍵人物出現了，他就是榮祿。這位二十五歲的英俊青年，擔任皇室的侍衛工作。當他得到肅順等準備下手的消息後，立即站到了慈禧一邊。在慈禧的一生中，有兩次關乎生死存亡的時刻，熱河是一次，她在得到榮祿的告密後，得以以勝利者的姿態，在政治舞臺上立於不敗之地；另一次是戊戌變法的時候，她同樣得到榮祿的告密，並成功挫敗以自己的外甥載湉為首的改革派們的陰謀，並奪回大清帝國的執政權。從這一意義上說，榮祿實在是慈禧的貴人、恩人。

我們現在重點說榮祿第一次告密的事。榮祿得知肅順等人的陰謀後，迅即帶領一支人馬前去保護兩宮太后。不巧的是，兩宮離開熱河後，遭遇滂沱大雨，道路泥濘，因此被迫在山谷中避雨。此處前不著村，後不著店，幾無供給。榮祿就在這樣的場景下追及兩宮的大隊人馬，兩位太后對榮祿的感激，不說涕零也差不多。所謂患難之時見真情，就指這個時候。榮祿的日後受寵，也得益於他對慈禧的忠誠。

雨停之後，榮祿保護兩宮繼續前行。一八六一年十一月一日，他們安全抵京。到京後，慈禧立即召集自己的人秘密開會，恭親王奕訢自不例外。會議決定，等皇帝靈柩到達後，先撤去顧命大臣們的名號，然後再相機行事。而這時的顧命大臣們，正護著奕寧的靈柩在回來的路上。這支隊伍如蝸牛一般，在慢慢長路上爬行。顧命大臣們哪裡知道，奕寧帝屍骨未寒，梓宮亦未抵京，在京城卻已秘密為他們張開一張大網。

在上一節中，我們提到過帝國當下的三大政治派系，即朝臣、帝胤、帝后三方。現在的情形明白無誤地告訴我們，帝胤（以恭親王奕訢為代表）與帝后（以慈禧太后為代表）兩大派系，為了各自的利益，走到了一起，共同對付朝臣派系。帝胤手裡有軍隊，帝后手裡有玉璽，兩相結合，完美無缺。八個顧命大臣不要說顧小皇帝的命，到時候恐怕連自己的命也顧不了了。

十一月四日早晨，奕寧的靈柩抵達京城西北門，奕訢前一天晚上，已派部隊駐守於此。五歲的小皇帝載淳、兩宮太后以及奕寧帝的弟弟們、朝中大臣等，皆著孝服出來迎接。兩宮提前趕回京城，這也是原因之一。當皇帝的，無論是活的，還是死的，他的肉體所到之處，其家人和朝臣須提前等在那裡跪接。類似的情節，等慈禧執掌帝國大權後，處處可見。尤其是載湉帝，和慈禧一同去個什麼地方，他的轎子都要先行、快行，提前趕到那裡。等慈禧的轎子一到，載湉帝嫻熟地一跪，慈禧這才在太監的攙扶下，高昂著頭走去。之後，載湉才敢從地上爬起來，畏畏縮縮地緊隨其後。今天迎接奕寧帝的梓宮入城，從小皇帝到兩宮，再到文武大臣，大家也都必須跪在地上，行禮如儀。陪同皇帝梓宮回京的顧命大臣，也要提前進城，與大家一起披麻戴孝，跪接梓宮。

奕寧的梓宮入城前，兩宮太后、小皇帝及軍機大臣桂良、周祖陪等，先來到一座臨時營帳裡休息。怡親王載垣、鄭親王端華以及肅順等亦至。慈禧以太后的身份，神色鎮定地對怡親王說：「東後和我都深感你等官員，護送梓宮，頗能盡其職分。今天大事已畢，監國之名，即可銷去。」那口氣咄咄逼人。載垣聽後厲聲回答說：「我等之監國，乃大行皇帝①遺命所授，兩太后無權收回。再說了，我是首席顧命大臣，沒有我的允許，無論太后還是什麼人，都無權召見臣工。」

慈禧也毫不退讓，狠狠地說：「那咱們就走著瞧吧。」隨即下令侍衛，將載垣、端華以及肅順當場逮捕。時間不大，前方人員來報，說梓宮已到。大家這才呼呼啦啦出來，趕忙前去跪迎。載垣等三位大臣，落寞地跟在後面。這時的顧命大臣已無反抗之力，因為周圍全是效忠慈禧的軍隊。兩宮等對梓宮行禮敬送，暫安於殿中。接著，慈禧以兩宮的名義下諭，將三個顧命大臣交宗人府嚴辦。四天後即十一月八日，結果就出來了：令載垣、端華自盡，肅順斬立決。顧命大臣中的另外五人，或革職，或貶竄惡地。與顧命大臣關係密切的高官、太監，處理了十一人。這場政變從密謀到結束，僅一個月的時間。

肅順之死

這裡面最值得一提的是肅順之死。同為顧命大臣，他的兩位死黨載垣、端華，得到的是賜死，而他卻是斬立決。在帝制時代，判定誰有罪，賜令自殺是一種優待，謂曰「加恩賜令自盡」，被賜死的人還要跪下來，口呼「謝主隆恩」。像肅順的斬立決就不行了，雖然看上去比賜死（通常是上吊自縊或飲鴆而亡）痛快些，痛苦也少些，但你必須到法場上去行刑；而且還要屍首分離。儒家文化薰陶下的人，特別愛面子，對於一個被執行死刑的人來講，砍頭也許並不重要，不就是一死嗎？關鍵是，上刑場的這個過程，沿街看熱鬧的人，堵塞通衢閭巷，受刑人五花大綁，面對無數異樣的眼睛，那真是丟盡顏面，毫無尊嚴。

我們來看肅順的受刑過程。執行那天，肅順被綁在牛車上，由重兵押送至北京菜市口刑場。當時，正值奕寧帝的喪期，皇親國戚、文武大臣，人人為之披麻戴孝。所以，囚車上的肅順，也是一身白衣打扮。肅順到底年輕氣盛，至死也不服對他的判決，並罵口不絕，尤罵慈禧淫毒之處。上了行刑台，劊子手讓肅順跪下，他的腰板反而挺得更直了。劊子手受到蔑視，舉起一根大鐵棍，就打向肅順的腿。咔嚓一下，隨著肅順腿骨的斷裂聲，他就勢跪在地上。劊子手瞅準機會，刀起頭落，肅順的鮮血，染紅了菜市口。

慈禧何以讓肅順死得如此缺乏尊嚴呢？一方面，是二十六歲的慈禧開刀祭旗的一個嘗試，意在告誡想挑戰她的人，「小女子也不是那麼好惹的」；一方面，是肅順直接冒犯了這位心胸狹隘的小女人。事情是這樣的，英法聯軍逼近北京的時候，奕寧不是帶著老婆孩子從圓明園出走熱河嗎？在路上，因衣食不周，一向嬌生慣養的宮眷們，紛紛遷怒於逃亡總指揮肅順，怪他不派人多帶些山珍海味。慈禧更是不滿，嫌她坐的那輛車不舒服，要求肅順給她換一輛。肅順騎在馬上，不耐煩地說：「現在都什麼時候了，還挑三揀四的。

眼下能有這麼一輛車就已經不錯了。」慈禧備感羞辱，她現在雖然只是一個貴妃，難道肅順沒有看到她的將來嗎？她的兒子可是大清帝國惟一的繼承人呀！慈禧暗暗發狠：「咱們走著瞧！」

瞧見了吧，慈禧讓肅順死得極其難看。肅順最為明確的一個罪名是，其在職期間「貪婪殘暴，無所不為」。如果按照這樣的罪名去套專制集團的執政者們，我敢說從元首到各級實權官員，都該被絞死。最大的問題是，只要專制主義統治這個國家一天，那些該死的貪官就永遠絞不乾淨。肅順被判死刑之前，執法人員先行將其抄家，他貪污來的大量錢財，②又統統被慈禧貪入私囊。這就像顒琰帝吃貪官和珅的家產一樣，都屬於黑吃黑的性質。國家元首尚且黑得伸手不見五指，你又如何防止手下不黑如鍋底呢？

閒話少敘。宮廷政變結束後，清政府為載淳舉行了一個簡單的登基典禮，兩宮皇太后即以皇帝的名義，令大臣彙編以往各代皇太后臨朝預政的事蹟，並美其名曰《治平寶鑒》，作為她們垂簾聽政的歷史依據。一八六一年十二月二日，她們攜載淳到養心殿東暖閣，正式垂簾聽政，設兩太后寶座在皇帝寶座之後，中間以八扇黃屏風隔開。為使此舉更具合法性，恭親王奕訢等人還制定了《垂簾章程》。由此，兩宮太后開闢了大清帝國垂簾聽政的歷史。

①即已故皇帝。

②關於肅順貪污的額度，我查了很多國內的史料，沒有一處提到具體數字，甚至只有他肅貪之事，而沒有他貪污之情。只是在英國人濮蘭德、貝克豪斯寫的《慈禧統治下的大清帝國》一書裡，提到說肅順的貪污有數百萬英鎊。因為沒有其他可以佐證的資料，我這裡不做正文引用，而只是作為注釋，提供一個參考而已。

翻手作雲覆手雨

站到前臺的奕訢

宮廷政變後，奕訢作為功臣，立刻站到大清帝國的政治前臺上來。慈禧對這位既是小叔子，又是政治盟友的恭親王，懷著感激之情。若不是他的配合，宮廷政變的成功率不免要大打折扣，乃至流產。慈禧感激奕訢，才給了他至高無上的頭銜，即議政大臣兼軍機大臣。事實上，清政府的行政大權，慈禧都交給了奕訢。

至此我們可以說，奕訢的政治投資（支持慈禧發動的宮廷政變），在這裡得到了回報。但這種回報，並非慈禧真實意思的表達。前面我們曾經說過，慈禧與奕訢並非同一條戰壕裡的人，因為奕訢精明能幹，慈禧不僅不會重用他，相反還要防著他，甚至把他搞掉。政治上，沒有一個人希望對手比自己強大。這一點，慈禧表現得尤為凸顯。

那麼，慈禧為什麼一反常態，又賦予潛在的政治對手奕訢以重權呢？這基於慈禧兩方面的考慮：一是宮廷政變剛結束，朝中能幹的大臣肅順等一被處理，執掌朝政再無合適的人選；而恭親王奕訢目前是惟一的取代者；二是慈禧個人年僅二十六歲，並無執政經驗。別看她站在奕寧帝背後指手畫腳，那種事誰都可以，你說了，皇帝聽不聽都可以；你說錯了，皇帝那裡有一道關，到了大臣那裡還有一道關。皇帝糊塗，真照著老婆的意思下達了命令，大臣去辦，辦壞了是大臣的責任，辦好了是皇帝的老婆厲害。垂簾聽政可就沒有這麼簡單了，別看有道簾子在那裡掛著，實際上簾子後的人就是直接的領導者，任何一項政令的發出，好壞都與你有直接的關係。這個時候，簾子後的人如果沒有一點執政經驗，再找一個沒有執政經驗的人來負責政府的工作，說輕了其垂簾聽政的位子不保；說重了恐怕連性命都沒了。慈禧是聰明人，她知道這個時候非常需要恭親王奕訢的政治協助。雖然說奕訢比慈禧才大四歲，畢竟說他在重要的位置上，已經幹了若干年，行政經驗還是有的。比如與英法聯軍的談判、簽約，雖然是屈辱的，但那也是經驗吧；再比如這次宮廷政變，奕訢也算是主角之一吧。可見，奕訢在政治上無可替代。也因此，慈禧與之形成暫時而密切的政治聯盟。

從奕訢的角度說，他雖然精明能幹，卻還有不起這些政治算計。相對於慈禧，他不知有多單純。奕訢單純到什麼地步呢？他認為自己在政治上的不可替代性由兩大因素構成：一、他是小皇帝的叔叔；二、大清今天的政治格局或曰乾坤，是他奕訢確定的。他由此獲得的類似宰相的行政職權，完全是應該的，也是合理合法的。他的這些單純想法，以及他日後的權傾一時，為提早結束他的政治生涯埋下了伏筆。他根本不知道他的嫂子慈禧，是一個眼裡容不得沙子的人。這都是後話，放下不提。

下面再說說奕訢的政治作為。英法聯軍對北京的攻進，以及《北京條約》的簽訂，使得滿洲權貴們第一次意識到貧弱就挨打的道理。鴉片戰爭時，英國只不過出動軍隊兩千多人；英法聯軍時，兩國也不過出動軍隊兩萬多人，竟把擁有四億人口的清帝國打得落花流水。這促使奕訢領導帝國，來一次圖強運動。奕訢的這一想法，得到漢人官員曾國藩、李鴻章的積極支持。從哪兒入手呢？西方人是用船堅炮利把清帝國打敗的，那麼就從這裡學起吧。

以清帝國的思維，西方人用船堅炮利打敗對手，怎麼可能把最先進的傢伙售給手下敗將呢？西方人不這麼想，他們發動戰爭的目的是為了通商，現在戰爭結束了，對手提出貿易交往，而軍火貿易向來是最賺錢的，買賣找上門來，有什麼理由可以拒之門外呢？於是積極推動先進的軍事技術進入清帝國。清帝國朝野得知西方人不但願意賣軍火給自己，而且還熱心地傳授相關秘密，那時真是人人都在偷著樂。也有暗自笑罵西方大鼻子的，說我們清國人從來就沒有這麼傻的，什麼先進的玩意，全都鎖到保險庫裡，唯我獨享，才能夠唯我獨尊嘛。

向西方各國學習，用今天的話講，這就屬於涉外工作了。可那時的清帝國還沒有外交部門。怎麼辦呢？那就建立一個吧。於是，就有了總理各國事務衙門（下稱總理衙門），全權負責圖強運動。這是清帝國建國以來，同時也是中國歷史上第一個正式的外交部門。

此前的清帝國，只有一個藩屬事務部即理藩院，負責處理藩屬國的事務。但這不是嚴格意義上的外交部門。而各國如與清政府打交道，則只能與指定的封疆大吏接觸，如俄國只能找庫倫即蒙古烏蘭巴托的辦事大臣，歐美各國只能找兩廣總督。總理衙門的設立，表明清政府終於在心理上承認世界各國地位平等。但我們要知道，總理衙門在功能上，還不完全是現代的外交部，它的主要任務是學習西方先進的技術。那麼，這所謂的總理衙門，也就成了圖強運動司令部，奕訢是其最高統帥，稍後出任北洋通商大臣兼直隸（即河北省）總督的李鴻章，則是這場運動的ＣＥＯ。

鴉片戰爭，尤其一八六〇年的英法聯軍入侵北京，可以說都是由外交爭端引起。起碼說，你清帝國沒有一個外交部，或者說沒有一個得力的外交人員，才導致雙方誤會加深，以致讓西方人覺得，非船堅炮利不能解決問題。從長遠的角度講，任何時候的醒悟，都不會晚。晚的是，你醒悟了，卻沒行動，那等於沒有醒悟。奕訢作為這場運動的靈魂人物，他自然不會使醒悟化為泡影，而是要變成行動。下面是這一運動的具體細節和主要成果。

教育 學習西方的先進技術，沒有外語人才是不行的。因此，同文館（外國語學校）設置了英文、法文、俄文、德文四個學系。同時還設立了天文系、化學系、地質系、物理系、醫學系，以培養科學人才。

海關 這一職責原由財政部（戶部）分管，現在則納入總理衙門，並聘請英國人擔任海關首席官員。這是中國政治史上第一個、也是唯一一個部門的首長，由外國人來擔任。今天美國政府裡的一些部，常常有華裔擔任其部門首長。我們說這是一國開放的政治姿態，同時也是自信的一種表現。奕訢時代的海關首長，聘請英國人來做，與政治姿態無關，也與自信無關，僅僅是與需求有關。

軍事 應該說，提升軍隊的作戰力，才是總理衙門的首要原則。前兩項不過是為本項服務的，也就是說，發展教育的目的是要先有專門的人才，海關則是提供稅收，用於打造海軍艦隊、船隻、軍港，及其附屬單位，如軍械局、造船廠、海軍軍官學校等等。

圍繞圖強運動，又帶動了一系列的相關產業，如礦產、鐵路、電線、輪船、航線、工業。這些新興的專案，因為與圖強有關，與外國有關，也一併納入總理衙門的工作範疇。這轟轟烈烈的圖強之舉，史稱「洋務運動」。我的理解，這實在是清帝國的一次大規模的西化運動。下面但凡關涉這一內容的描述，均以「西化運動」代替。

上所舉例，只是一個大概。那麼，結果又如何呢？嘩嘩如流水的銀子投進去，清帝國很快就在外觀上，呈現出金碧輝煌的場面，戰鬥力強大的北洋艦隊最先成立，另外還有三支比較小的艦隊，即南洋艦隊、粵洋艦隊和閩洋艦隊。這使得清帝國一下子就成了世界排位第七的海權大國。由此，清帝國再次找回強國的尊嚴。我們說，這一切就得益於年輕的恭親王奕訢及其行政團隊的努力，也得益於帝國簾子後面那兩位太后的支援。

說白了，這次西化運動其實就是另一場戊戌變法。我更願意把一八六〇年代的改革開放，看作是清帝國的第一次西化運動；把一八九八年的改革開放（即戊戌變法），看作是清帝國的第二次西化運動；把一九〇五年的立憲運動，看作是清帝國的第三次西化運動。如果不是吹毛求疵，相比之下，奕訢領導的西化運動就是成功的。為什麼奕訢時代的西化運動就成功了，而載湉時代的西化運動就失敗了呢？這還是我們前面討論過的話題，現階段的慈禧尚無執政經驗，她現在放手奕訢去幹，其最大目的就是要跟著奕訢多長些見識、學些本事。到載湉時代，慈禧已積累了大量的執政經驗，其政治手腕的運用也已經到了出神入化的地步，她也就用不著跟誰客氣了。政治上，凡是擋住她的路的人，凡是讓她不如意的人，她一概將其掃入歷史的垃圾堆，絕無仁慈可言。

叔嫂對決

奕訢的成就，使他在朝野穩固了自己的政治地位。甚至可以說，他的政治影響，超過了他的實際權力。這就有點向精神領袖靠的意思了，這要玩大了，深入人心了，奕訢就成了帝國事實上的領導人。這一點，簾子後面的慈禧，始終保持著高度警惕，並每為奕訢所取得的成就而不快。雖然沒有表現在臉上，聰明的奕訢總能感覺得到。於是，在小嫂子與小叔子之間，漸生縫隙。在慈禧來說，這縫隙本來就有，只是在她發動宮廷政變的時候，暫時彌合了這縫隙。他們共同的敵人被打倒了，現在他們的縫隙重新開裂，這也符合政治規律。奕訢年輕氣盛，得勢不饒人，看到慈禧臉色不對，就轉而與大嫂即東太后近乎起來，凡事他們總能站在一起。這樣一來，慈禧的壓力就更大了。不過，一切尚未浮出水面，大家都還過得去。至於暗中的算計，那一向是慈禧的長項，她是不會停止運作的。這方面的話題稍後再說，我們先來說說兩宮太后是如何垂簾聽政的。

說起來很有意思，在小皇帝與兩宮之間，懸垂著一道黃絲簾子，小皇帝在前，太后在後。說是聽證、議政，但到會的大臣未經召見，不得擅自入內。程序是這樣的，大臣到了大殿外面後，須在專門的屋子裡等著傳喚。輪到你了，或是集體議事，值班的太監就過來說，張三，你可以跟我進去了；或者說，你等可以跟著我走了。大臣進了大殿，在三步之處跪下，口呼：「奴才某某，恭請聖安。」然後脫帽、磕頭。太后說：「起來吧。」跪著的大臣還得說一句「奴才叩謝天恩」之類的話。完了，站起來，再戴上帽子向前走，走到自己平時固定的位置上（中國人不僅有面子觀，更有強烈的位置觀。尤其在官場上，一點都馬虎不得），那裡有個墊子，大臣低頭跪在上面，服服貼貼如龜孫子。這麼說吧，自大臣進來，到他出去，他一直都是低著頭的。按照規定，當臣子的是不准與主子平視的，出去的時候，大臣的屁股更不能對著皇帝，他必須倒退著出去。新提拔起來的大臣，覲見前還要經過專門的培訓。至少要有老臣提醒，哪裡跪，哪裡起，怎麼進，怎麼退，甚為繁瑣、複雜。

還有一點，我們必須知道，聽政大殿雖然很大，光線卻實在不敢讓人恭維。裡面只有蠟燭，而沒有電燈。就是蠟燭也不多，稀稀疏疏幾根，整個大殿被渲染得充滿神秘感和陰森感，使人猶如置身冥界一般。大臣從明亮的外面剛一進去，彷彿掉進魔窟，什麼也看不見。裡面更是鴉雀無聲，死氣沉沉。過上一陣，大臣才稍微看得清一點自己的手。在這樣的光線下，除非是很有偷看技巧的大臣，通常而言，他參與朝政、回答上峰的問題時，是連皇帝的下巴都看不到的。至於皇帝的模樣，那就更看不清了。而簾子後的太后，那就只能聞其聲，不見其影兒了。

附帶說一下，大臣進入聽政大殿後，為什麼必須跪著，到處又為什麼黑漆漆的。這都是從安全的角度去考慮的，大臣跪著，如有不軌，寶座一側的太監就會立即發出警示，不等那位大臣站起，大殿深處就會湧出如狼似虎的禁衛軍，霎時撲向目標。對於大臣來說，大殿是聽證議政的地方，同時也是充滿殺機的地方。宮殿乃帝國政治的心臟，無論什麼地位的官員，倘非總管太監傳旨，是一律不能直接進入的。這是政治重地，同時也是軍事重地（皇帝是全軍統帥）。

宮殿嚴密的規則似乎對一個人例外，他就是權傾朝野的恭親王奕訢。這位年輕的議政大臣認為，進入宮殿的一切制度都不是為他設立的。因此，他常常不等太監傳旨，就逕直入內。慈禧認為，這是奕訢故意挑戰他們孤兒寡母的權力。不僅如此，在議政的時候，慈禧每每發表政見，奕訢都以逆聲語氣來回答，那意思根本就不把簾子後面的老娘們放在眼裡。奕訢驕橫的態度，每使慈禧不能容忍，但不到萬不得已，叔嫂之間也不能在辦公場所撕破臉皮。慈禧在內心深處對對手最愛釋放的一種語言是：「咱們走著瞧。」當她的反擊行動十拿九穩時，就會把憋在心裡的這句話吐出來。那時，對手就只有乖乖就範了。在慈禧一生的權力場上，她屢屢使用這種政治手段，還從未失敗過。如果說這世上有什麼常勝將軍，那麼慈禧就算是常勝政客了。

奕訢不只是年輕氣盛，還有一股子工作熱情、一股子工作幹勁兒。智慧上比他哥哥奕寧強，但要說是什麼棟樑之才，那倒不是。他之所以能幹出一番事業，比如熱火朝天的西化運動，那是因為他有統攬帝國大政的權力，他動動嘴，下面的人就把事辦妥了。

奕訢因緣際會，三十歲那年，他就成了大清帝國的首席執政官。這也難免他飄飄然。與其如此，他才在一八六五年的某一天，犯了一個致命的錯誤。那天，奕訢進入大殿議政時，突然從跪墊上站起來。我們在前面也說過，這樣的舉動是嚴重違反覲見制度的。清律規定大臣跪著接受皇帝的召見，就是避免大臣異常的舉動危及皇帝。這項制度，就是首先把自己的大臣預設為暴徒。恭親王奕訢的行為，立即被御前太監稟告簾子後面的慈禧，慈禧隨即就大叫起來，彷彿就要被荊軻刺殺的一般。侍衛們聞聲湧來，問發生了什麼事？慈禧說，恭親王突然起立，圖謀不軌，威脅到皇帝和兩宮的安全。侍衛們這才蜂擁而上，跑到奕訢面前，把他層層包圍起來，然後連推帶搡，他就像個肉包子一樣，被層層夾裹著帶出了大殿。那叫一個尊嚴掃地！

我們說，這是典型的小題大做，但的確被正在尋找機會的慈禧抓了個正著。隨後，慈禧就以皇帝的名義下諭，說恭親王侵越朝廷大權，濫舉妄動，罷去他的議政王之職，開去軍機大臣及其他宮廷要職；同時撤去其總理衙門的職務。這等於說，把奕訢一擼到底了。奕寧去世之前，也給奕訢來過這麼一招兒。五年後，慈禧又給他來了這麼一招兒。五年之內，奕訢在政治上，兩回被扒個精光。這已充分說明，他不具備政治智慧，他的平庸也不亞於其兄奕寧。真有政治智慧的人，會在權力之間尋找平衡，使自己儘量處於相對安全的境地。奕訢做不到這一點，被他蔑視的老娘們慈禧，卻做到了，且無往而不勝。

慈禧免去奕訢所有職務的動作，激起朝臣和各省的一致批評。事後，奕訢跑到慈禧那裡，伏地痛哭流涕，狠狠地做了一回自我批評。不久，慈禧在朝臣和各省的壓力下，在奕訢哭哭啼啼的哀求下，恢復了奕訢總理衙門的職務。雖然說這只是一個象徵性的職務，畢竟也是一種政治妥協。換了奕訢，他做不做得到呢？很難說。政治上的一進一退，進退有節，都是需要智慧的。你也許覺得那個政治動作不起眼，可是要叫缺乏智慧的人去做，他還真就做不了。一八六一年的宮廷政變，慈禧在處置肅順等黨羽的時候，把八個顧命大臣都算上，總共也才十九人。當時，司法部門就從肅順等人來往的書信中，網羅了一大批肅順的黨羽。慈禧並未照單剷除，而是命令司法部門當眾燒了那些書信。這樣的政治舉動，像不像曹操當年的某一個政治舉動呢？這都是避免自我浪翻的政治技巧呀。

說句感性的話，大清帝國早已隨奕寧之亡而亡。奕寧的時候，全國到處是叛亂，西方的軍艦、軍人，在清國的水陸橫行無忌；太平天國更是獨佔半壁江山，乃至隨時有吞沒大清帝國的危險。而這時的奕寧，卻一味地花天酒地，放任國破家亡。奕寧帶著老婆孩子逃亡熱河後，圓明園內那些沒有被帶走的宮女，上吊的上吊，投水的投水，那情景真的是淒涼透了。種種跡象表明，大清帝國至此「天命已絕」。後來，是葉赫那拉家族的崛起，將愛新覺羅家族取而代之，一個破落的帝國，這才回到它應有的軌道上來。這時的大清帝國已完成了顏色革命（象徵性時間為一八六一年的宮廷政變）。帝國的殼子雖然還叫大清，但瓤子已是葉赫那拉氏了。而且葉赫那拉家族的這個女人，駕駛著帝國的帆船，走了近半個世紀。慈禧死後四年，大清帝國也走到了歷史盡頭。因此說，大清帝國的最後半個世紀，不是愛新覺羅家的，而是葉赫那拉家的；那不是愛新覺羅帝國，而是葉赫那拉帝國。慈禧之所以能夠辦到這些，就因為她有足夠的政治智慧，支持她去完成那些驚天罪孽。

政治智慧所造就的何以是驚天罪孽呢？再說下去，就涉及專制的害處了。我們會在後面一一提及慈禧的罪孽。專制者的政治智慧，通常體現在罪孽上，我們也不能因為一個政治人物很有手腕，就把他的罪孽當做智慧的結晶去加以炫耀。我們評論專制社會的政治人物，一分為二是必要的，但這個一分為二須建立在批評的平臺上。畢竟說，專制社會的官場，幾無好東西嘛。

縱情無忌小安子

慈禧的心狠手辣，使奕訢一直懷恨在心。他一直在等待一個適當的時機，報一箭之仇。我們說奕訢缺乏政治智慧，就表現在這些地方。你沒有足夠智慧的時候，最好不要去參與政治鬥爭。否則，你就是螳臂當車，就是堂吉訶德戰風車。不過，奕訢倒是想試試。

一八六九年，慈禧缺錢花了，就悄悄派安得海去山東斂財，以補充自己的小金庫。安德海的船隊浩浩蕩蕩，船上掛著大龍旗，上書「奉旨欽差採辦龍袍」，船上有他買來的十九歲女孩，有他叔叔、妹妹、侄女、有跟班的、保鏢的、做飯的、剃頭的、修腳的、說書的，甚至還有歌女、和尚隨行。總之，能想到的角色，全帶來了。這些人在船上又唱又鬧，醜態百出。到了山東，安得海一行上岸換車轎，騾二十二頭、馬十六匹，還有一頭驢，外帶大車轎車，招搖過市，令人生厭。

宮廷政變後，慈禧以小皇帝的名義下令，每年由公庫中撥銀二十萬兩，以為兩宮用度。不知為什麼，她還缺錢花。慈禧真的是貪得無厭啊。

安得海這個太監，我們在前面的章節中也提到過。一八六一年的宮廷政變，就由安得海在慈禧與恭親王奕訢之間聯絡，他是這對叔嫂之間的移動通信工具。我們也可以調侃性地送安得海一個綽號：清國移動。從這一意義上說，當年的宮廷政變，也有安得海的一份功勞在裡面。小安子勞苦功高，慈禧這才破格提拔他為總管大太監。

不過，這安得海多少有點像《紅樓夢》裡的焦大，憑著奴才之功，竟也小人得勢，不把大臣放在眼裡。當恭親王奕訢被剝奪執政權後，安得海也是牆倒眾人推，蔑視起奕訢來；乃至恃功自大，干預起朝政來。奕訢怎麼想，你這沒種的奴才呀，怎麼跳到爺的頭上來拉屎了，你等著吧。這氣兒還沒出呢，事又來了。這一天，奕訢要求見一見慈禧，你猜慈禧怎麼說，她說她正在與太監安得海聊天呢，沒空。恭親王居然沒有一個太監有面兒，這把奕訢給噁心的，好多天都吃不下飯去。我們說葉赫那拉家的這個老娘們鞭打愛新覺羅，往往就在這些細枝末節上。後邊的載湉帝更是被葉赫那拉氏鞭打得遍體鱗傷，乃至體無完膚。人在矮簷下，怎能不低頭，耐心等著吧。

說著說著，機會真就等來了。這就是上面提到的，慈禧讓安得海出宮去斂財。這安得海乘樓船沿大運河南下，先德州，後濟南，一路張揚跋扈，招權納賄，為所欲為。不幸的是，安得海遇到一個人，他就是當時的山東省長（巡撫）丁寶楨。丁省長見安得海到他的一畝三分地上來侵官擾民，大為憤怒，遂及時將這一情況上報恭親王訓示。奕訢是沒有要職了，可他的爵位還在呀，他還是王爺呀。更重要的是，丁寶楨是奕訢這趟線上的人，他們結合在一塊整治安得海，多大的太監都不是對手了。奕訢接到丁省長的報告後，他知道憑自己目前的政治處境，是幹不了這個活的。他必須找到同情自己的東太后慈安，才能把安得海處置了。所以，接到丁省長的報告，奕訢興奮地拍了一下大腿，心想，小子，你死到臨頭了。於是，急忙跑到戲院，慈安這會兒正在那裡看戲呢。

慈安聽了奕訢的彙報，也是大吃一驚：「有這種事？太不可思議了。那就趕快擬旨，把這個不知死活的太監就地正法了吧。」中國歷史上的宮廷制度，對太監的管理非常嚴格。嚴禁他們干政，也嚴禁他們私自跨出宮門一步。干政也罷，私出宮門也罷，都是要掉腦袋的。就安得海當下的行為而言，無論從哪一方面來講，將其就地正法，都合乎清帝國的法律。諭旨很快擬好，慈安以東太后的名義簽署了這項追殺令。命令說，丁寶楨接旨後，立即將安得海就地正法，不必來京覆核。

歷史上的慈安，因為慈禧的光芒萬丈，往往把她給遮得黯然無光。這裡猛然殺出一節，說慈安簽署一項什麼命令，去斬殺慈禧的人，你也許會覺得太突兀。處決一個太監，慈安是有這個權力，還是有這個能力？我們說，慈安這兩項她都有。為什麼？別看現在慈禧是當朝皇帝的親媽，好像什麼事都占著上風。其實就皇家的規矩來說，慈安的權力不僅不亞於慈禧，甚至還在其之上。奕寧在世的時候，慈安是妻（皇后），慈禧是妾（貴妃）。

這種等級，除非奕寧活著的時候想改變，否則，妻妾之間是無法撼動這種界限的。甚至說，妾在普通家庭沒有地位，在皇家亦然。所以，奕寧死前，皇家是兩枚印章，一枚給了小皇帝，一枚給了皇后慈安。慈禧呢？若不是即位小皇帝是她所生，她幾乎什麼都沒有。

從中我們可以看出，慈安的政治地位，自奕寧在世到目前，都在慈禧之上。即便以「後奕寧時代」而論，兩位太后，慈安為東，上也；慈禧為西，下也。所以，慈安簽署斬殺安得海的命令，有權力，也有能力。不能照會慈禧，是因為這裡面有個利益迴避，否則那安得海也就正法不了了，還何談皇家威嚴。這是大處說，小處是奕訢與慈禧有解不開的過節，與安得海也有怨隙。就是慈安對慈禧，也多有怨言，私下埋怨其越權太多，下手太狠，對身邊人約束不足而放縱有餘。這次慈安簽署命令就地正法安得海，也是殺雞儆猴的意思，提醒慈禧不要為所欲為。

命令一到，安得海在山東被就地正法，這位「清國移動」徹底亡了；其親屬被發配到西北軍台為奴。安得海的幾個隨從太監，也在山東被絞死。其中逃掉一個太監，他回宮後，把詳情告知了李蓮英。不用說，慈禧很快就知道了在山東所發生的一切。她氣沖沖地跑到仁壽宮，憤怒地質問慈安，為什麼殺她的人：「打狗還看主人哩，更何況你殺的是人，是我的人！」慈安這才發現，自己簽署的命令欠考慮，太魯莽，她更知道慈禧是不好惹的主兒，一害怕，就把責任全推到恭親王奕訢身上了。儘管如此，慈禧與慈安的關係也由此徹底破裂（後來慈安的暴亡，當與此有關）。次日，慈禧嚴厲痛斥奕訢，罵完也就完了。奕訢雖然不好，可他的女兒很好，深得慈禧寵愛（慈禧感激恭親王奕訢在熱河對她的幫助，將他的女兒封為大公主，允許其使用皇轎）。福及之下，奕訢躲過一劫。但載淳死後，慈禧不立奕訢的兒子（按照繼承原則，載淳亡，奕訢之子當即位），反立載湉為帝，實際就是對他的報復。

倒是一個人的結局頗令人玩味，他就是山東省長丁寶楨。慈禧不僅不責難、處理丁寶楨，反而予以重用，把他調任四川總督。之所以如此，據清人薛福成《庸庵筆記》的說法，這安得海其實是個假太監，因而深得慈禧歡心。一八六九年，安得海在山東被正法後，丁寶楨發現安德海未曾閹割，這要傳揚出去，大清皇室的臉面可就丟盡了，帶之大清統治集團也臉面全無。站在這樣的角度一考慮，丁寶楨就趕忙找來其他宦官的屍體代替，為大清遮醜，為儒家統治集團擋羞。站在慈禧的角度，這丁寶楨就是為她遮了羞，當然忠誠可嘉，提拔他也就成了順理成章的事。

慈禧與小安子的緋聞傳說，民間頗多，深信者有之，懷疑者有之。這都不重要，重要的是通過上面的故事，我們知道一八六九年的慈禧，政治上已經是出於獨大的地位了。這才是我們所必須詳加考察的地方。至於那些花邊新聞、房中快事，不過就是一個調劑品，輕鬆一下而已。

無情黑手老毛子

這是本章的最後一節。寫這一節的時候，正好趕上俄羅斯總理普京訪華（二〇〇九年金秋十月），他給中國帶來了四十多億美元的貿易訂單。這讓那些民族主義者，很是興奮了一陣子。然而，這些經濟動物們，卻把華商在俄羅斯的悲慘遭遇給大事化小、小事化無了。突出什麼，湮滅什麼，那些民族主義者加盛世狂徒，都拿捏得當。也就是說，凡是能夠突出盛世的，就無限放大，根本不管事件本身及其所處的背景。我們說，這是典型的盛世狂熱症。普京為什麼遠道而來，不把大筆的生意給家門口的歐洲人，而南下中國示好？這是普京的真實想法嗎？揭開這個謎團之前，咱們先來看看普京的祖先們，是如何與中國打交道的。

一八六〇年，清帝國分別與英法簽訂《北京條約》後，普京的祖先們狐假虎威，進入北京，並以調停有功為由，於當年十一月十四日，逼迫恭親王奕訢把烏蘇里江以東領土正式割讓給俄國，以此作為酬謝。

俄羅斯老毛子在這裡完全是欺世盜名。其實，英法聯軍根本就不打算在北京久住。他們的「目的只求清政府履行《天津條約》，並無意打進清國的首都。既然陰差陽錯打進了清國首都，一則缺少冬天裝備，一則又怕清政府瓦解，妨礙他們的商人做生意。所以一心一意希望早日簽訂和約，早日撤退」。對於柏楊先生的這個觀點，我完全贊同。而普京的先輩們就不是那麼回事了，他們趁人之危，以恐嚇、威逼、許諾等卑劣手段，逼迫失魂落魄、六神無主的恭親王奕訢與之訂立清俄《北京條約》，割占烏蘇里江以東約四十萬平方公里的清帝國領土，並為進一步掠奪清帝國西部領土製造條約根據。一八六四年，俄國據此強迫清政府簽訂《中俄勘分西北界約記》，又割占巴勒喀什池以東以南四十四萬多平方公里的清國領土。

俄國不費一槍一彈，僅憑恐嚇和詐術，就取人之土九十八萬平方公里。清帝國丟失的這個面積，是日本面積的兩倍半，而且這僅僅是老毛子卑劣行徑的一個開端。我們尤其不得不提的是，兩年前即一八五八年，俄國憑藉相同的手段，攫取清帝國九十八萬平方公里的疆土，那就是著名的清俄《瑷琿條約》的具體結果。

在此，我們延伸開來，索性一次把俄國老毛子的無恥嘴臉來個大展覽，看看他們趁火打劫，搶走了多少清帝國的土地，如表所示：

俄國人從清帝國掠走的這一百六十一萬平方公里土地，有三個法國、或四個日本那麼大。俄國老毛子欠清國人亦即中國人的這筆巨債，很少被現代中國人所提起，因而也就少了應有的警惕性。我不是在此宣揚民族主義，而且我也不是一個民族主義者，更討厭那些民族主義小丑。但我強調的，作為中國人，不應忘記俄國老毛子對中國所犯下的罪行，就像不能忘記日本人的侵華罪行一樣。可我也很討厭那些諂媚俄國的政客，你總不能因為和俄羅斯有相同的價值觀，就連同歷史上的奇恥大辱都一筆抹殺或者不提了；你也總不能因為與日本的價值觀不同，就把它的民主思想捆綁到侵華歷史一頁上一同鞭打。

我對俄國人的成見就在於，他們每攫取一次清國的土地，他們都堅稱是清國人民的好朋友、好兄弟，他們的一切都是為清國好，如果清國人阻止他們這種所謂的友好，他們就使出流氓無賴手段，恐嚇、威脅清國人。清政府沒辦法，就一次一次地被友好——被俄國老毛子友好！好來好去，老毛子把好朋友、好兄弟的土地，好到了自己的版圖上。你說這是什麼好朋友、好兄弟，這分明是比惡棍還惡，比土匪還

年份	清俄條約	清帝國喪失的領土	面積（平方公里）
一八五八	瑷琿條約	黑龍江以北、外興安嶺以南	六十四萬
一八六〇	北京條約	烏蘇里江以東	三十四萬
一八六四	塔城條約	新疆西北	五十八萬
一八八一	聖彼德堡條約	霍爾果斯河以西	二萬
一八八三	科塔條約	齋桑泊地區	三萬
總計	一百六十一萬平方公里		

兇殘嘛！

回頭咱們再說說普京的大禮。中國那些淺薄的經濟學家以為，這是中國強大的表現，是中國在世界金融危機中率先走出困境的表現，是中國世界話語權分量的表現。總之，怎麼解讀的都有，歸根結底都是歡呼雀躍的。他們哪裡知道，普京給中國帶來的大禮，不過是一個政治考量，他是要拿這個禮包去砸西方人的腦瓜的，那意思是說：可惡的西鄰，你們北約總是東擴東擴，打壓俄羅斯的軍事空間。怎麼樣，我兜裡有幾十億美元的大禮包，就是不給你們。

問題是，俄國人願意把這個大禮包給中國人嗎？那實在是不情願的。中俄在歷史上的過節，中國人淡忘了，但俄國人不會淡忘。他們知道從中國搞走了很多土地，理虧，怕後世中國人找他們算帳，所以他們並不希望中國走在俄羅斯前面。他們實在沒有辦法了，才把大禮給了中國，目的是去刺激西方人，希望他們不要對俄羅斯指手畫腳，主要是希望西方不要對他普京個人指手畫腳，他在俄國很有些倒行逆施，因此他就恨西方人。普京的價值觀是他們先輩的價值觀，也是中國的價值觀。因為價值觀相同，他才「趨向」中國。而淺薄的觀察家們卻把普京的這種權宜之計，當做向中國示好，實在是夜郎自大極了，他們被自己臆造的那個所謂盛世沖昏了頭腦。

呔！盛世狂徒，快快醒來！

第二章

兵敗如山倒

慈禧

鳳起荷塘情已了

一代嫖帝

本章我們就從載淳說起。奕寧的這根獨苗，天生體質不好，加之他攤上一位刻薄的母親，也就是慈禧，他少有童年的快活。按照順治、康熙兩朝的先例，皇帝滿十四歲就可親政了，但兩宮皇太后執政上癮，未予還權載淳。話又說回來，載淳也樂得一個清閒，這樣他就可以爭分奪秒地去玩美女。所以我們說，載淳與他父親奕寧有兩像，一是病體快快，二是好色過度。載淳雖然沒有皇權，卻有性權；身為年輕寡婦的兩宮太后雖然有皇權，卻沒有性權。在皇帝與皇太后之間，這也叫做各取所需，各用其長。

一八七三年，兩宮太后開始為十七歲的載淳考慮婚姻大事。從清宮慣例來說，這個年齡已經是不小了。但在選后問題上，兩宮皇太后卻發生了激烈的爭執。首席皇太后即東太后慈安，擬選崇綺之女阿魯特氏；作為載淳母親的慈禧則堅決反對，她的理由是，阿魯特氏是鄭親王端華的外孫女。端華是什麼人，是奕寧的顧命大臣之一呀，一八六一年的時候，不是被慈禧發動的宮廷政變給賜死了嗎？這要是讓他的孫女當了兒媳婦——成了皇后，端華一家遲早是要鹹魚翻身的。鑒於此，慈禧強烈建議選鳳秀的女兒富蔡氏為皇后。慈安同樣持反對態度，她說：「鳳秀的女兒太輕佻，不宜選為皇后，當一個貴人還可以。」這話何其厲害，慈禧就是貴人出身，而且是以輕佻博得奕寧寵愛的。

在選皇后的鬥爭中，慈禧最終敗下陣來。一方面有首席太后的支持，一方面是載淳的個人選擇，阿魯特氏是以成為皇后，而慈禧推薦的富蔡氏，則封為慧妃。這讓慈禧不僅深恨東太后，也深恨自己的兒子，怪他不站在自己一邊。也因此，載淳婚後與母親的關係，一直不好，乃至到了劍拔弩張的地步。

載淳本來就好色成性，結了婚就天天和小媳婦阿魯特氏泡在一起。慈禧指責說：「怎麼可以天天在一個人的房間裡鬼混？你也要到慧妃那邊去走走啊！」載淳上來一股牛勁，索性連皇后的房間也不去了，帶著兩個心腹太監，一身便服，悄悄溜出皇宮，到南城娼妓窩子裡去鬼混，甚至就住在了那裡。我們說載淳比他父親奕寧還荒淫，就指這些。結果，就染上了梅毒。外國人的一段記述，較之於清帝國的文本，更為詳盡：

私家著述，皆謂太后縱帝遊蕩，及至得疾，又不慎重愛護，以至深沈不起……蓋帝常屨飲於外，至翌晨召見軍機時猶未歸也，或醉中言語失次，雜以南城猥賤之事……

（濮蘭德、巴克斯著：《慈德外記》）

起初，載淳高燒不退，口渴腰疼，小便不暢。太醫摸不準病情，就當做感冒來治。一連幾天，高燒依舊不退。接著就出現了便秘，身體敏感部位開始出現紫紅斑塊。到一八七四年十一月，載淳頭部、臉面也出現了紫斑。他不小心，還把左邊臉頰上的紫斑抓破，血水滲出。不僅如此，因為臉頰腫得厲害，其上下嘴唇外翻，面目奇醜。載淳的下身就更要命了，一些隱私部位潰爛後化膿，惡臭令人作嘔，人人唯恐避之不及。

皇后心疼，就跑到養心殿東暖閣，去照顧自己的丈夫。哪知，她那年輕的婆婆竟然悄悄跑來聽房。皇后阿魯特氏對載淳說：「你暫且忍耐忍耐，一切會好起來的，我們總有出頭的那一天！」帷幕後的慈禧聽到後，立刻跳將出來，不由分說，抓住皇后的頭髮就是一陣毒打，且叫太監準備傢伙，她要廷杖皇后。載淳見狀，驚嚇之中，立刻暈厥過去。慈禧這才作罷。而載淳的病勢，也日重一日。延挨至一八七五年一月十二日，載淳一命嗚呼。大清帝國的一代風流皇上，享年僅十九歲。

再歷宮廷政變

載淳死了，身後留下一百二十多個妻妾。我們所不能明白的是，一個當皇帝的，有那麼多妻妾供他的房事之需，緊著他發揮，再棒的體格恐怕也吃不消的。可他偏偏來個兔子不吃窩邊草，跑到污泥濁水的窯子裡去吃野食，最終連命都打了進去。這且不說，載淳連個一男半女都沒留下，徹底絕了他父親奕寧的子嗣。

隨之帶來的更大問題是，載淳無後，立嗣就成了一個問題。這也直接造成了兩宮太后之間的矛盾。按照相沿數千年的宗法制度，王室或皇室的最高權力，都是父子相承。愛新覺羅一族入住中原後，拋棄了他們選舉產生部落領導人的祖制，完全沿用父亡子承的漢人制度。現在載淳死了，他沒有兒子，按照規定，應在載淳的下一輩中，給他過繼一個兒子作為皇位繼承人。這樣的話，也等於給載淳立了嗣，他這一支的廟臺上，也就有了燒香磕頭的人。

載淳的下一輩中都有些什麼人呢？也不必細說，咱們提一個人即可，他就是末代皇帝溥儀。也不是說非得立溥儀才行，這不是說載淳沒有孩子嘛，只要在「溥」字輩裡給他選一個，過繼過來就行了。如然，載淳的皇后阿魯特氏，就成了過繼者理所當然的養母，她也就搖身一變，成了皇太后。如果說過繼者的年齡很小，按照兩宮的前例，垂簾聽政就不可避免。而能夠擔當這一角色的，不再是兩宮太后（那時她們就是太皇太后了），而是阿魯特氏。

從根本上說，立阿魯特氏為載淳的皇后，慈禧都不高興，就更不要說讓她有執政的機會了。還是那句話，阿魯特氏翻了身，即便不為她的爺爺端華報仇，慈禧也如坐針氈。慈禧打定主意，冒險一搏。她的意圖很明顯，寧願不為自己的兒子立嗣，也要保證大清的權力牢牢掌握在自己手中。只要下面立的這個皇帝，還是「載」字輩的，她慈禧就還是太后，也就還可以垂簾聽政、大權在握。不過，這一次已經不是載淳選皇后時的格局了，一則慈禧現在與慈安是一對一，再無皇帝站在慈安一邊；再則這兩年，慈禧加緊培植、拉攏親信，使得她有足夠的能力，與之抗衡了。下面咱們來看看慈禧是怎麼做到這一切的。

話說載淳去世後的某一天，王公大臣們得到通知，說要大家到養心殿去開會，內容是議立新君。這個重大的會議，是兩宮商量著定的，但慈安並不知道慈禧還給自己留了一手。怎樣的一手呢？就是慈禧瞞著慈安，做了一個周密的安排，內有榮祿率領的葉赫那拉人組成的軍隊裡應（凡宮中緊要之處，嫡系部隊全部佔領把守），外有李鴻章的淮軍進京以合。與此同時，宮中沿途站滿了慈禧信賴的太監。一切佈置就緒後，才召集王公大臣前來開會。前來開會的人，走在宮裡頓感毛骨悚然，一個個不寒而慄。空氣之緊張，彷彿面臨一場一觸即發的大戰。

養心殿內，兩宮太后面對面而坐，二十五名與會的王公大臣（除王公外，餘者為軍機大臣及其他高官，其中有五個漢人），一律跪在下面，一聲不響。大家發現，這麼大的事，皇后阿魯特氏竟然缺席。當然了，這也出於慈禧的一手安排。那麼，阿魯特氏在哪兒呢？她正哭倒於丈夫載淳的靈前。

慈禧主持會議，並第一個發言，她說：「皇后雖已有孕在身，但不知何日生子，皇位不可久懸。我的意見是，立嗣問題宜早不宜遲。」恭親王奕訢很久沒有露面了，十年前，政治上他被慈禧扒了個乾乾淨淨。這次不知慈禧處於何種目的，通知他出席了這次重要會議。慈禧的開場白剛說完，他就發話了：「皇后生子之期臨近，應暫且秘不發喪。如生皇子，自當立嗣；如生格格，再議立新君不遲。」這就是奕訢，露面就是為了來提反對意見的。奕訢此言一出，立刻博得所有王公大臣的支持。慈禧很是後悔安排奕訢參加這個會議。

此時的慈禧孤立異常，但她堅持抒發自己的觀點，說：「現在南方尚未平定，外邊如知朝廷無主，恐致動搖國本。」關鍵時候，三位漢人高官堅定地站到了慈禧一邊，認為所言極是，這讓她大大地舒了一口氣。利用漢人高官制約本族（滿族）這一招兒，慈禧是從奕訢那裡學來的，現在則拿來對付奕訢。後來的載湉即光緒帝，也把這一招兒用到了自己的變法中。事實證明，漢人高官在滿人政權裡，的確具有制衡與平衡作用。如果往難聽裡講，漢人高官，也只是滿人利用的一個棋子，如此而已。

接著發言的是慈安，她說：「據我之意，恭親王之子可以承襲大統。」這倒一語中的。為什麼這麼說呢？奕訢是奕寧的弟弟，把弟弟的孩子過繼給哥哥，再也沒有這麼名正言順的了。可恭親王奕訢在下面聽後，趕緊叩頭說不敢，又說：「依承襲之正序，應立溥倫為大行皇帝嗣子。」結果溥倫的父親也叩頭說不敢。誰都不敢接這個茬，是因為大家都明白，在慈禧手下做皇帝，風險太大。你想想，慈禧連自己的親生兒子都那麼嚴苛，乃至殘酷，更況是別人的孩子呢？

經過短暫的辯論後，慈禧最終拋出自己的意見，當然也是最終的決定，她對慈安說：「據我之意，可立奕譞之子載湉，宜即決定，不可再耽擱。」語氣堅定，不容否決。慈安老好人，沒有表示反對。最後的結果是，醇親王等投溥倫，有三人投恭親王之子，其餘跟著慈禧走，投了醇親王之子載湉的票。按照票數多寡，醇親王奕譞的兒子、死皇帝載淳的堂弟載湉，不幸成為大清帝國的皇位繼承人。奕訢等躲過一劫（奕訢也未必不想讓自己的兒子當皇帝，關鍵是慈禧在那裡擋著。慈禧之所以不立奕訢的兒子，一是奕訢操盤殺了安得海；二是奕訢的兒子已經十七歲，如果立他，不久即可親政，慈禧也就無權可攬），醇親王奕譞卻未能倖免，他是什麼反應呢？當他知道立載湉為繼承人的事通過後，便一頭栽倒在地，暈厥過去。為什麼？他怕慈禧！讓載湉當皇帝，這等於把親生兒子送進了虎口，他能不怕嗎？事實不出奕譞所料，那載湉後來真就被他這位親姨媽慈禧給活活折磨死了。

所以我們說，刻下無論誰做皇帝，皇帝的父親要麼滾蛋回家養老，要麼從這個地球上消失。宮廷內外嚴密把守的忠於慈禧的軍隊，已說明一切。她在幹什麼？還不明白嗎？她發動了第二次宮廷政變。一八六一年她發動的宮廷政變，是從顧命大臣手中奪取執政權。眼下她是執政者之一（另一位當然是慈安了），她不必奪取執政權，現在是在奪取皇帝的任命權。你可以想想，一個人有權任命皇帝，那麼他的權力該有多大？世界史上，好像只有歐洲的教皇才有這麼大的權力，但那也僅限於一個加冕儀式。慈禧這個教皇就不同了，大清帝國的皇帝在她手裡直接就是一個玩偶，要加冕是她，要廢黜還是她。這一陣子她看上了載湉，戊戌變法的時候，又看不上了，一度有意另找人選取而代之，若非時局不濟，相信載湉的傀儡皇帝，也做不到死。慈禧於一八九九年所立的皇儲溥儁亦然，立是她，廢也是她。大清帝國的最後一任皇帝，居然也是在慈禧嚥氣之前，由她親手立定的。這樣一個女人，必然有她無所不用其極的地方，才能有這麼大的能量，統領一切，想到做到，無往而不勝。

會議結束的時候，已過晚上九點，室外狂風怒吼，塵土飛揚。一月份的北京，正是最為寒冷的季節，又是晚上，天氣愈發寒冷。但這擋不住慈禧推動齷齪政治進程的腳步，她當即命人接載湉入宮，以免夜長夢多。同時派恭親王奕訢前去看守大行皇帝的遺體（載淳的賓天之處，距皇城大約兩公里）。這叫做調虎離山，因為奕訢羈留宮中，恐節外生枝。話又說回來，即便奕訢有異心，也無力回天。宮廷內外，全是榮祿的部隊，而奕訢不過就是一個光桿司令而已。慈禧這麼做，也只是為了以防萬一。我們說這個滿洲女人不簡單，就指她的政治手腕。專制主義者一天到晚，動輒就講政治，其實所講就是這些，要麼張牙舞爪做主子，要麼低眉順眼做奴才。到了取而代之的關鍵時刻，則無所不用其極地去攻擊政敵。這就是那些專制主義者們最大的政治，我謂之曰小政治。與之對應的大政治，當然是包容異己的民主政治了。

我以為，在這個世界上，最好玩弄的就是小政治，它不需要有太多的政治智慧，重要的是需要玩主有一顆鐵石心腸，有足夠的殺人不眨眼的勇氣。除此之外就是充分用好自己的奴才，充分把握好時機，這是小政治惟一所需要具備的智慧。慈禧是這方面的天才（專制主義國家的元首全是這方面的天才），她半夜把四歲的載湉弄到宮裡，讓這個可憐的在驚嚇中又哭又叫的孩子，當了大清帝國的倒數第二位皇帝。這也是小政治的特點，而且是其最大特點，幹什麼都偷偷摸摸的。所以，我們說專制主義國家是由一幫心狠手辣且貪得無厭的賊統治的，大概是不會錯的。

除了載湉的父母，整個皇宮裡沒有人在乎一個四歲小孩的感受，沒有人在乎他的哭聲。而且，從此以後，載湉再也不屬於他的父母（載湉的母親也就是慈禧的親妹妹一同入宮，另一說是只有乳母陪同進宮），也不屬於大清帝國，他只屬於慈禧一人——因為載湉是由慈禧一人立的，小皇帝當然權屬慈禧了。這時的慈安，政治上已基本處於輸光的程度。她就剩最後一個法寶了，也正因為有這樣一個法寶，慈禧才對她畏懼三分，不敢輕易觸碰她的底線。這個法寶就是她們倆共同的丈夫留下的手諭，丈夫是共同的，但丈夫的秘密手諭卻只給了慈安。這恐怕不僅僅因為慈安是皇后，高著慈禧很多級，更重要的恐怕還是奕寧對慈禧不放心，怕她弄權，遺害愛新覺羅家族。所以才在臨終前，寫了這份手諭給慈安，上面說，如果懿貴妃（即慈禧）鬧得不像話，皇后可以召集大臣，宣布這個密詔，處懿貴妃死刑。這是慈安的一個尚方寶劍，可惜奕寧不是諸葛亮，慈安也不是馬岱，因此最後的勝利才歸屬慈禧。

此後，死皇帝載淳的遺腹子一事不再被提起。兩個月後，十八歲的皇后阿魯特氏猝死儲秀宮。慈禧的一塊心病，就此了結。那位可憐的醇親王奕譞，自那次重大人事會議上被人攙扶回家後，病倒在床，他神經錯亂，如癡如呆，進而誘發肝病。奕譞借此機會，辭去各項職務。慈禧恩准，但同時又把自己統管的打著葉赫那拉烙印的部隊交給了奕譞，希望他在安全方面為自己提供幫助。奕譞知道這位妻姐不好惹，便低調應下。至此，慈禧發動的第二次宮廷政變全面結束。慈禧一生搞了三次宮廷政變，這是惟一一次未流血的政變。

慈安的了結

慈禧垂簾聽政那年僅二十六歲。女性的這個年齡，在當下尚可打一打女孩、女生的牌子。而這時的慈禧，已經非常熱情、非常情願、非常努力地挑起了帝國的重擔。惟其不能事事遂願的是，在她的政治道路上還有兩塊絆腳石，那就是慈安太后與恭親王奕訢。

在慈安面前，慈禧始終有矮人一等的感覺。雖說現在她們都是太后級別的，畢竟慈安是首席太后。慈安的這個太后，是由皇后轉過來的，順理成章，名正言順。而慈禧的這個太后，則是從貴妃間接轉過來的，間接於她的兒子當了皇上。這也叫母以子貴。處於平民百姓的位置，你突然給他一個小組長幹，他都高興得跳起來。所以，平民視角，多不能理解官場不如意的人和事，他們會說，你都當了那麼大的官了，怎麼還整天悶悶不樂？如果說到慈禧，就更令人詫異了，他們同樣會說，你兒子都當皇帝了，你都太后了，還垂了簾，聽了政，誰還能和你比呀？怎麼還不開心？慈安那算啥？充其量也就是你慈禧的配角呀。奕訢更不算啥了，你都把人家扒得只剩王爺的頭銜了，那不都是空的嗎？你還待怎樣？理撥理撥，你才是帝國的惟一領導人，怎麼還不開心？這就是平民的視角，幸福點低，小富即安，知足常樂。小政治視角全都反著來，幸福點高，大富不安，貪得無厭。所以，慈禧的下一個目標，就是要解決慈安。

咱們上面說過，慈安手裡有奕寧的密詔。這是一個盡人皆知的秘密，精明的慈禧不可能不知道。所以，她對慈安的態度，總體是恭敬的。尤其在非原則性問題上（相對而言，議立嗣君就屬於當仁不讓的原則性問題），慈禧拿慈安特別當回事，總是處處分個上下左右、嫡庶之別，那當然是她慈禧為下為右為庶了。也別說，慈安還真就吃這一套，時時被慈禧恭維得找不著北①。有一回，慈安病了，慈禧甚至從自己胳臂上割下一點肉，拌在藥裡，為之治病。在中國的古人來講，這叫做割骨療親，意思是親人病了，割下自己身上的一點肉，熬在藥裡給病人吃，據說這種行為就會感動上蒼，病就會好。這是無稽之談，但古人堅信，親人的肉大約也就可以入藥了。慈安知道這件事後，大為感動，她淚流滿面地對慈禧說：「真想不到你對我這樣好，簡直和親姐妹一樣，先帝真是看錯了人！」於是把藏了多年的密詔，當著慈禧的面，燒了。政治上，這可是一把鋒利無比的尚方寶劍呀，就這麼被慈安輕易付之一炬。這一燒，燒掉了慈禧所有的顧忌和禮貌，從此以後，一切局面全都變了。

一八八〇年的一天，兩宮到東陵祭祀先夫奕寧。到達陵墓後，兩宮為爭主祭的地位，發生嚴重摩擦，雙方互不相讓。慈安顯然得到高人指點，恭親王奕訢通常被認為是其幕僚。慈安身為已故皇帝的皇后，最終做出決定，祭祀丈夫奕寧左邊的位置空著（左為上，也就最尊貴），她不去占，也不讓慈禧去占。空著的位置也有說頭，據說是留給奕寧的第一個皇后（她比奕寧早死十五年）的。慈禧不幹，於是就公開爭吵，只鬧得奕寧陵墓雞犬不寧。臨了，也沒讓慈禧如願以償。慈禧在先夫陵墓前，當著那麼多人的面，真是顏面丟盡。慈禧懷恨在心，總在找復仇的機會。清宮裡的這個女人，總有復不完的仇。

慈禧謁陵時的怨氣還沒出，她自身又出事了。一八八一年，宮裡有一種對慈禧不利的傳言，說她不能潔身自好。這裡有兩個版本，簡單一提。一是當朝文廷式的《聞塵偶記》，大意說一個春天，琉璃廠有位姓白的古董商，經李蓮英介紹得幸於四十六歲的慈禧。白某在宮裡住了一個多月後被放出。不久，慈禧懷孕。二是野史記載，說慈禧好吃湯臥果，每天早晨派人去宮門口買四枚湯臥果，由金華飯館派人送來。金華飯館有一個姓史的年輕伙計，他長得極為標緻。史某與李蓮英混熟後，常被李蓮英帶到宮裡去玩。有一天，慈禧發現李蓮英旁邊站著個俊美少年，便問李蓮英那是誰？李蓮英十分害怕，因為帶外人入宮嚴重違反宮禁，但又不敢撒謊，只得如實稟告。慈禧聽了，不僅沒有生氣，反而將史某留在宮裡，與之晝夜宣淫。

明眼人一看便知道，上面的兩則傳聞是經不住推敲的。尤其慈禧以四十六歲懷孕一節，就頗為荒唐。我之所以引用上面的野史，意在提醒讀者注意，慈禧不檢點的私生活並非空穴來風，只不過不是野史敘述的那樣罷了。專制時代的國家領導人，人人有一籮筐不檢點的私生活，因為他們的保密工作得力，才使得他們的醜態得以掩蓋。所謂為尊者諱是也。也因此，當朝人所傳說的某個領袖的性醜聞，大多來自捕風捉影的猜測，以及好事者的編排。

我們有理由相信，當時的慈安得到了慈禧生活不檢點的第一手資料，她為此感到丟臉，為皇家蒙羞而憤怒，於是就以首席太后的身份，召見禮部大臣，諮詢廢后程序。禮部大臣說：「此事不可為，願我太后明哲保身。」慈安真是頭腦簡單，她難道不知道這樣一個現實嗎？慈禧經過二十年的政治經營，滿朝文武現在幾乎全是她的人，禮部大臣也自不例外。慈安就如此重大的問題諮詢禮部大臣，豈不是在為自己惹來殺身之禍嗎？禮部大臣從慈安處出來，轉身就去了慈禧那裡告密。慈禧一反常態，氣沖沖地跑到慈安那裡，怒不可遏地指責她輕信謠言。慈安知道自己已經丟失了制約對方的法寶，看看勢頭不對，就偃旗息鼓，橫豎自己不丟皇家的臉就行了。她哪裡知道，她沒事了，可慈禧沒完。當天夜裡，宮裡就傳來慈安暴亡的消息。慈禧的行動可謂雷厲風行。

慈安死了，只剩慈禧一人垂簾聽政。沒有障礙了吧？不，還有恭親王奕訢。一八八四年，慈禧徹底將奕訢扒了個乾乾淨淨，這一回，連他的王爺爵位都被開革了。這也就是說，慈禧將奕訢貶為庶人。這一來，政治上的奕訢，成了一個不折不扣的裸體人。從此，慈禧成為清帝國惟一的掌舵人。

可以說，慈禧與奕寧起自荷塘之情，至此已全部了結。愛新覺羅家族的時代已經過去，葉赫那拉家族的時代正式來臨。

---

① 北京方言，意指高興得找不到方向。

冬去冬來江南岸

現在我們倒撥時鐘，回到一八六〇年代。那是清帝國的一個多事之秋，在前面的章節裡，我們已經講了很多。這一節，我們僅就太平天國的事做一個簡單的回顧。從慈禧來講，這是她政治生活的一部分，也是清帝國歷史的一部分。也就是說，這是避不開、也不能忽略的一段歷史。

說起太平天國，慈禧的丈夫、大清帝國的第七位皇帝奕寧，也再次跟著沉滓泛起。這位短命的風流皇帝一即位，南方的一股洪峰就勢不可擋地向他襲來。洪就是洪秀全，峰就是他拉起的革命隊伍。這的確是一個危機四伏的歲月，在清帝國的領土上，有西方的軍隊，有洪秀全的軍隊，還有數不清的農民起義隊伍。大清的搖搖欲墜，人人看在眼裡，但卻是乾瞪眼。一國之主的奕寧，僅僅是英法聯軍就夠他頭痛的了，對於洪秀全來說，就更無能為力了。好在他有個不錯的內助，這就是他的小老婆慈禧，從中出謀劃策，化解了部分危機。

早在一八五三年三月，太平軍佔領南京時，十八歲的慈禧正得寵於奕寧，她對太平軍產生了濃厚的興趣，常常閱讀相關奏章，還建議皇上任命曾國藩為統領，出資讓他在湖南組建抗洪部隊。愛新覺羅家族的福氣就在於，原來支持洪秀全的西方軍隊，感到太平天國實行的政策在理念上與他們相去甚遠，乾脆掉過頭去支持清政府來打壓太平天國。一八六三年，英國政府允許借戈登大將給清政府，並統領常勝軍。與此同時，太平天國內部的激烈分化，導致他們建立的天國迅速瓦解。一八六四年七月，南京克復，太平天國徹底退出歷史舞臺。洪長毛走了，大辮子回來。對於百姓而言，長毛與大辮子，誰來了都一樣，他們全是腐化墮落的嗜血鬼。是所謂：冬去冬來江南岸。

內戰結束後，在曾國藩向中央政府提交的一份報告上，他隻字未提戈登。想來，這或許與英法聯軍火燒圓明園有關，抑或曾國藩怕洋人搶了他的風頭去。不管什麼原因，曾國藩的功績都不會被磨滅。他取得的成功，間接標榜了慈禧的推薦之功。所以，隨之而來的是成堆的榮譽，以及眼花繚亂的官銜、爵位，洪水般湧向曾國藩。當然，最重要的還是直隸總督一職，它是實職，權力也很大。曾國藩卸任後，此職由李鴻章接任，這位後起之秀把這個職務幹得出神入化，幾乎成了帝國總理的代稱。

不知為什麼，剿滅洪秀全集團的第五年，即一八六八年九月，慈禧才想起來要接見曾國藩。仔細想想也許並不那麼令人費解，我們不是說了嗎？一八六〇年代的清帝國是多事之秋呀，那麼多的頭緒，那麼多的事待處理，她也得有工夫呀。這工夫一找就是數年。這下，君臣總算碰面了。

那天，慈禧以垂簾聽政者的身份，在軍機處接見了曾國藩。當時的小皇帝載淳坐在前面，兩宮太后慈安與慈禧在其後，分左右而坐。按照程序，曾國藩進殿三步後，先跪下自報家門：「微臣曾國藩恭請聖安。」奏畢，脫帽叩頭謝恩，禮畢起身，前行數步，後跪於坐墊上。這個位子距寶座上的小皇帝載淳很近。大殿內寂靜無聲。待所有的覲見禮結束，一個平緩的聲音才從簾子後面傳過來，那是慈禧的聲音。下面就是慈禧與曾國藩的簡短對話：

「汝在江南事都辦完了？」

「辦完了。」

「勇都撤完了？」

「都撤完了。」

「何處人多？」

「安徽人多，湖南人也有些，不過數千，安徽人極多。」

「撤得安靜？」

「安靜。」

整個接見過程，包括覲見禮在內，也不過幾分鐘的事。對話之簡，玄機之深，時間之短，令人咋舌。我們重點來說說玄機，君臣的對話（慈禧代表君主發言）雖然只五十多個字，可句句都是關鍵。慈禧所問第一句的意思是，洪秀全的隊伍都消滅乾淨了吧？沒有為我們孤兒寡母留下解悶的東西吧？

慈禧所問第二句的意思是，你手裡沒有軍權了吧？洪秀全的軍隊差點把大清給滅了，這樣一支頑強的軍隊都叫你給滅了，你的軍隊不解散，萬一北上欺負我們孤兒寡母，我們什麼招兒都沒有。

慈禧所問第三句的意思是，你的軍隊裡哪裡的人最多呀？潛在告訴曾國藩，我知道你的作戰部隊都是你家鄉的子弟兵，他們最忠誠於你曾國藩。即使這樣，也不要打北上的主意，我提防著呢。

最可注意的是慈禧所問的第四句，你的湘軍裁撤得時候沒有鬧事吧？你弟弟曾國荃的情緒還算穩定吧？潛在告知曾國藩，曾國荃的不滿情緒我是知道的，叫他消停著點，大家都好過些。

慈禧最後一句的話中有話，也並非空穴來風。剛剛打下南京的時候，曾國荃就勸曾國藩另樹旗幟。曾國藩老謀深算，心想弟弟這不是讓我背上亂臣賊子的千古罵名嗎？到時候他倒漁翁得利，子孫相傳皇位。他想了想，送給曾國荃一首詩：

左列鐘名右謗書，
人間隨處有乘除；
低頭一拜屠羊說，①
萬事浮雲過太虛。

意思是，榮譽也好，譭謗也好，都不過是碧天上的一片浮雲，風一吹，就散了，天依然是澄清湛藍的。更深一層的意思是，勸慰九弟，好自為知，叛亂不得。

未幾，北京的上諭就下來了，令曾國荃開缺養疾，並賞他六兩人參。在剛剛修復的秦淮河上，曾國藩為野心勃勃的九弟曾國荃送行。這位不可一世的老九，萬萬沒想到，功成名就之時，慈禧竟然給他來了個卸磨殺驢。想到委屈之處，竟當著很多人的面，嚎啕大哭。

這一切都表明，慈禧的耳目無處不在，這使她對時局的把握精確而到位。也因此，她在接見曾國藩時所說的那幾句話，句句都問在要害處，句句都在敲打功高震主的曾國藩。曾國藩走出大殿，感到裡面的衣服都濕透了。

一八七二年，六十二歲的曾國藩去世，朝廷放假三天致哀，以示禮遇。慈禧之所以這麼做，是對曾國藩功成名就之後的低調所給予的賞賜。而對於曾國藩來說，這正是他想要的結果。

①詩中屠羊說的典故，出自莊子的〈讓王篇〉。屠羊說本是楚昭王時的一個賣羊肉的屠夫，他因幫助楚昭王復國，功勞很大，楚昭王三番五次請他出來做高官。他辭而不就，仍做他的羊肉老闆去了。

還盡秋色梧桐落

逼上南京

下面順帶說說洪秀全及其追隨者。在宋江們的語境裡，有句話叫做逼上梁山，我這裡借用過來形容一下洪秀全們，就成了逼上南京。這不是一種準確的描述，但大致可以讓我們瞭解一下洪秀全們的政治處境。

今天大陸最大的政治就是講政治，晚清知識份子最大的政治就是參加科舉。一個知識份子，你只有邁過這個坎兒，才有講政治的資格，也就是加入腐敗集團，充分享受花天酒地的生活。在專制社會，誰都渴望腐敗，洪秀全這位說古中原話的客家人也不例外，於是就年復一年的去趕考。洪秀全從所在的廣東花縣，到省會城市廣州去參加考試，可謂「路漫漫其修遠兮」，然而「洪將上下難求索」。我把屈原的詩略加改動，就是洪秀全的處境了，他連考四次，皆無功而返。乃至連士大夫最低級的秀才頭銜，都沒有得到。自幼就接受儒家系統教育的洪秀全，開始檢討自己的人生之路，他得出一個判斷，像他這種社會地位低賤的人，靠科舉程式是當不上官，加入不了發財集團的。要想有出頭之日，他只能另闢蹊徑。把這個話題暫且按下，我們來說說在中國沿襲了上千年的科舉制度。以下是西方視角下的科舉制，文章就刊登在一八七五年七月六日的《紐約時報》上，題目也很刺激感官，叫做〈令人恐怖的考試制度〉：

> 大清國的教育，從孩子們很小的時侯就開始了。在大街上，你可以看到一群群稚嫩的小男孩們，抱著滿滿的一包書去上學，他們的書包通常只是個藍色的布袋。
>
> 我發現一間教室裡，有位長者帶著大約二十名學童在念書。孩子們在課堂就座的方式，並不像我們英國孩子那樣，他們的課堂裡擺有好幾張小桌子，每張課桌旁坐著一個或兩個男孩。
>
> 學堂是個非常嘈雜的地方，全體孩子都在同一時刻，扯著他們最大的嗓門叫喊著。他們這樣做的目的，是為了能把他們正朗讀著的課文背誦下來。當他們覺得自己能背下那些內容後，就去找校長，然後背對著校長，表示他們無法看到校長手中的課本，並開始一字不差地複述他所學到的內容。這種教育方法是填鴨式的，用這種教育方法教育學生，誰記憶力最好，誰的成績就最突出，而這種做法

似乎貫穿於大清國整個的教育過程之中。

清國人這種考試制度的宗旨無疑是好的，但它有著非常嚴重的缺陷。可想而知，一種沿用了上千年之久的制度，無論起初多麼完美或符合時代要求，此刻它也決不可能再適用於已經發生巨大改變的新時代了。能背誦孔孟的著作當然是好的，但如果僅僅把一些簡單的詞句硬塞進一個人的腦袋裡，這絕對算不上是最好的教育方法。人的大腦除了記憶之外，還有別的更重要的功能。把人的知識來源限定在這些古代經典大師們的身上，是大清國教育制度最大的弊端。

在我們自己的大學裡，一直存在著一種鬥爭，既是多學經典著作，還是多學一些現代知識。任何明智之士都不會否定對古代知識的研究，但把一個國家的整個教育方式，限定在一條狹窄的思想道路上，肯定是錯誤的，我們應該向孩子們開放人類知識的整個殿堂。宣稱「世界歷史就是從創世紀到昨晚十點半」的美國人，在教育上的做法無疑是正確的。我們每天早晨早餐時間閱讀的從世界各地發來的電文，就是世界歷史沒有包括進去的一頁；就是這一頁，讓世界歷史總是停在「昨晚十點半」的位置上。

在大清國，士，或稱知識份子，他們通常都非常仇恨外國人。他們反對電報、鐵路以及一切新鮮的東西。他們閱讀的經典著作是孔夫子時代創作的，世界歷史或人類思想、智慧的發展史，以及所有事物發展和學問的來源之一切最本質的東西，就在那個時刻停頓下來。從那以後，華人就一直在不斷地咀嚼著那幾塊乾骨頭，並且，如果有任何其他知識的小舟敢於向他們靠近的話，他們就會咆哮不止。

把教育模式限制在如此狹窄的道路上，致使人的心智就像清國婦女的小腳一樣被擠壓而萎縮。清國女孩的腳在幼年時就被人為強制地束裹起來，迫使它們停止生長。而清國男人們心智的發展也被抑制在孔夫子時代的古老水準。這裡的女人走起路來，活像一隻嘗試著用兩條後腿行走的山羊，而這裡的男人在現代知識的道路上行走時，也如他們的女人一般無能為力。

知識的缺陷，使他們難以理解近年來侵入他們領土的那些外國人，洋人對他們而言幾乎是不可思議的。這些外國文明開始的年代晚於孔夫子的時代，而受過中式教育的清國人，就連形成一種科學觀念和理性思維所必須的初步知識都沒有。在北京國子監的大門外面立有一塊醒目的標誌牌，上面題道：「齊家、治國、平天下，信斯言也，布在方策。」而在這座大門裡面的標誌牌上則題道：「率性、修道、致中和，得其門者，譬之宮牆。」這意味著，在十九世紀的大清國，要讓一個男人成為其他男人的統治者，其所需的全部學識僅僅就是那些經典著作而已。

在大清國，每個省的省城都設有會考考場，通過這些省城的考試可以獲得兩個級別的初級功名，即秀才和舉人；但更高兩級的功名只能到北京去爭取——舉人經會試考中者為貢士，貢士經皇帝陛下殿試賜出身者為進士。狀元是清國功名的最高名位，相當於我們英國的「學位考試甲等第一名」，它又被稱為「萬中選一」，因為考場能容納一萬名趕考的舉子，而每三年只能有一人獲此殊榮，此名即由此而來。

一次又一次，清國男人們千里迢迢進京趕考，直到他們漸漸老去，頭髮變得灰白和稀疏。人們想獲得顯赫功名的願望是如此強烈！聽說有一個人，每次都來趕考，一直考到八十歲。如果有人能堅持到這麼大年齡的話，清國皇帝通常會授予他一定的榮譽。

在北京的這項爭奪是一場異常嚴峻的考驗。考試要持續九天，分為三科。整整三天三夜的時間，這一萬考生全部的智慧，就被限制在他們的筆頭上，每個人都被關進一塊大約僅有零點三坪的狹窄空間內，這樣可以把他與其他人完全隔開。他必須在這裡完成試卷或論文。

會考考場占地達數英畝之大，由很長很長的一排排小房間組成，這看上去有點像個巨大的養豬場。考場四周立有不少塔樓，上面站有監考人員在一直監視著考場。監考官禁止外面的人與考生交流，也不准考生之間相互溝通。一萬名考生（其中有些年紀已經很老了）就這樣被關在小房間裡，三天三夜，而前後一共要進行三場這樣的考試，這真是一項痛苦欲絕的考驗。常常有這樣的事情發生，就是一些年紀較大的考生死在了裡面。這種情況下，人們就從外面鑿個洞，把屍體拖出去扔掉。這樣的結局對一個人的求學生涯來說，真是再悲慘不過了。

洪秀全親身體驗到了科舉的恐怖，他決定來個娜拉般的出走。這時，恰好西方的基督教盛行於清帝國，他不加選擇地投入其中。洪秀全自幼是信仰儒教的，可儒教又斷絕了他的發展之路。是西方的基督教，把他對生活的希望重新燃起。纛三式的政客愛講誰與誰爭奪人民群眾，按照這種邏輯，當然就成了基督教與儒教爭奪人民群眾了。洪秀全信仰基督教的第一個舉動，就是把家中供奉的孔孟牌位和儒書，全部搗碎燒掉。

洪秀全的離經叛道行為，使當時的社會大為震駭，衛道士們群起而攻之，他不得不逃到廣西躲避。不料，洪秀全因禍得福，他在廣西反而找到很多志同道合的人。天助洪秀全的是，僅一八五〇這一年，廣西一省中就有九支民變隊伍（每支都擁有千餘人或七八千人）。一方面是廣西連年旱災，民不聊生；一方面是貪官重災，老百姓是雪上加霜。這就激起了民變，不僅廣西，全國遍地都是。洪秀全一看機會到了，便把他的信徒組織起來，也成立了一支民變隊伍，名曰：太平軍。

清政府也是誰的頭大，就先打誰。於是，太平軍就成了清政府大規模清剿的首選目標，洪秀全所在的金田村被清軍層層包圍。我們所不能想像的是，一支民變隊伍，居然在帝國正規軍的層層包圍下，能夠突圍北上。不僅如此，一八五一年太平軍還攻陷永安（廣西蒙山），並在那裡宣布建立太平天國，洪秀全被尊為天王，是為太平天國元首。同時，洪秀全把追隨他的五位傑出助手，統統加爵封王。一八五二年，太平軍放棄永安，攻陷廣西全境後，挺進湖南。一八五三年，太平軍攻陷湖北武漢，順長江東下，最後攻陷江南最大的城市南京，正式將這裡定為國都，改稱天京。這就是我所說的逼上南京。

咱們掐指算算，太平軍從成立到宣布建國、定都，前後才用了多長時間？不過就三四年的時間嘛。他們何以如此越被打越壯大、越被剿越成器（建國）？原因就在於大清帝國太腐敗！腐敗的執政集團派一支腐敗的軍隊，去打一支農民隊伍，勝利的卻是後者。看上去是一個天大的悖論，可這就是事實。明末腐敗集團在面對李自成、張獻忠的農民隊伍時，不也是腐敗如山倒嗎？農民本是專制體制下最弱不禁風的一個群體（還不能稱之為群體，絕大時候，他們直接就是一盤散沙），可當執政集團徹底腐敗之後，他們連處於最弱勢的一個群體都打不過了，甚至在弱勢群體面前不堪一擊。可見腐敗是多麼的可怕！這純是學術觀點，並不能從根本改變那些豬玀式政客的行為方式——他們的觀點是，腐敗有利於鞏固執政集團的統治地位。所以，執政者才對官員的腐敗，多採取「睜一隻眼閉一隻眼」的策略，乃至縱容腐敗。就是在這種情況下，執政者還不斷地給官員們加薪，提高他們的各項待遇，唯恐這幫國賊（專制集團裡的官吏上享皇恩、下訛百姓，其行為完全是國賊性質的。因此，我們又可以把專制集團稱之為國賊集團）心生怨恨，怠慢江山社稷。

豬玀式的政客想當然地認為，只要對全國的官員足夠好，他們的政權就固若金湯。可你看看隋朝的楊廣，對全國的官員夠好了吧，結果隋朝很快就垮了。你再看看宋朝，他們對全國官員之好，到了無以復加的地步，可當北方的馬上民族打來的時候，官員們竟然幫著外族軍隊搜羅皇室成員，豬玀式政客是以被一網打盡。清朝公然縱容腐敗，就從其第四代領導人乾隆開始，進而造就了特大號的腐敗分子和珅。之後，腐敗就像魔咒一樣，一直伴隨著清帝國，直至其滅亡。

閒話少敘。接下來我想說的是，在晚清多如牛毛的民變隊伍中，太平軍何以一枝獨秀呢？想來這緣於他們的基督教信仰，緣於他們的政治策略。太平天國最吸引人的地方，當屬以下改革措施：

> 禁止婦女纏足；禁止吸食鴉片；禁止偶像與祖先崇拜；禁止娼妓；禁止男子娶妾；禁止人口買賣；禁止飲酒；禁止賭博；禁止迷信巫師巫婆；割掉男人的辮

子；實行土地改革；創立田畝新制度；收土地為國有；照人口平均授田；廢止陰曆，改用陽曆。

上述舉措，是所有清帝國人民憧憬和嚮往的，洪秀全能不得到轄區人民的擁護嗎？太平軍也因此以摧枯拉朽之勢，佔領半個清帝國長達十四年之久。

退去的洪峰

太平軍以摧枯拉朽之勢建國立業，又以摧枯拉朽之勢走向滅亡。這又是怎麼一回事呢？我們在前面一節中曾經提到過，這與西方國家改弦易轍，掉頭去支持清政府有關。更重要的一個因素是，洪秀全們自己打敗了自己。太平天國的開國領袖們，不允許自己的幹部納妾，他們自己卻三宮六院地養女人（僅就洪秀全而言，其名正言順的后妃娘娘就有八十八名）；他們禁止偶像崇拜，洪秀全自己卻大搞個人崇拜。洪秀全們從無產階級，搖身一變成了有產階級後，其最高領導層便日益腐化，他們貪圖享樂，大興土木，建宮造殿。他們過去所反對的（比如腐化墮落等等），今天就是他們所身體力行的。隨之而來的就是內訌，開國領袖們大部分死於自相殘殺。最後，洪秀全幾乎成了光桿司令。曾國藩的部隊攻下南京時，湘軍發現天王的很多妻妾們被吊死在樹上。令勝利者們想不到的是，他們日夜嚮往的南京城，竟然是一座十分荒涼的城市，居民稀少異常，大街上餓殍遍野。

攻陷南京前，曾國藩的弟弟曾國荃就對他的戰士們說：「攻下江寧，弟兄們就痛痛快快地燒殺掠奪去吧，發財的機會就要到了。」然而，清帝國的野獸們得到的卻是一座空城（倒是曾國荃在打下安慶時，把英王府的全部財產運回老家荷葉塘，給他的每個兄弟買了田，起了房）。南京這座不幸的城市，早已在洪秀全們的蹂躪下，皮毛不存。以洪秀全為例，響噹噹的一國之主，其在生命的最後幾天，也是以野草充飢的。最後，貧病交加，於一八六四年六月一日一命嗚呼。之後的一個多月，十多萬太平軍將士橫屍南京，一段曾經的轟轟烈烈的歷史，以血流成河的方式悲慘收場。這註定洪秀全及其追隨者們，只能是歷史的匆匆過客。

洪峰退去，太平軍佔領下的土地，重新回到清帝國的懷抱，重新回到大黑暗的時代。人民從一個火坑跳向另一個火坑。在火坑之間，怎麼選擇，都是悲劇。太平天國存在的十四年，清帝國造成約兩千萬人喪生。這其中，軍人有多少，人民又有多少？無法統計，可以預知的是，無論哪個時代的戰爭，人民都是第一受害者。

所以說，歷史上所有的農民起義，都只有破壞性而無建設性，他們打碎一個舊世界，又建立起一個舊世界，用文物管理術語來表述，就是「修舊如舊」。這當然是指制度方面啦。中國農民從來就沒有想著要建立一個新的制度，他們也沒有這樣的思想和意識，有的只是學樣，就如滿人入住中原，一切政治制度沿襲明朝。中國人的思想裡，最多的是君權、皇權、王權，惟一沒有的是人權。反對君權、皇權、王權的人，一旦登上大寶，便不再反對君權、皇權、王權，且變本加厲地維護他們曾經極力反對的東西。這是中國歷代政客們的全部政治觀，也是他們最大的世界觀。在他們眼裡，除了絕對的權力，別無其他！

僅就中國而言，皇權由農業文明而來，因此中國的歷代政權，都屬於小農政權。小農政權的規律是，建國↓創業↓腐化↓垮臺。中國歷朝歷代政權，無不遵循這條道路而來，也無不遵循這條道路而去。往復循環，惡性循環；子子孫孫，無窮無盡；你方唱罷我又登場。照理說中國人也不缺乏智慧，可就是走不出這個怪圈。

太平天國內訌

關於太平天國內訌，史料錯綜複雜，莫衷一是。我們不必在意細節，一個不爭的事實是，內訌重挫了太平天國。下面僅提供太平天國內訌的版本之一。一八五六年，東王楊秀清在南京金龍殿公開威逼洪秀全封他為萬歲。洪密令正在江西與曾國藩作戰的北王韋昌輝，以及在湖北戰場上的翼王石達開回京護駕。韋昌輝迅速回軍南京，並帶兵衝進東王府，把楊秀清和他的侍從全部殺盡。接著又以苦肉計，將楊秀清赤手空拳的五千多禁衛軍誘至兩座空屋，遂將他們一個不剩地殺掉。楊秀清部從隨即展開反擊，之後的三個月裡，南京城裡血流成河，屍積如山。在這場內訌中，楊秀清部兩萬餘人最終全部被殺，甚至連嬰兒也未能倖免。之後，洪秀全又聯絡朝中各官，將韋昌輝殺死。

迴腸盪氣鴨綠江

日本勢力的西進

晚清是一個大事連著大事的時代，然也「忙裡偷閒」，淡出近二十年（一八七五—一八九四）的時光，讓這個苟延殘喘的帝國喘口氣。也可以說，清帝國這二十年，除了皇帝載淳死、東宮慈安死、載湉即位以外，基本沒甚故事。這段時光，恰逢慈禧的政治黃金期；其年齡也處在最佳階段——四十至六十歲。就按一八七五這一年算起，慈禧也已經獨立執掌帝國十四年之久，其行政工作經驗已有所積累。倘無運籌帷幄的能力，她是無法按照自己的意願來安排大清帝國的接班人的。其後的近二十年，一切就更不在話下了。這就不難想像，慈禧在這二十年中，可以說是享盡太平，飽淫奢靡。

咱們換個角度去想一想，這是多麼重要的二十年呀！在「第一章」我們曾經提到過，清帝國與英法聯軍的戰爭結束後，以恭親王奕訢為核心的領導集體，來了一個西化運動：一、購買西方列強的軍艦大炮；二、設立自己的兵工廠；三、派留學生到西方各國去學習。曾國藩與李鴻章，都是西化運動的積極參與者。倘若沒有清帝國的第一次西化運動，我們真的不知道清軍何以能打敗太平軍。這眼見的成效既已表明，清帝國的西化運動是一個正確的選擇，應該繼續沿著這個方向發展下去。我們也可以把鄧小平的「洋為中用」拿來說事，以二十年（一九七九－一九九九）來計算，到一九九九年的時候，中國真的是令世界刮目相看了；再走十年，到二〇〇九年的時候，中國的經濟、軍事等等，不知有多少了不起的業績，令當代中國人揚眉吐氣。也因此，中國在國際社會開始擁有更多的話語權。這更加驗證了打開國門的重要性。假如慈禧能把自己的政策延續下去，想來大清帝國就是另一幅身影立世了。可惜可惜，在西化的運動場上，慈禧跑了沒幾圈就厭了，她的興趣一過，一切恢復如舊。作為帝國一把手，她的惟一興趣是在飽淫奢靡之餘，玩玩權術，玩玩皇帝，玩玩大臣，玩玩太監，玩玩宮女，玩玩男人。

慈禧玩興正濃時，也就是在嫖客型皇帝載淳一命嗚呼的那一年，即一八七五年，日本人也玩起來了，可人家不玩自己人，卻跑到清帝國的後院，玩起了他國。這時的清帝國雖已是風雨飄搖，可它的後院也就是藩屬國依然存在，所謂瘦死的駱駝比馬大是也。在若干藩屬國中，朝鮮是清帝國最重要的一個後院，它在清帝國與日本之間，形成一個緩衝區。日本島國，一向具有強烈的憂患意識，而且極富想像力，想像有一天日本諸島的沉沒。因此，他們總是試圖為自己尋找一塊可供逃離的陸地。向東那是不成了，波濤洶湧的太平洋只能令他們絕望；向西那才是柳暗花明村連村，第一村朝鮮，第二村清帝國，那真是一村大似一村，多吸引人呀。日本借助西化，成為亞洲強國後，其第一個動作就是西進。當清帝國的第一老娘們慈禧玩得忘乎所以的時候，日本人以船堅炮利的方式，打開了朝鮮的大門。這是西方人對付亞洲各國的手段，日本則效法用來對付自己的鄰居。朝鮮屈服了，並與日本人簽訂了《江華條約》，其主要內容為：

一、日本承認朝鮮為獨立國家。

二、日本在朝鮮享有領事裁判權。

三、朝鮮開放元山、仁川為通商港口。

看《江華條約》第一條，我們就知道日本人的用意之深，他們的目的就是要把朝鮮從清帝國的懷抱裡給剔出來。這樣，他們今後在朝鮮事務上，就可以堂而皇之地插手，而不必在意清帝國的感受。朝鮮的慣性思維是，凡事要向宗主國通報，於是把條約的內容和簽約經過，報告清帝國。須知，清政府此時正全力收復新疆，無力反應，就勸告朝鮮的李氏王朝乘機主動開放門戶，跟世界各國廣泛地建立外交和商務關係，以使日本的力量受到牽制。然朝鮮宰相金允植卻說：「與其通洋而存，寧願絕洋而亡。」他們的那種閉關鎖國精神，一點都不亞於愛新覺羅王朝。

中國的帝制史上，向有所謂的「外戚當政」問題，也就是皇帝的母親、舅舅，以及皇帝的老婆實際掌權。十九世紀的朝鮮李氏王朝，正處於這麼一個政治狀態，其政權不在李氏之手，而在王妃閔氏家族手中。情形上很有些像它的宗主國，清政府實際掌權的不是愛新覺羅氏，而是太后葉赫那拉氏。就連一些弊端都基本相同，慈禧拿軍費修頤和園，朝鮮的閔氏在執政期間，僅積欠軍隊的糧餉，就有十三個月之多。一八八二年，漢城爆發兵變，忍無可忍的士兵攻擊王宮，閔妃負傷而逃，國王李熙被囚。隨後，兵變隊伍又攻擊了支持閔氏家族的日本公使館，若干日本軍官被殺。李熙的父親、前任攝政王（大院君）李是應出面維持秩序，暫時主持政府工作。人們堅信，這次兵變的總導演就是李是應。

朝鮮兵變使得清帝國和日本國都大為不滿，於是，清日兩國的軍隊分別登陸朝鮮。清國遠征軍司令（廣東水師提督）吳長慶，以迅雷不及掩耳的手段拘禁了李是應，並專艦送回清國，迎接國王李熙復位。日本本想大做文章，因朝鮮秩序已恢復，只好以接受朝鮮賠款五十萬兩白銀了事。更重要的一點是，日本還與朝鮮簽訂了《濟物浦條約》，允許日本在朝鮮保留部分駐軍，以保護其公使館的權利。

一八八四年，朝鮮再次遭遇動亂（史稱甲申事變）。清日以此為平臺，一番較量之後，於一八八五年簽訂《天津條約》，規定清日兩國同時自朝鮮撤軍，朝鮮如果再生變亂，需要出兵時，由兩國同時出兵。該條約使朝鮮成了清日兩國共同的保護國。

甲午戰爭

清帝國是不希望朝鮮有事的，尤其慈禧不希望。她喜歡太平盛世，那樣她就可以天天在宮裡看戲玩人，居高臨下、盛氣凌人、如魚得水、為所欲為，那日子真叫一個美。大清帝國的各級官員也頂喜歡太平盛世，這樣他們就可以肆無忌憚地貪污受賄，慈禧是上皇帝，他們就是土皇帝；慈禧玩皇帝、玩大臣，他們就玩手下。對於慈禧、對於清帝國的各級官員來說，這樣的和諧盛世，萬歲都不夠，最好是永永遠遠，萬歲萬歲萬萬歲。這是大清帝國的情況，日本人可不希望朝鮮四平八穩，那樣會阻礙他們西進的步伐。日本人等啊，盼啊，九年後，機會終於來了。

一八九四年，朝鮮再次發生動亂。起因緣於一個叫做東學黨的組織，他們的原則是反抗暴政，反抗除清國人以外的所有外國人及其組織。前文說過，漢城兵變被平息後，國王李熙復位，那麼閔氏家族也就得以重新執政。李熙得到清帝國的支持，而閔氏家族得到日本的支持。很顯然，東學黨又傾向親清。閔氏家族自然忌恨東學黨，因而用最殘酷的手段鎮壓他們。令閔氏家族沒有想到的是，他們的做法卻激起全國大暴動，朝鮮的局勢進而失去控制。朝鮮的李氏王朝只好請求清帝國派軍平亂。依照清日《天津條約》，清軍出發時，通知了日本，兩國軍隊遂同時登陸朝鮮。這是讓日本竊喜的一個天賜良機，他們打定主意，這次重返朝鮮就不再走了。

清日軍隊在朝鮮登陸的同時，東學黨即行潰散，變亂霎時歸於平息。事後，清國告知日本，說事態已平，按照《天津條約》的規定，兩國軍隊該同時撤離朝鮮了。日本卻拋出種種理由，拒絕清國的撤軍建議。不僅如此，日軍還突然佔領了王宮，並逮捕了推行暴政的閔氏家族，說是以此消除朝鮮人民的怨恨。與此同時，日本人再次把李是應搬出來，把他安在攝政王的位置上。那麼國王李熙就成了傀儡的傀儡。李熙在雙重壓力之下，下令廢除了跟清帝國簽訂的一切條約，又下令徵召日本軍隊，把清帝國軍隊驅逐出朝鮮。

清帝國得知消息，緊急向朝鮮派出增援部隊。一八九四年七月二十五日，當運送陸軍的濟遠號、廣乙號兩艘軍艦回航至距牙山六十公里的豐島海面時，受到日本艦隊的偷襲，廣乙號擱淺自沉，濟遠號則落荒而逃。日艦在追擊途中，遭遇清帝國的第二批增援部隊，他們所乘的高升號艦船被擊沉，操江號護航艦繳械投降，船上所載運的軍餉二十萬兩白銀，為日軍所繳獲。就這樣，清帝國的第二批一千二百人的增援部隊，最後只有七十多人逃生。一八九四年八月一日，清日兩國同時宣戰，甲午戰爭正式打響。

整個甲午戰爭，分陸、海兩個戰場。清帝國駐防牙山的陸軍，自豐島海戰後，就受到日軍的猛烈攻擊，因無法抵抗，便向漢城（今首爾）以北二百公里外的重鎮平壤撤退。在那裡，清帝國集結了一萬四千人的軍隊，司令官為葉志超。日軍以相同數量的軍隊，向清軍發動攻擊，清軍居然潰不成軍。究其原因，是他們的司令官葉志超首先望風而逃。日軍乘勝追擊，跨過鴨綠江，深入到清國的遼東半島，並順利地佔領了戰略重地旅順港。隨後，喪心病狂的日軍開始屠城。旅順在日軍的那次種族滅絕式的大屠殺中，僅有三十六人逃生。

接下來是清日兩國在黃海上的較量，清帝國的北洋艦隊由十二艘戰艦、兩艘炮艇、四艘魚雷艇組成，日本的艦隊由十二艘戰艦、四艘魚雷艇組成。海戰進行了五個小時，清帝國有五艘戰艦沉沒，餘皆帶著重傷逃走。日本除旗艦松島號重傷外，無一艦被擊沉。

這時的北洋艦隊，仍有二十六艘軍艦（七艘戰艦、六艘炮艇、十三艘魚雷艇），它們正集結在山東威海。旅順陷落後，作為北洋艦隊基地的威海，一下子被推到最前線。黃海戰役三個月之後，日本海陸夾攻威海，其陸軍由山東半島最東端的成山角登陸，並攻陷威海的要塞炮臺。北洋艦隊在日本陸軍面前，暴露無遺。日軍在陸地與海上，對北洋艦隊形成夾攻之勢。清日的威海一戰，歷時二十四天全部結束。一八九五年二月二十一日，曾煊赫一時的北洋艦隊，在它的誕生地畫上一個悲慘的句號：北洋水師全軍覆沒。

北洋艦隊是清帝國西化運動的偉大成果，它同時也是世界上的第七大海軍艦隊。令人難以接受的是，在世界海軍艦隊中排名第十一位的日本，卻把北洋艦隊給滅了。威海戰役剛一結束，慈禧便急了。她急什麼?你放一百二十個心，她絕不為北洋艦隊的沉沒而急，她之所急，僅僅是她的生日臨近，他希望快快與日本做個了結，以便她能心情愉快地過六十歲大壽。僅憑這一點，大清帝國就該亡，亡它個五次十回也不解恨。

一八九五年四月十七日，李鴻章代表清帝國，在日本簽訂屈辱的《馬關條約》，其中清帝國割讓遼東半島、臺灣、澎湖給日本;清帝國賠償日本軍費二億兩白銀。

一個不可或缺的題外話

翻開歷史，發現從一五九二—一九五〇，前後歷時三百五十八年，中國先後三次出兵保衛朝鮮（以下簡稱「保朝」）：明朝一次，清朝一次，新中國一次。中國的這三次保朝，其代價之慘重，次甚一次，令人沉思，更令人心痛。

中國人初次保朝是在一五九二年。這一年，日本國最高執政官豐臣秀吉大將，為滿足其領土擴張的野心，統率海陸軍十五萬人，在朝鮮半島釜山城登陸。這場入侵戰，只三個月，朝鮮全國便告失守。朝鮮國王李昖向明帝國告急，因明帝國寧夏正逢兵變，兵力集中在西域，一時不能調遣。兵部尚書石星便派遣精通日語的沈惟敬，作為明帝國使節，前往日本佔領下的平壤瞭解情況。日本意與明帝國共同瓜分朝鮮的提議被拒絕，明帝國聲明，必須維持朝鮮領土的完整與主權獨立。當年九月，寧夏兵變事件平息，明帝國大將李如松率援朝大軍出發，於十二月渡過鴨綠江，同朝鮮國王李昖會合。一五九三年一月開始進攻，日軍大敗。此次保朝戰爭，歷時七年。日軍撤退後，明帝國援軍也隨即撤退。

中國人的二次保朝結果，不但沒能保住朝鮮，反而連自己的領土臺灣也賠了進去。中國人的最後一次保朝，就是婦孺皆知的抗美援朝了。一九五〇年六月，剛從戰爭泥潭裡爬出來的中國人，尚未得到喘息，便又捲入一場異域的戰爭。「從現在解密的聯合國和美國檔案得知，聯合國、美國和西方盟國並沒有準備與中國作戰，並且努力防止這樣的戰爭發生。」①與其相反的是，在抗美援朝這一重大決策問題上，「毛澤東否定了不同意見」②，否定了反對者陳述的各種理由，大手一揮，中國人民志願軍便「雄赳赳，氣昂昂，跨過鴨綠江」。歷時三年的保朝戰爭結束後，結果出來了：在這場戰爭中，「各方作戰人員比較可靠的傷亡數字約為：美國十四萬、南朝鮮三十萬、北朝鮮約五十二萬、中國九十萬。中國在朝鮮戰爭中的全部戰爭費用多達一百億美元。」③

二〇〇九年十月五日，在朝鮮訪問的中國總理溫家寶，前往檜倉郡中國人民志願軍烈士陵園，去祭拜第三次為保衛朝鮮而犧牲的中國軍人。我對溫家寶的這一行程格外關注，我不知道這位中國領導人會以怎樣的語言，來表達他對志願軍烈士的哀思。我首先通過央視新聞畫面，瞭解了他的說辭，發現他至始至終沒有提「抗美援朝」四個字。至少新聞報導中沒有這樣的字眼。

我不知道自己的判斷是否準確，就去找中新社或新華社的相關新聞，發現溫家寶的確沒有提到「抗美援朝」。在新華社十月五日的電稿（記者趙承、馮堅）中，引用溫家寶的話只有兩段，如下：

「岸英④同志，半個世紀了！我代表祖國人民來看望你。祖國現在強大了，人民幸福了。你安息吧！」

「你們的鮮血灑在異國他鄉，但你們偉大而崇高的精神留給了整個世界。你們永遠活在我們心裡，激勵著我們把祖國建設好。志願軍烈士浩氣長存，英靈永在！」

中新社的電稿與新華社的電稿，雖然記者不同，所發卻是同一篇稿子，一字不差。

我不知道別人怎麼理解，我的看法是，溫家寶在朝鮮中國人民志願軍烈士陵園的講話，至少釋放了這樣的訊息，他不提「抗美援朝」喻意有三：一、低調反思朝鮮戰爭；二、向之後（二〇〇九年十一月）訪華的美國總統奧巴馬釋放善意；三、委婉地訓斥朝鮮在核問題上不聽話。這是政治智慧，也是歷史責任。慈禧沒有這樣的視角，她才把大清帝國帶進了墳墓。

①《隨筆》一九九九年第六期。
②《彭德懷自述》，人民出版社一九八一年版。
③《隨筆》一九九九年第六期。
④岸英：即毛岸英，毛澤東之子，一九五〇年十一月二十五日殞命於朝鮮戰場。

這一節，我們倒回去說說慈禧慶壽的事。

按照西曆的演算法，一八九五年才是慈禧的六十大壽。中國人有個傳統，過大壽時，特別忌諱在整數那年過。比如六十大壽，就不能在當年，一般提前一年，或推後一年。慈禧就提前在一八九四年，也就是農曆甲午年的十月初十。我們在前面曾經說過，到慈禧五十九歲的時候，她飽太平、享奢靡，已近二十年。之前的慈禧，就有了一個如意算盤，打算在她六十大壽的時候，轟轟烈烈的慶賀一番。因為早就考慮到了，所以，慈禧「六旬萬壽慶典」的活動，早在一八九二年就開始籌備了。甚至在載湉親政之初，他就命令海軍及其他政府部門籌集資金，修復被英法聯軍糟蹋的頤和園。經過一八八九－一八九四年間的努力，頤和園在慈禧六十大壽時，已基本修繕完工。在為慈禧慶壽的一份文件中，載湉皇帝指示說：

甲午年，欣逢花甲昌期，壽宇宏開，朕當率天下臣民臚歡祝嘏。所有應備儀文典禮，必應專派大臣敬謹辦理，以昭慎重。著派禮親王世鐸、慶親王奕劻；大學士額勒和布、張之萬、福錕；戶部尚書熙敬、翁同龢；禮部尚書崑岡、李鴻藻；兵部尚書許庚身；工部尚書松溎、孫家鼐，總辦萬壽慶典。該王大臣等其會同戶部、禮部、工部、內務府，恪恭將事，博稽舊典，詳議隆議，隨時請旨遵行。

（《皇太后六旬慶典檔案》）

慶壽那天，仿康乾成例，早上先在皇宮接受王公大臣的朝賀，然後乘鑾駕從紫禁城西華門至頤和園東宮門。按照慈禧的指示，工程人員設計了《萬壽點景畫稿》，即所經路段分設六十個點景，建造各種形式的龍棚、經壇、戲臺、牌樓和亭座，以顯示「聖壽」的隆重豪華。同時，在北京和頤和園之間的大路上，矗立起一座八公里長的凱旋拱門，以示對慈禧的尊崇。然後，在頤和園內擺宴看戲。

慈禧的六十大慶方案制定後，由軍機大臣、禮親王世鐸擔任慶典總指揮。隨後，慶典準備工作便大張旗鼓地展開，諸如粉刷、油飾慶典場所，添置慶典禮服，責令江西燒製繪有「萬壽無疆」字樣和各種吉慶圖案的餐飲具。全國各地以九為基數的聖壽禮品，也開始源源不斷地運往京城。

如此鋪張的慶壽活動，錢哪來呢？海軍那邊不是有錢嗎？拿過來用不就行了（幾千萬的海軍經費，真正撥給海軍的不過百分之一，餘者皆被慈禧挪用修理頤和園和過生日）？還不夠？有辦法呀，大清國的幹部是幹什麼吃的？叫他們捐獻自己薪水的百分之二十五作為生日禮物獻給老佛爺，不就得了。甭擔心這些幹部會為此而餓肚子，他們個個是嫻熟的敲詐犯、勒索犯、貪污犯，①這些魚肉百姓的專家們怎麼會餓肚子呢？結果令行錢至，幾百萬兩白銀從全國貪官們的腰包裡，流進慈禧的私人金庫裡。海軍經費與貪官們的捐款，為慈禧的萬壽慶典鋪平了道路。

日本不作美②的是，正當慈禧六十大壽的慶典籌備工作緊鑼密鼓進行時，日本艦隊在黃海挑起戰事。一八九四年八月一日，清日宣戰。然而，這並不能阻擋慈禧過六十大壽的興致。一切相關的工程和籌備工作，照常進行。可是前方戰事吃緊，軍費告急，朝中部分官員憂心忡忡，他們紛紛上書，呼籲停止慶典工程，節省經費支援前線。戶部尚書翁同龢更是在奏摺中歷陳戶部籌款之艱難，請求停止祝壽事宜。慈禧看到戶部的報告後，大發雷霆，她非常生氣地說，「誰讓我一天不高興，我就要他一輩子不高興。」這話聽上去是何其熟悉，它多麼像二〇〇三年湖南嘉禾縣委縣政府的一句口號呀，叫做：「誰影響嘉禾發展一陣子，我就影響他一輩子。」嘉禾縣當局就用這種威逼手段，對城鎮居民的住房進行了強制拆遷；慈禧用同樣的卑劣手段，把戶部尚書兼軍機大臣的翁同龢嚇了回去，翁部長一看慈禧生氣了，就趕緊改口上奏說：「查停工一條，係指以後尋常工程，其業經興辦之工，毋庸停止。」

甲午戰爭攪亂了慈禧的慶壽計畫，清軍在前線的接連敗北，也讓她祝壽的心情大減。隨後的九月二十五日，慈禧不得不下令，取消了在頤和園的慶典活動，也取消了從紫禁城到頤和園的「點景」工程；所有慶壽典禮，僅在紫禁城內舉行。也正是從這天起，王公大臣以及各省大員開始陸續呈進萬壽貢物，慈禧六旬慶典的序幕由此拉開。一八九四年十一月七日，為慈禧生日的正典。正當群臣在寧壽宮內恭賀老太婆六十大壽的時候，前線傳來消息，日軍佔領大連灣，旅順危在旦夕。然而慈禧不為所動，依舊大宴群臣。寧壽宮內，載歌載舞，一派和諧盛世景象。下面是慈禧壽辰正典日的基本活動。

辰時，慈禧著禮服，由樂壽堂乘八人花杆孔雀頂轎，出神武門，進北上門，至壽皇殿烈宗前拈香行禮。再至承乾宮、毓慶宮、乾清宮東暖閣、天穹寶殿、欽安殿、斗壇等處拈香行禮，之後回樂壽堂。

巳時，慈禧由樂壽堂乘轎出養性門，升皇極殿寶座。禮部堂官引皇帝載湉，從寧壽門中門進來，跪在慈禧面前進表文。監侍員跪接表文，安於寶座東一旁的黃案上。載湉步行至寧壽門檻外的褥子上，率王公大臣等向慈禧行三跪九叩禮。禮畢還宮。

之後，慈禧接受皇后、瑾妃、珍妃、榮壽固倫公主、福晉等女眷的參拜。禮畢，慈禧還樂壽堂，坐到寶座上，接受載湉跪呈的如意、皇后率瑾妃珍妃等跪呈的如意。

這些繁瑣的儀式完畢後，慈禧由樂壽堂乘轎至閱是樓院內降輿，皇帝率皇后、瑾妃、珍妃等，提前趕到那裡跪接慈禧。最後是進膳、看戲。戲畢，皇帝依舊率皇后、瑾妃、珍妃等跪送慈禧乘轎回到樂壽堂。

這樣的慶典，已是因為甲午戰爭而簡化了的，仍令親身參與其中的翁同龢瞠目結舌，他在日記中寫道：「濟濟焉，盛典哉！」而這一天，清國將士正浴血疆場，失地百姓正慘遭日軍的屠戮。

回顧歷史，滿清人好像都具有臨危一樂的性格。慈禧在帝國面臨大敵的情況下，照舊舉行盛大的生日宴會。慈禧的丈夫奕寧也就是那位咸豐皇帝，在英法聯軍侵入大清帝國的時候，照舊在圓明園的正大光明殿，舉行他的三十歲生日慶典，百官朝賀，演戲四天。這就是說，晚清領導人在任何情況下，都能創造出他的盛世來，天才啊！

---

① 慈禧有話：「通天底下一十八省，哪裡來的清官？」（《官場現形記》第十八回）這就是慈禧對大清國幹部的評價，也不可謂不中肯。

② 日本政府之所以選擇一八九四年發動這場侵略戰爭，原因之一就是：「日知今年慈聖慶典，華必忍讓。倘見我將大舉，或易結束，否則非有所得，不能去也。」（《李文忠公電稿》）

上野公園舉國歡

清日甲午戰役期間，清軍節節敗退，就在這個時候，慈禧在寧壽宮愉快地度過了她的六十大壽。未幾，日本人便在東京上野公園狂歡，慶祝自己的軍隊在清帝國境內取得的一個個勝利。一八九五年一月十四日的《紐約時報》，以〈節日盛裝的東京歡慶戰爭勝利〉為題予以了報導：

〔華盛頓一月十三日訊〕：為紀念日本在海上和陸上取得的節節勝利，日本於十二月九日在東京舉行了盛大慶典。至少有四十萬人參加了在上野公園舉行的慶祝儀式。鐵路公司降低了各地到東京的火車票價。鐵路公司為了滿足乘客需要，不得不加班加點地增開列車。旅館和客棧也迅速擠滿了來自四面八方的人群，甚至有許多私人住宅也變成了旅館。

大遊行拉開了慶典的序幕。參加遊行的人數之多，以致街上的遊行隊伍根本分不清誰是誰了，完全變成了亂糟糟的人海。打頭的遊行隊伍已經到達上野公園很長時間後，隊尾還聚集在日比谷動彈不得，人的長河足足延續了四英里。

由各行各業工會的工匠們、學校的學生們、工廠的工人們、商業公司的職員們，還有許多上流社會人物彙集而成的人群，伴隨著樂隊的節奏行進。成百上千隻喇叭和號角的吹奏聲、喧天的鑼鼓聲，遊行隊伍和站在遊行隊伍兩旁觀看熱鬧的人們，那此起彼伏的歡呼聲混合在一起，震耳欲聾。各式各樣書寫著稀奇文字的旗幟、橫幅、軍旗漫天飛舞；在馬車上身著節日裝束的神父們、欣喜若狂的孩子們、市議會的議員們、來自內地的代表們喜氣洋洋地走過去了；裝飾成各種式樣的花車在人們的簇擁下開過來了，有的車上用竹竿挑著紙糊的或用柳條編成的人頭，表示被斬首的清國人，搖搖晃晃地開過來了，引起人們的哄笑。當隊伍到達皇宮時，人們的歡呼聲響成一片，聲震雲霄。

在上野大街上樹立起一道巨大的拱門，遊行隊伍必須從下面穿過。在這道拱門上面滿綴著帝國之花——菊花，黃色的花朵在綠色的背景上面組成了如下文字：「武運長久」和「大日本帝國萬歲」。

上野公園慶祝勝利的盛裝猶在，甲午戰爭便接近尾聲。一向被清國人看不起的東瀛倭寇，竟成為最後的贏家。作為戰敗國的清帝國，在戰後賠償日本兩億三千萬兩白銀（憑藉這筆鉅款，日本進一步發展了工業和擴軍備戰。今之日本下關地區新幹線路側龐大的鋼鐵工業，就是依靠這筆資金起步的），並割臺灣給日本。戰爭賠款，使當時年財政收入只有八千萬日元的日本一夜暴富，日本也由此取代清帝國，成為亞洲第一強國。

日本何以迅速崛起呢？眾所周知的是得益於他們的全盤西化。另外一個原因很少被提及，那就是日本幸有一個明治天皇。一八九〇年以後，日本以國家財政收入的百分之六十來發展他們的海陸兩軍；一八九三年起，明治天皇又決定每年從自己的宮廷經費中撥出三十萬元，再從文武百官的薪金中抽出十分之一，添補到海軍軍費中。清帝國的不幸恰與日本反著，也就是有慈禧這麼一號不知死活的老娘們。明治天皇從自己的宮廷經費中拿錢出來，為的是加強海軍建設；從文武百官的薪金中抽出部分薪水，還是為了加強海軍建設。慈禧呢？她是把海軍經費拿來為自己過生日；她抽取清帝國官吏每人薪水的百分之二十五，還是為了自己過生日。清帝國不亡，誰亡？清帝國不亡，是無天理。

駐英公使郭嵩燾曾致信李鴻章，說船堅炮利是國之末微小事，政治制度才是立國的根本。而清帝國在甲午戰爭中的慘敗，恰恰是政治制度造成的。日本天皇只是一個象徵性角色，他代表國家，卻不負管理國家的責任；權力在軍人或內閣那裡，但擁有執政權的人，又沒有天皇那樣的凝聚力、向心力和號召力。我們說，日本的制度，還有某種制衡存在。清帝國則實為野蠻政治制度，即極權專制。在這種形態的國家，處處體現一元化領導機制。在一個國家，一個人說了算；在一個省，一個人說了算；在一個部門，一個人說了算；在一個家，還是一個人說了算。這樣的野蠻政治，一個省因一個人而興亡；一個國也因一個人而興亡。甲午戰爭之際，慈禧當政，那麼大清帝國也因這麼一個老娘們而興亡。她要過六十大壽，就沒有人敢制約她。所以，身為龐然大物的大清帝國，最終成了小小島國日本的手下敗將。

直到一九〇二年，慈禧才切實地感受到一人說了算的弊端，她在談到英國女王維多利亞時說：「她有能幹的人在國會裡做著後盾，凡事他們都能替她商討出一個最好的法子來，她只要在命令上簽一個名就好了，又不用她說話。但是我呢？我有四萬萬的人民，個個都要靠我一個人判斷。雖然我有軍機大臣可以商量，但他們也只不過在無關緊要的時候說幾句話，逢到重大的事，還是要由我決定。」

你不要以為這個行將就木的老太婆是在反思帝國的政治制度，她是在為自己西逃時（一九〇〇）所受的罪而反思。她這番話的意思是，假如她有維多利亞女王之福，也就不會有八國聯軍了，她也就不會狼狽逃竄到西安去了。野蠻政權的領導人反思任何問題，絕不會站在國家、民族的角度去考慮問題，他們的出發點永遠只有一個：自己。這個「自己」

裡面包括一己、一黨、一族、一姓。在不傷害「一己」的情況下，才考慮一黨、一族、一姓的生死存亡。當然了，在野蠻政權領導人嘴裡，一己、一黨、一族、一姓最終被偷換成模糊概念「人民」出籠，慈禧之流也就把自己打扮成了一個公僕形象。她一個人為四萬萬人民來判斷，真可謂鞠躬盡瘁，死而後已了。與其四萬萬人民靠慈禧一人來判斷，清帝國才在甲午戰爭中敗得如此慘烈。這就是一人說了算的「好處」。

第三章

迷途的羔羊

慈禧

可憐一個傀儡帝

甲午戰爭的時候，大清帝國的傀儡皇帝載湉已經二十三歲。載湉十九歲那年，已被歸政。換句話說，慈禧在一八八九年早春載湉大婚成年時，已把帝國的大權，還給了法律所有人載湉，她本人退居二線，到頤和園內養老。這在宮廷政治中有個術語，叫做撤簾。大清帝國的這道簾子，自慈禧開始，便三起三落。①我們說，這都是理論上的。無論是載淳還是載湉，這兩位晚清皇帝的所謂親政，最終還是要歸於「朝廷大政，必請命乃行」。朝廷的大政請誰的命？就是慈禧呀。所以說，大清帝國無論誰當皇帝，只要慈禧一息尚存，他都是不折不扣的傀儡皇帝。那麼慈禧的所謂撤簾，也實在不具任何政治意義。

同是傀儡皇帝，載湉還不同於他的堂哥載淳。載淳十九歲就死了，這個多病、懦弱又花心的青年，懂事後基本上沒經歷過什麼大事，就Game Over了。載湉就不同了，他趕上了甲午戰爭，而且是在他的所謂親政期。在慈禧與載湉之間，雖然還有一道無形的簾子掛在那裡，可畢竟當下的載湉是大清帝國的法人代表，一個國家對內對外事務的成敗，他都必須承擔起應有的責任，而慈禧則不必愧疚。所以，她才在甲午戰爭期間，沒事人似的在紫禁城內過她的六十大壽。

載湉在慈禧壽誕上跑上跑下、跪接跪送，再清晰不過地告訴我們，在這對「姨－外甥」之間，既不是親情關係，也不是宗法關係，而是主僕關係——滿清皇室的老娘們慈禧是趾高氣揚的主子，大清帝國的皇帝載湉是低眉順眼的奴才（可憐的載湉，有時連做奴才的資格都沒有，甚至比喪家狗還悲慘）。在這種情況下，帝國之政，載湉又能親得了幾多？然而，這個血氣方剛的年輕人，還是被甲午戰爭的慘敗，以及隨之而來的列強瓜分清帝國②的事實給激怒了，他幾乎以把牙咬碎的決心，去效法日本，徹底改革清帝國。於是就有了戊戌變法，我們也可以把它稱之為晚清歷史上的第二次西化運動。相對應的，恭親王奕訢領導的那次洋務運動，謂之第一次西化運動。下面所說，即為第二次西化運動。

康有為出道

從時間點上講，一八九五年清帝國戰敗，一八九八年便開始實施西化。這中間差不多浪費了近四年時間，整個帝國高層，都無所作為。我們感歎清帝國是老得不可救藥了，它是該被歷史掃地出門了。

即便是一八九八年的改革，也不是由高層發起的。它源自帝國知識界的努力，其代表人物就是康有為。話題還要回到一八九五年四月，當時北京正在舉行全國統一考試，來自各省的一千三百多名考生，對《馬關條約》的簽訂憤恨交加。於是，憤青們推舉廣東來的考生康有為，讓他代表大家向皇帝請願，提出拒和、遷都、練兵、變法的主張。同時要求效法日本西化，建設強大國家。可惜的是，請願書未及上傳，便泥牛入海。這說明，保守勢力是多麼的強大。因為請願書不能上傳，同是憤青一族的載湉皇帝，也就無法與基層憤青產生共鳴。當然，也不能說什麼作用都沒起，至少這次請願活動，已把戊戌變法的大幕徐徐拉開。萬事開頭難，那麼開頭動靜的大小已不重要，重要的是程序已然啟動。後面的事再難，有開頭難嘛？

第二年，康有為考取進士，再次上書，深宮裡的那位憤青，依舊聽不到知音們的聲音。康有為們一邊上請願書，一邊開闢另一條戰線，即通過輿論的方式，影響高層的決策。一八九六年，康有為、梁啟超等人在北京出版發行《中外紀聞》；《時務報》在上海同時創刊；一八九七年，嚴復在天津主編《國聞報》；一八九八年，譚嗣同、唐才常等人在湖南創辦《湘報》。那幾年，包括上述期刊在內的十九種紙質媒體，其輿論的宗旨驚人一致，那就是改革。至此，全國議論時政的風氣已蔚然成風。在此期間，康有為的上書一直未間斷。③得不到高層的回應，康有為、梁啟超等繼續從事周邊的造勢工作，一八九八年四月，他們在北京發起成立了保國會。

一八九八年春天，轉機終於出現，經翁同龢（曾為載湉的家庭教師）的力薦，載湉知道了康有為等人的這個救亡運動。就是這麼一個轉機的到來，倘非慈禧本人的推動，恐怕連一線希望都沒有。這時我們才由衷地感到，載湉皇帝實在是太渺小懦弱了！但一八九八年六月十一日，仍不失為一個值得紀念的日子，就在這一天，慈禧親自找載湉談話，告訴皇帝：「前天御史楊深秀、學士徐致靖跟我說，現在大清不穩定的因素很多，認為需要與時俱進，進行必要的改革。他們還彙報說，知識界這方面的呼聲也頗為強烈。我認為他們的話很對，是到了宣導西學的時候了，你就詔告天下，去做一番興利除弊的事業吧。」

我的老天，大清皇帝就等慈禧這番重要講話哩。載湉得了聖旨，當即頒佈由翁同龢起草的《定國是詔》。詭異的是，詔定國事的第四天，慈禧就把皇帝的老師翁同龢給趕走了，同時把自己的心腹榮祿，安置做直隸總督兼北洋大臣。慈禧的意思無非是，你載湉再怎麼孫悟空，我還是你的剋星如來佛。儘管如此，載湉皇帝還是義無反顧地要改革，發願不做亡國之君。翁同龢的離職，讓載湉愈發感到改革的緊迫性，他很快就安排接見了康有為。此前，載湉的老師翁同龢，極力推薦此人，並把康有為的著作《波蘭亡國記》、《突厥亡國記》，呈上一閱。二十七歲的載湉一邊讀，一邊痛哭流涕。載湉很快就要接見那位感動了他的康進士了，這個地位卑微的知識份子，會給自己帶來怎樣的政治觀點呢？載湉對此有相當的期待。

接見活動安排在頤和園的仁壽殿，慈禧在此生活辦公，載湉也必須如此。也就是說，慈禧不允許載湉有獨立的活動空間。接見那天（一八九八年六月十四日），康有為被安排在第三名。前兩名被接見後，天已微亮，但當太監把康有為帶進大殿時，裡面仍是漆黑一片。這種情況我們在前面也曾經談到過，主要還是個建築設計問題。康有為定神一看，發現大殿之內，僅御案之上有兩隻大蠟燭。光線之暗，原因不言自明。康有為按照袁世凱教他的覲見程序，一一演練完畢，在御案前的墊子上跪下，靜待皇帝問話。下面是君臣的對話：

載　湉：朕很知道你。翁同龢保薦你多次了。今年正月初三，朕曾叫翁同龢、李鴻章、榮祿、張蔭桓這些大臣在總署跟你談過一次話，你的觀點，朕深以為是。大清帝國是到了非改革不可的時候了。否則，朕將做亡國之君。

康有為：近年來並非不言改革，然總是圍繞船堅炮利做文章，不能從根本上改變帝國的現狀。我以為，要改革，必須從政治制度著手，否則還會像洋務運動一樣，半途而廢。

載　湉：你講得很有道理。

康有為：皇上既知其中的道理，為何久而不舉，坐視國家危亡呢？

載　湉：朕當然知道。只是，掣肘的力量太多了。在這麼多的掣肘力量下，你說說看，該怎麼做呢？

康有為：就皇上現在之權，行可變之事，雖不能盡變，而扼要以圖，亦足以救清國。現在當朝大臣多老朽守舊，不懂世界大勢，皇上若欲變法，不能依靠守舊大臣，只有擢用有才幹的小臣，給以官職，准許他們上書言事。若有真才實學者，可以破格重用，令其辦理新政。至於守舊大臣，可保持他們原來的俸祿，使其無失位的顧慮，他們便不會阻撓新政的推行。

載　湉：說得好。據你看來，我們大清國搞改革，要多久才能有點局面呢？

康有為：皇上明鑒。依卑臣看來，西方講求三百年而治，日本施行三十年而強，我們大清國國大人多，改革以後，三年當可自立。

載　湉：三年？全國上下好好幹三年，我相信三年一定可以有點局面了。

……

在君臣的交談中，康有為還全面抨擊了慈禧在頤和園肆意揮霍、過著沉湎酒色的生活。康有為說南方人之所以不喜歡慈禧，是因為她的私生活可與武則天比。康有為說這話時，載湉頻頻向窗外看。他未予應對，而是拿別的話岔開了。這次召見，費時兩個鐘頭。

之後，載湉頒發委任狀，任命康有為為總理衙門章京。這基本不是什麼官銜，也就相當於今天的辦事員，或主任科員。按品級算，章京為六品。在慈禧時代，大清皇帝的人事權，也只能抵達這麼遠。其他高官，乃至中等級別官員的任免，基本都由慈禧說了算。如果載湉在人事任免方面越權，他頭上的冕會隨時被慈禧打落在地。這在戊戌變法失敗之後，我們大家都是看到的。載湉又想幹一番大業，可手中又沒有權力。作為帝國之主，他的權力甚至不及各部首長中用，當然也不及各省一把手。任命康有為一個小官職，他也是顫顫巍巍、戰戰兢兢的，生怕哪裡又惹慈禧不高興了，使得他連任命小官的權力都喪失。載湉接見康有為時就說過，他的掣肘太多，就指這些。在我看來，載湉何止是掣肘太多，簡直是有職無權，活脫脫一個擺設嘛。

如果說載湉天生就愚蠢，那倒不是，他也有權變的技巧，比如他的許可權只能任命小官，但他同時授予康有為一個特權，即康有為的報告，不必經過其他大臣之手，就可直達皇帝案前（按清律，只有四品以上的高官才能被皇帝召見，或直接與皇帝發生書面交流）。這樣一來，小官就權變成了大官。一個人，無論官職多大，他能直接和皇帝交流工作意見，而且言路暢通，那麼，他已經是名義上的小官實際上的大官了。僅此一點，二十七歲的載湉也有他值得肯定的地方。起碼他還是想為帝國做點事的，而且他的權變是有一定風險的。頤和園裡的那位老太婆，到處安插著她的人，到處是密探，皇帝的一舉一動，盡在她眼裡、耳裡、心裡，稍有不慎，就會招來橫禍。很顯然，載湉這次大有一搏的意思。

從康有為個人來說，他是成功的。一個進士嘛，就是一個窮書生，因緣際會，一步登天，成了皇帝的寵兒。皇帝再傀儡，那也是皇帝。況且，慈禧已經指示皇帝，可以實施西化運動了。這皇帝也就有了尚方寶劍，可以幹些事情了。這時的康有為四十一歲，正是年富力強時，所以他對未來也是志在必得。於是，又陸續呈送了他撰寫的《日本變法考》、《法國變政考》、《俄皇大彼得變政記》給載湉，是以開闊皇帝的現代視野。載湉讀了這兩本書後，更加堅定了他進行西化運動的決心。

第二次西化運動

第二次西化運動即戊戌變法的主要內容包括：裁冗員、廢八股、開學堂、練新軍、滿漢平等等等，以期實現政治改革這個最終目標，即推行君主立憲制。我們把戊戌變法的內容歸結如下：

一、**選拔改革型人才**。詔書要求各部大臣舉賢任能，同時令各省首長向朝廷保薦品學兼優、通達時務的人才參與西化運動。前前後後被推薦上來的人才，除翁同龢推薦的康有為外，還有黃遵憲、譚嗣同、張元濟、梁啟超、楊銳、劉光第、嚴復、林旭等人。載湉正在用人之際，對省、部領導推薦來的新型人才，來者不拒，立刻給他們每人一頂六品烏紗帽，其中楊銳為內閣侍讀、劉光第為刑部候補主事、林旭為內閣候補中書、譚嗣同為江蘇候補知府。

以康有為的思路，如要效法日本西化，就必須大量任用維新人士；如大量啟用維新人士，就必須增設新的權力機構，即制度局。也就是說，必以制度為保障，才能推進西化運動。這一思想，與郭嵩燾的「政治制度才是立國之根本」如出一轍。但朝廷大臣榮祿與剛毅堅決反對，制度局泡湯。實際上，朝中大臣贊成改革者，寥寥無幾。西化聲浪，主要還是在中央政府之外的知識界翻滾。

但到了七月，情況似乎有所好轉。這天，載湉頒令，賞加楊銳、劉光第、林旭、譚嗣同四品卿銜，以便於他們參與行政工作。四品是四品，但辦公地仍在軍機章京（六品）處。也就是說，這四個維新人士，名譽上享受高官待遇，實際職務還是六品小官。進一步說，辦公地他們為小官；工作起來他們就成了大官。我們來看看這四人的工作職責：即負責草擬新政諭旨，閱看臣工奏章，說明皇帝處理新政事務等等。這又是載湉的一個權變，這四個六品小官，已然為隱身軍機大臣，他們人人具有宰相之責之權。反過來說，真正的軍機大臣，已處於被架空的境地。這一步，載湉邁得過大，不僅引起朝中大臣們的高度不滿，也引起慈禧的高度警覺。這也為戊戌政變埋下伏筆。

二、**改革從文教入手**。首先廢除科舉制度。康有為被召見時，當面向載湉歷數科舉之害，強烈要求廢止，改試策論。為免節外生枝，載湉沒有將此案下交部議，而是直接向慈禧請示，恩准後才頒佈實施。但這次教育改革並不徹底，過去以八股文取士，考試內容均係四書五經，改策論取士後，四書五經仍舊保留，不過增加了歷史和自然科學，以及政治和法律。同時設立譯書局，翻譯外國新書；准許設立報館、學會；派人出國留學、遊歷。

其次是創辦學堂，大力提倡西學。載湉頒令，批准建立京師大學堂(北京大學前身)。同時又下令各省府、廳、州、縣之大小書院及民間祠廟，一律改為兼習中學西學之學校。省會改設高等學校，郡改設中學，州縣改設小學。以後又陸續頒令，令各省籌辦礦務、海軍、農務、編譯、醫學、茶務等專門學堂；設立譯書機構，翻譯外國新書，提倡出國遊歷、遊學等。可惜的是，各省對載湉的行政命令熟視無睹，結果僅京師大學堂正式創辦，餘無正果。

三、**輔以經濟改革**。改革派們主張按照西方模式，全面改造清帝國的經濟結構。工業方面，獎掖發明創造，允許民間籌資設廠；商業方面，中央增設商業部，各省增設商務局；農業方面，宣導以西法治農。載湉對改革派們的上述建議，予以積極回應，他屢頒經濟改革令，如在京設立農工商總局、鐵路礦務總局、各省設立商務局（或農工商分局）；如頒佈《振興工藝給獎章程》，獎勵科技發明及科學著作；如在京師及各通商口岸廣設郵政分局；如編制國家預、決算，由戶部按月公佈；如取消滿人寄生特權，准其自謀生計等等。

四、進行規模宏大的內部改革。（一）命滿洲兵團，全部改用現代化武器，採用新式訓練法；並將漢人組成的綠營兵團，改為員警。（二）撤銷疊床架屋式的若干中央機構，如詹事府（皇太子宮事務部），通政司（皇宮文件奏章收受處），光祿寺（皇宮供應部），鴻臚寺（屬國或外國使節招待部，職權跟理藩院——藩屬事條部重複），太常寺（祭祀部），太僕寺（畜牧部），大理寺（最高法院，職權跟刑部即司法部重複）。（三）選派滿洲貴族出國遊歷考察。（四）改良司法部門，改良刑事訴訟法，改革監獄弊端。

五、推動政治體制改革。這是所有專制政體進行改革時的最大難點。專制者處於自身目的，也許他什麼都想改，但有一個底線，那就是政治改革不能觸碰。專制者最大的政治，就是要確保一個國家上上下下的行政權，牢牢掌握在一家、一姓、一黨手中。以晚清為例，這個一家、一姓、一黨，就是葉赫那拉家、葉赫那拉姓、慈禧太后黨。也可以這麼說，愛新覺羅者一姓的家，由其夫人慈禧來當。慈禧姓葉赫那拉，晚清的一家、一姓、一黨，自然就是指慈禧了。載湉一心想借助改革派的力量，把愛新覺羅家旁落的權力，從他姨媽那裡搶回來，惟一的機會就是進行改革，尤其進行政治體制的改革。於是決定設立制度局作為議政機構，但被朝廷內的太后黨勢力擋了回去。

載湉一計不成，再生一計，他採納前太僕寺少卿岑春煊的建議，對帝國幹部隊伍進行裁冗行動，撤詹事府、通政司、光祿寺、鴻臚寺、太常寺、太僕寺、大理寺等閒散衙門；外省裁撤湖北、廣東、雲南三省（此三省督、撫同城）巡撫、東河總督及不辦運務之糧道、僅管疏銷之鹽道，各省同道佐貳等官，並無地方之責者，均被裁汰。這些被裁官員，後來加入到倒帝隊伍中，這恐怕是載湉所沒預想到的。

載湉政治體制改革的重要一項是准許言論自由。六、七兩個月，載湉連續頒令，宣布無論是清國的大小官員，還是普通群眾（包括知識份子），都有權上書言事（按清律，四品以下京官、三品以下地方官，亦無資格上書言事，更況普通百姓），各部官員上書，由各堂官代奏；士民上書，由都察院代呈；地方士民上書，由本省道府隨時代奏。且規定不准扣留相關信件，倘有阻撓，一經查實，即以違旨懲處。同時又頒令，鼓勵各地開設報館，發行報紙，並改上海私營性質的《時務報》為官方報紙。

應該說，載湉推動的改革目標，已部分實現。尤其言論、出版、集會、結社等方面的自由，是清帝國前所未有的。可惜，好景不長，所有的改革，僅僅維持一百零三天，便告終結。終結這場變革的，就是慈禧。我們說，這是一場變革，同時也是以變革為平臺的宮廷權力鬥爭。

① 慈禧垂簾聽政共分三次，分別是一八六一——一八七三、一八七五——一八八九、一八九八——一九〇八。

② 【列強瓜分範圍】列強的凌遲與瓜分，使清帝國版圖千瘡百孔、支離破碎，如表：

年份	列強對清帝國的瓜分
1895	德國在天津、漢口劃定租界。
1896	俄國、法國在漢口劃定租界；日本在杭州劃定租界。
1897	日本在蘇州劃定租界。
1898	德國租借青島；俄國租借旅順、大連；英國租借威海、新界；日本在天津、漢口、福州劃定租界；法國劃定兩廣及雲南為自己的勢力範圍。
1899	英俄兩國約定，長城以北為俄國勢力範圍，長江流域為英國勢力範圍；日本在廈門劃定租界；法國租借廣東湛江。

③ 一八九七年十一月，德國強佔膠州灣。同年十二月，康有為第五次上書，代表國人表達激憤之情。一八九八年一月二十九日，康有為第六次上書《應詔統籌全局折》，皆無果。

從內心來說，我認為載湉和康有為共同領導的這次改革，太過於眼花繚亂，太過於求廣、求大，而不注重方法和品質。這種眉毛鬍子一把抓式的改革，容易導致程序性紊亂，以致連改革的發動者都被捲入其中，不能自拔，最終導致「戊戌變法」成了「無序變法」。改革都不可避免地危及一些人的利益，尤其危及官僚士紳的利益。這都不成問題，世界上有很多改革連血都是要流的，傷及一些人的利益又算得了什麼？問題是，康有為們沒有把握好一個度，即慈禧贊成改革的那個先決條件。就是說，你們怎麼改都行，就是不能涉及政治體制改革，尤其不能觸碰慈禧個人的領導地位。這是慈禧的底線。

康有為們終久是書生，他們沒有從政的經驗，把很多問題都想得很簡單，於是在雪片似的改革計畫拋出未及消化的情況下，他們又建議載湉進行更為激進的改革，分別是建立內閣會議制度；禁止婦女纏足；請載湉率先剪去辮子，改穿西服；遷都上海，擺脫舊勢力，在新環境中改革；借鉅款六億元，改良軍隊，廣築鐵路。這五條中，只有一條是得到慈禧肯定的，那就是禁止婦女纏足。慈禧本人是大腳，她也就不主張女人纏足。但是其他各條，沒有一件使慈禧開心，甚至惹她暴怒。為什麼，因為那些改革，不是政治體制改革，就是軍事體制改革。這兩項改革，都觸動了慈禧的底線，她沒法不怒。所以我們看到，當載湉帶著上述改革計畫去向慈禧彙報時，正史所載僅八個字，即「太后不答，神色異常」。

自小生活在慈禧魔爪下的載湉，他最揣摩得出這個惡老婆子的一舉一動意味著什麼，他知道慈禧當面打人罵人喝斥人，那事就大不了；如果她當你的面什麼都不說，且臉色難看，這就說明她很生氣、非常生氣，其內心怒氣滾滾，必火山爆發般，一瀉千里。載湉見慈禧異樣，不再多言，他戰戰兢兢，踉踉蹌蹌退出慈禧寢宮。慈禧不發一言，就讓這位年輕的政治對手，屁滾尿流。

一八九八年的秋天，準確說，一進入這年的九月，載湉就渾身上下感到不自在了。在整個頤和園裡，似乎都瀰漫著一種不祥的氣氛。四起的謠言，讓載湉愈加惶恐不安。一種說法是，保守派上書慈禧，要求殺了康有為、梁啟超；一種說法是，奕劻、李蓮英跪請慈禧重新垂簾聽政；一種說法是，下個月當載湉陪同慈禧到天津閱兵時，慈禧將廢除載湉，另立新帝。這些傳言，讓載湉無所適從，他深深感到危機就在眼前。於是，這位莽撞的年輕人開始抓尋他的救命稻草。在這一計畫中，載湉找到兩根救命稻草，一根是袁世凱，一根是康有為。下面我們分別來說說載湉的這兩根救命稻草。

先說袁世凱。我們在前面約略說過，載湉並不愚蠢，他還有權變的政治技巧。當他感到岌岌可危的時候，其政治智慧再次被開發。載湉知道，他深處危機的第一根救命稻草就是軍隊。換句話說，要保護自己不受侵害，或者想在博弈中占上風，就必須取得軍隊的效忠。這是一切專制政體的特徵，誰抓住了軍隊，誰就是實質的國家元首。理論上講，專制社會是帝黨（或曰皇黨）領導一切，皇帝是三軍總司令；可晚清時的帝國軍權不在皇帝手裡，而在慈禧太后手裡。慈禧是所謂的后黨領袖，那麼帝國的軍隊，也就只忠於后黨。這就是專制的弊端，哪個黨占上風，哪個黨的黨魁就是三軍總司令。總之，黨要領導一切。那麼軍隊，也就成了某個個人（獨裁者）手中的玩物。大清帝國的軍隊若不僅僅效忠慈禧一人，何以把海軍軍費拿來給她修娛樂園（即頤和園）？給她過生日？又何至於敗給日本？這太荒唐、太不可思議了。此即黨管軍隊之必然。一九四六年，毛澤東就深謀遠慮地提出黨管軍隊的危害，要求國共兩黨把軍隊交還國家。可老牌的獨裁者蔣介石不幹呀，是以有內戰。到毛澤東主政大陸後，他同樣反對把軍隊交給國家。以致到了二〇一二年，在中國大陸，竟然有股潮流，明目張膽地抵制軍隊國家化，實在是匪夷所思。

扯遠了，咱們回到原題。載湉是如何瞄準袁世凱的呢？其實，他與袁世凱根本就沒有任何淵源。這太要命了，這無異於一場賭博呀。載湉看上袁世凱，僅僅因為袁是個顯著的西化人物。也就是說，袁世凱的思想很開放，不保守（康有為在北京辦強學會時，袁世凱就曾經贊助過）。僅此一點，載湉就把袁世凱引為同志，可就太冒險了。那麼，袁世凱之思想開放在什麼地方呢？話又得倒回去說，甲午戰爭失敗後，軍中人物袁世凱摒絕雜物，邀集同志，潛心搜集、整理、翻譯了各類西方軍事著作，是以在朝野上下引起強烈反響。加之袁世凱對帝國傳統軍制所提出的強烈批評，及其「凡所建白，均料事如神」，使他一時成為眾人矚目的當代軍事奇才。一八九五年底，當帝國決定組建一支現代化部隊的時候，袁世凱就成了眾望所歸的人選。帝國唯一一支裝備完善的陸軍部隊，即由袁世凱在天津小站一手打造。一八九八年的袁世凱，一身二職，一者直隸按察使（相當於今之河北省的司法廳長），一者新軍司令。尤其後者，這的確是一個炙手可熱的角色，不然，載湉皇帝也看不上他袁世凱。

一八九八年九月中旬，當載湉感到危機降至的時候，他在頤和園詔見了四十歲的袁世凱。如果說載湉還有點政治智慧，那就是他自保或想幹一番大事，首先想到了軍隊。如果說他是豬腦子，那就是他在頤和園裡、在敏感的時刻詔見新軍司令。他怎麼就忘了，頤和園裡還有一位一手遮天的老太婆呀。頤和園上下，全安插了慈禧的密探，你什麼動靜能瞞得了人家？況且那袁世凱也不是你載湉的人呀。袁世凱是誰的人？是榮祿的人（袁世凱與榮祿是拜把子兄弟）；榮祿是誰的人？是慈禧的人。換言之，袁世凱間接就是慈禧的人。

你載湉病急亂投醫地在頤和園接見袁世凱，這不明擺著找死嗎？

載湉跟袁世凱談了些什麼，我們無從知曉，但我們卻知道，他們面談之後，袁世凱被擢升為副部長（侍郎候補）。載湉啥意思，就是通過賞官的手段，企圖與袁世凱建立個人感情。前面不是說，載湉無權提升大官嗎？但袁世凱是個例外，他名氣太大，組建新軍有功，又是榮祿的人，當皇帝的說要提拔這樣一個人，誰會公然說出哪個「不」字來呢？慈禧也不會，但當她聽說這個消息後，說了句「皇上的心不小」。這就給載湉定了性了，意思是載湉想謀反呀！心狠手辣的慈禧在等待動手的機會。載湉也沒閑著。早在接見袁世凱的前兩天，他就給康有為下了道密詔。接見袁世凱後，又給康有為一道密詔。下面是兩道密詔的內容：

賜康有為　朕惟時局艱難，非變法不足以救清國，非去守舊衰謬之大臣，而用通達英勇之士，不能變法。而皇太后不以為然，朕屢次凡諫，太后更怒。今朕位幾不保，汝康有為、楊銳、林旭、譚嗣同、劉光第等，可妥速密籌，設法相救，朕十分焦急，不勝企望之至。特諭。

賜康有為　朕今命汝督辦官報，實有不得已之苦衷，非楮墨所能罄也。汝可迅速出外，不可遲延。汝一片忠愛熱腸，朕所深悉。其愛惜身體，善自調攝，將來更效馳驅，共建大業，朕有厚望焉！特諭。

第一份密詔，載湉向他的第二根救命稻草康有為求救；到第二份密詔，載湉就改變了主意，從中可以看出，他似乎對袁世凱已不抱希望。而且預知大難降至，希望康有為一走了之，保存實力，以便「將來更效馳驅，共建大業」。康有為、梁啟超、林旭、譚嗣同等維新派核心人物跪誦密詔，痛哭失聲。冷靜下來以後，幾位書生決定鋌而走險，說服袁世凱站到皇帝一邊，包圍頤和園，迫使慈禧交出帝國大權。但這個時候，改革派們已經出現某種分歧。康有為作為改革派領袖，他做出的決定是遵旨盡速離京，以免大家被一網打盡。譚嗣同做出的決定是，夜訪袁世凱，鼓動他兵變。其他人也各自做出選擇，分頭行動。

咱們單說譚嗣同，他見到袁世凱後，曉以利害，希望袁先返回天津，將直隸總督榮祿處死，然後回軍包圍頤和園，軟禁慈禧。譚嗣同身為軍機章京，名義上雖然只是一個小官，但他的實權卻相當於副宰相。老於官道的袁世凱深知譚嗣同的炙手可熱，因此予以熱情接待，甚至滿口答應了譚嗣同的要求，表示一定會效忠皇帝。然而，袁世凱一回到天津，即直奔榮祿的總督衙門，榮祿說：「袁兄何以行色匆匆？莫非有什麼急事？」袁世凱說：「你是否把我看做忠實的兄弟？」榮祿說：「那還用說。」袁世凱接著說：「皇帝派我來殺你，但是我背叛了他的計畫，因為我忠於皇太后，也愛你這個兄弟。」榮祿的感激之情難以言表，他來不及多說什麼，就急忙返回北京，去見慈禧。

頤和園的警衛制度相當嚴格，一層一層，一級一級，很難隨意逾越。但榮祿那天下午晚些時候趕到頤和園時，他並沒有遵守嚴格的禮儀，而是衝破一道道關卡，逕奔慈禧寢宮，見了慈禧上來就是三個響頭，邊叩頭邊大聲驚呼：「救命啊，太后陛下！」

慈禧聽完榮祿的彙報後，從頤和園悄悄返回北京紫禁城，並在那裡連夜召開緊急會議。在不到兩個小時的時間裡，所有屬於保守派的王公大臣，包括兩個被皇帝撤職的部級大臣，都集合在瀛台，聆聽慈禧的訓示。而這時的載湉，也正在紫禁城內焦急地等待袁世凱的行動。事實上，袁世凱已開始行動，不過不是站在載湉一邊罷了。

瀛台的會議氣氛相當緊張，帝國的王公大臣們都雙膝跪倒在慈禧面前，乞求她重新主政，以拯救處於崩潰邊緣的帝國。慈禧自是當仁不讓，她迅速安排榮祿的軍隊，把紫禁城的安全部隊統統替換掉。會議結束時，差不多已是半夜。一切安排就緒。

大清帝國歷史上又一個值得紀念的日子到來了，即一八九八年九月二十一日。這天早晨五點半，載湉準時進入中和殿細讀禮部草擬的連禱文，在他離開時，榮祿的部隊和慈禧的太監，對其實施了抓捕。整個逮捕過程，讓愛新覺羅家族蒙羞之極，因為大清帝國的皇帝在這一刻尊嚴掃地。衛兵和太監如狼似虎，撲向文弱多病的皇帝，他幾乎沒有任何反抗，就被繩之。隨後，載湉便被押送到中南海湖心小島瀛台的小宮裡。這個可憐的年輕人，從此失去人身自由。

隨之，慈禧發佈訓政詔書，重新臨朝聽政，同時下令捕殺維新人士。康有為、梁啟超得到英國和日本兩國的救援脫險（此乃慈禧深恨外國人的原因，也是後來她利用義和團仇外、排外的重要原因），譚嗣同、楊深秀、林旭、楊銳、劉光第、康廣仁、徐致靖、張蔭桓等人則被逮捕。九月二十八日，譚嗣同、楊銳、林旭、劉光第、楊深秀、康廣仁六人被斬於菜市口。徐致靖處以永遠監禁；張蔭桓被發配新疆。陳寶箴革職永不敘用。從此，所有新政措施，除京師大學堂和各地新式學堂被保留外，全部都被廢止。

整個宮廷政變，從載湉發現異常，到結束，整整一週時間。這也表明，從六月十一日至九月二十一日，為期一百零三天的第二次西化運動，以失敗而告終。

回眸一瞥論成敗

慈禧有條件支持改革

接下來，我們回顧一下一八九八年這場改革的成敗，我們僅說兩個人，慈禧與康有為。先說慈禧。種種歷史文本告訴我們，晚清近半個世紀的三次西化運動，慈禧無一例外都是支持者。關於這一點很重要，因為她實際控制著大清帝國的行政權，她不點頭、她不默許，任何人都休想搞什麼西學、西化，搞什麼改革。

咱們先來說說慈禧為什麼三次都支持西化運動。第一次，是在英法聯軍火燒圓明園之後，那時慈禧很容易地接受了以夷制夷的觀點，於是就雷厲風行地搞起洋務運動來了。這一次吧，是甲午戰爭失敗，同樣很容易地讓慈禧接受了效法日本西化的觀點，也很快就搞起來了。最後一次，是八國聯軍攻陷北京，讓慈禧更加容易地接受了君主立憲制的觀點，也很快搞起來了。你看看，大清帝國的三次西化運動，全與挨打有關。只有等到被打得鼻青臉腫了，慈禧才開始反省，才開始西化。搞不了多久，又因為種種原因，一一偃旗息鼓。其中戊戌變法即晚清第二次西化運動的結束最為突出，那就是妨害了慈禧的切身利益。

戊戌變法之初，慈禧曾對皇帝載湉說：「變法一向是我的宿願，同治的時候，我接受曾國藩的建議，派子弟出洋留學，造船製械，也算是幹出點名堂來。今天看來，還遠遠不夠，因為甲午戰爭咱們輸得忒慘。如果你能挑起改革這副擔子，只要不遺祖制，一切讓你所為，我絕不干預。」這並非慈禧矯情，也並非她作秀，她實際就這麼想的，也恨不得立馬國富民強，英法聯軍不再重演，甲午戰爭不再重演。事與願違，悲劇不僅重演，而且愈演愈烈，最終導致八國聯軍一塊上（這已不是從前的英法聯軍，也不是與日本的單挑了）。但我們不要忽略了慈禧最為關鍵的一句話，她說：「只要不遺祖制，一切讓你。」這等於說，慈禧為載湉的改革設置了一個前提條件。

慈禧說的「祖制」是什麼？這很難說，愛新覺羅家的祖制是，女人不能干政，可慈禧不僅干政，她實際還執了政。所以，慈禧嘴裡的「祖制」，可以理解為她的權力不容任何人染指。換句話說，只要保證她的說一不二的政治地位，一切改革，她都支持。與榮祿關係密切並時任京官的陳夔龍是反對變法的，但他竟明確說慈禧「無仇新法之意」，並說她之所以發動政變，乃是「利害切身」所引起的，這與我們的判斷一致。

說到廢八股的事，朝中大臣剛毅堅決反對，載湉則堅持。剛毅就說，最好還是請旨定奪。於是就把廢除科舉的提案，交到慈禧那裡。結果，慈禧完全贊成。為什麼？因為這樣的改革提案不痛不癢，與慈禧的切身利益沒有衝突。相反，倒是那些朝中大臣，則普遍反對。

所以，有人就指出，慈禧是個「但知權利，絕無政見」的老娘們。這道不失為一個中肯的評語。這也註定了改革的失敗。哪有改革只改其他領域，而保留政治領域的？如果說政治體制是一個國家的一條軌道（A），經濟、軍事、文化則是另一條軌道（B），在改革的時候，永遠只改B而不改A，就一定會出現錯軌現象。這種態勢下的國家（好比一列火車），經濟再發達，軍事再強大，它在錯軌的鐵路上行駛，遲早要顛覆；而完成顛覆行動的，正是只改B不改A的改革政策。清帝國沒有出現我所說的這種情況，因為慈禧發現載湉有違她自定的「祖制」，就來了個先發制人，結束了大清帝國的第二次改革。現在看來，是康有為們沒有把握好這個分寸，讓這位權欲無比旺盛的老太婆感到了威脅，才來了個宮廷政變，她由無形的簾子後面，又重新走上大清帝國的政治前臺。

康有為敗道

下面說說康有為。在維新運動的醞釀階段，新潮流改革派（即康有為們）把三十多年前的洋務派看作知己，並互相提攜。一八九五年十一月，康有為等在上海籌建強學會時，到南京拜訪了時任兩江總督的張之洞（洋務派）。在二十餘天的時間裡，康有為與張之洞隔日一談，每至深夜，十分融洽。張之洞回湖廣總督任上，梁啟超又去拜訪，張之洞撇下諸客推遲會見，專門與之促膝長談，他們大有相見恨晚之勢。譚嗣同對張之洞的評價是：「今之能通權達變，講求實際者，惟張香帥一人。」①

不僅如此，洋務派還積極參與新潮流改革派們發起的各種活動。比如康有為在京發起的強學會，參加者多為洋務派官員。洋務大員張之洞、劉坤一又是捐資，又是入會，這種支持幾乎就是全面而有深度的。又如上海的強學會，也是在張之洞的支持贊助（捐銀一千五百兩作會費）下建立的。因為張之洞的影響，其他洋務官員也紛紛解囊相助。湖南的新政活動，同樣得到了洋務派官員陳寶箴、黃遵憲、江標、徐仁鑄等人的大力支持。一八九七年，陳寶箴支持建立了時務學堂，聘請梁啟超為教習，熊希齡為提調。此後，譚嗣同、唐才常諸人又在陳寶箴的支持下創辦南學會、《湘報》。陳寶箴、黃遵憲諸人還在湖南推行其他一些改革，如興辦礦業、電報、輪船；仿造西方員警制度創辦保衛局；開辦新式學堂等等，使新政漸具規模。梁啟超後來回憶說：「湖南民智驟開，士氣大昌，各縣州私立學府紛紛並起，學會尤盛。人人皆能言政治之公理，以愛國相砥礪，以救亡為己任，其英俊沉毅之才，遍地皆是。」這真是要錢有錢，要人有人。所謂「好風憑藉力，送我上青雲」，也不過如此。

然而，康有為們的愚蠢就在於，他們的維新活動但見起色，便看不上洋務派了。有段時間，李鴻章表示要捐資給強學會，卻遭到康有為的嚴厲指責和抵制。李鴻章雖因簽訂《馬關條約》獲咎，但此時的他仍擁有實權，且在朝中有相當的影響力。況且，李鴻章是支持改革的。百日維新中，裁撤冗衙一事阻力很大，李鴻章在總理衙門，引經據典，制定了併裁的方案，使之得以實行。難能可貴的是，李鴻章不計前嫌，仍對康有為等人的作為讚許不一。據時人所記，李鴻章逢人就說：「我不如康有為，比如廢制之事，我幹了數十年而不能，康有為卻在極短的時間內做到了。慚愧慚愧。」即使在戊戌政變後，他仍直言逮捕新黨的做法荒謬之極。當慈禧說有人告他是新黨時，李鴻章坦然表示：「若舊法能富強，清國之強久矣，何待今日？主張變法者即指為新黨，臣無可逃，臣實是康黨。」心胸如此寬廣的一位老改革家，卻被無知的康有為們拒之門外。可惜可歎可悲。

說老實話，李鴻章比康有為們有著更深的報國情懷。他有國際眼光，有行政經驗，有人脈，可他就是沒有施展的平臺。一八九五年，李鴻章去日本簽訂《馬關條約》時，他與佐藤的那番對話，已充分表明他的政治處境。

伊　藤：十年前，我在天津時曾同大臣談過改革的問題，為什麼直到現在還沒有一件事情得到改變或改進呢？為此我深感遺憾。

李鴻章：先生，當時聽你談論此事，不勝欽佩，而且我對先生您在日本有力地改變你們的習俗，以致達到現在的水準，也十分羨慕。可是，我國的事情受傳統束縛太深，我簡直不能按照自己的願望行事。②

令李鴻章沒有想到的是，在他有生之年，同時也是在他風燭殘年之際，有幸趕上第二次西化運動。他本來可以藉機彌補自己過去未能實現的政治願景，不料康有為們不跟他玩，嫌這位老改革家名聲太臭。嗚呼，我們固然知道康有為們無知，卻沒有想到他們的無知，比我們想像得還嚴重。他們難道不知道簽訂《馬關條約》的真正罪魁禍首是慈禧嗎？連這見識都沒有，他何以輔佐皇帝進行改革？難怪他們的改革百日即亡，只因這位新黨領袖太過於鼠目寸光。如果說康有為的上書請願預示著他的出道，那麼，他把李鴻章拒之門外的短視行為，則是不折不扣的敗道行為。中國人所說的搬起石頭砸自己的腳，就指這類行為。

康有為們的失道是一個因素，還有就是改革本身的問題。戊戌變法一百零三天，改革的法令頒佈一百一十多件。這些法令雪花般飛下，狂掃一切弊端。康有為們希圖在短時間之內，把大清乃至數千年來的所有問題都解決掉。連康有為的弟弟康廣仁都抱怨說，變法規模太大、包攬太多。因此，它所觸動和傷及的面就太廣。以廢科舉為例，張之洞曾對梁啟超說過這樣的話，他說我不願聯名上折請廢八股，是因為「恐觸數百翰林，數千進士，數萬舉人，數十萬秀才，數百萬童生之怒」。再以裁冗為例，此一計畫，將使全國成千上萬的官吏丟掉烏紗帽。陳夔龍就說：「京師閒散衙門被裁者不下數十處，連帶關係因之失職失業者將及萬人。朝野震駭，頗有民不聊生之慼。」裁減綠營，同樣使幾十萬綠營官兵和旗人感到恐慌，他們因此詛咒新政也最烈。

我指責康有為鼠目寸光，並非替滿清的寄生蟲們和冗官們說話，而是說，假如戊戌變法能夠循序漸進，或許這場改革走得會遠一些。治國不能沒有學者，更不能缺乏起碼的執政經驗；治國缺少文氣，那跟土匪執政沒什麼兩樣；治國缺少執政經驗，就會因為酸腐而把一切搞得一塌糊塗。說來說去，康有為們沒有和李鴻章們結合，想來這才是戊戌變法的最大敗筆。

① 一八九七年十一月，德國強佔膠州灣。同年十二月，康有為第五次上書，代表國人表達激憤之情。一八九八年一月二十九日，康有為第六次上書《應詔統籌全域折》，皆無果。

② 張之洞號香濤，總督乃「帥」也，故有張香帥一說。

第四章

把帝國擊碎

慈禧

舉足輕重小李子

不遺不棄的搭檔

大清帝國的改革失敗了，保守派們又回到了從前以腐爛為格調的生活，慈禧也再次從政治的後臺走向前臺。這下后黨集團總算心安理得，舒坦了。

在后黨集團中有一個顯著的人物，在前面幾章裡，我們很少讓他出來現眼，他就是大名鼎鼎的太監總管李蓮英。慈禧一生重用的太監只有兩個，一個是安得海，一個就是李蓮英。這兩個太監各有一個諢名，在坊間叫得叮噹作響，曰：小安子、小李子。至今，只要一提小安子、小李子，人們便知道那是慈禧恩寵的兩個太監。因為恩寵，讓他們做了太監總管。安得海鬧得不像話，跑到山東斂財時，被當地官員處死。李蓮英從安得海身上學到經驗，在對待大臣的問題上，出宮「視察」的時候，就格外的低調，①因此他才避免了安得海那樣的結局。也正因為如此，他才成了一個「隱相」。事實上，慈禧時代，清帝國的大政，很多就是慈禧與李蓮英商定的。所以，我們說李蓮英為帝國二把手，也不為過。

李蓮英生性乖巧，也就特別的討人喜歡。主奴社會（即專制社會），做主子的心狠手辣，他才坐得穩主子；做奴才的徹底到位，他才坐得穩奴才。慈禧算得上心狠手辣，所以她坐穩了主子；李蓮英算得上奴顏婢膝，所以他坐穩了奴才。慈禧與李蓮英相生相伴近四十年，無論是從主奴搭檔來講，還是從政治搭檔來講，這都是一個奇蹟。哪有相生相伴四十年不遺不棄的？除了夫妻或血緣親情之外，哪有如此持久的？即便有，也絕對不多。而擺在面前的這個例子，就說服了我們，意外是可以發生的，正如貪腐集團裡偶爾也會出個把清官的意外一樣。

老佛爺的由來

有時也不免去想，李蓮英是如何坐穩奴才的呢？這裡先舉一例。慈禧四十歲那年，總有些鬱鬱寡歡的樣子。這裡面有兩個因素，一是她這年喪子。載淳雖然不為慈禧所喜，但那畢竟是她唯一的兒子，這喪子之痛，還是有的。二是載湉的即位，使她的二度垂簾聽政存在極大的悖逆。要垂簾聽政，也輪不到慈禧這位當姨媽的。載湉有自己的母親，也就是慈禧的妹妹。載湉當了皇帝，該垂簾聽政的，當是他的母親。因此，慈禧雖然二度垂簾聽政，畢竟還有反對的聲音。對於權欲極深的慈禧來說，這是她所不能容忍的。一切新老專制主義者都如此，他們總是希望世界多元化（即什麼制度都有，什麼聲音都有），卻在自己的國內，大搞一元化（即單一制、一種聲音）。慈禧是獨裁也獨裁了，專制也專制了，可她仍要剪除那些在她看來的所謂雜音、噪音，剪不乾淨，除不利索，她就心有不甘，於是就整日悶悶不樂，鬱鬱寡歡。身為奴才的李蓮英，看在眼裡，急在心裡，他決定為主子解解悶。於是，便令人在萬壽寺大雄寶殿的後面，建了一座佛。

那尊佛建成後，李蓮英便裝瘋賣傻地對慈禧說：「我聽人說，萬壽寺大雄寶殿常常有雙佛顯光，這是大吉大利的兆頭呀，奴才想請太后駕臨觀賞。」慈禧信奉佛事，聽李蓮英這麼一說，即刻來了精神：「是嗎？快走快走，咱們去看看。」隨之擺駕出宮。出西直門，下高粱橋；再上皇船，沿長河，直至萬壽寺。慈禧上罷碼頭進山門，直奔大雄寶殿而來。如潮的隨從，前呼後應。慈禧進得殿來，不見所謂雙佛顯光，頓時勃然大怒：「這裡明明是原來的三世佛嘛，哪來的雙佛顯光？」李蓮英慌忙解釋說：「太后息怒，請您後殿御覽。」

慈禧這才漫不經心地轉到後殿，眼前為之一亮，一尊慈眉善目的觀世音坐在殿中央。萬壽寺方丈、住持，以及文武大臣，早已恭候在此。慈禧立時心裡就樂開了花，她不及做出任何反應，就聽李蓮英高聲喊道：「老佛爺到。」經過彩排訓練的眾人，齊刷刷跪倒在地，高呼：「恭迎老佛爺！」慈禧幾乎就要笑出聲來了，她強行抑制住自己的喜悅之情，裝聾作啞地問道：「你們這是迎接哪位老佛爺呀？」李蓮英迫不及待地答道：「就是迎接太后您老佛爺呀！您就是當今救苦救難的觀世音菩薩啊！如今先皇晏駕，新皇尚幼，國不可一日無主，臣民們請您垂簾料理朝政，您可要救庶民於水火之中啊！」李蓮英一席話，說得慈禧心花怒放。從此，慈禧也就不再把朝野內外的雜音、噪音放在心上，因而得以安心垂簾，放膽聽政了。老佛爺的稱呼，也由此成為慈禧響噹噹的別名。

慈禧垂簾聽政，搞定的是一國之乾坤。李蓮英精緻的拍馬工程，搞定的只是一人的乾坤，這個人就是慈禧。換言之，慈禧能搞定全國，李蓮英卻能搞定慈禧。你說，這對搭檔還能不是政治上的嗎？

不過，你千萬不要把專制政治看得過高，也不要聽信獨裁者「當前政治局勢複雜多變」的那些鬼話，因為天底下最好操弄、也最小兒科的政治，就是主奴政治。專制社會裡的每一位獨裁者手裡，都握有一根看不見卻威力十足的魔棒，說白了就是獨攬一切的大權。一個極權人物，只需揮動手裡的那根魔棒，他就無所不能，無往而不勝。那根魔棒輕輕一點，它可以使一個人變成狗，也可以使一頭豬變成高官。總之，只要握著魔棒的人樂意，讓一個人成為什麼，全看他的需要與高興。比如慈禧，她握著魔棒輕輕一點李蓮英，小李子搖身一變，就成了慈禧的特別代表，到全國各地去視察。這時的小李子，就是高官的化身，乃至是一人之下萬人之上的「隱相」。有一天，李蓮英惹慈禧不高興了，慈禧拿魔棒一點，小李子又成了一隻喪家狗（參見〈最是倉皇辭廟日〉一節）。

所以我說，主奴政治最簡單。一個人只要具備兩個條件，他就可以獲得那根魔棒了（魔棒分若干級別：極權棒、高官棒、州縣棒），一靠運氣，二靠齷齪。只有民主社會，才對政治人物有智慧與才能要求；主奴社會，則完全靠運氣和齷齪。明朝太監魏忠賢，靠運氣執掌帝國大政八年；慈禧老娘們，靠運氣執掌清帝國大政近半個世紀；白癡型政客契爾年科，靠運氣當上前蘇聯領導人。齷齪是什麼呢？就是你必須是一個訓練有素的奴才，主子惱誰，你對誰落井下石；主子喜誰，你就抬舉誰；主子喜歡狗屎，你就把狗屎美化為金子；主子不喜歡寶石，你就把寶石醜化為牛糞。總之，如狗如奴，順著主子，保證沒錯。這些小伎倆、小把戲，對於一個太監都綽綽有餘，何況對於那些政客呢？

腦筋急轉彎

有關李蓮英如何坐穩奴才，我們這裡再舉一例。李蓮英的靈巧就表現在，他還特別善於腦筋急轉彎。用北方話說，就是腦子來得快。

我們都知道，慈禧這人權力之外的最大愛好，就是看戲。戲演完了，現代的做派是，領導人親自跑上舞臺去接見演員，然後合影，以示對於文藝界的重視。慈禧那陣兒還不興這個，她要是高興了，就會賞賜藝人，比如她吃剩的一些東西。你不要小看這種賞賜，你藝人怎麼啦？不就是戲子嗎？你敢嫌棄當今老太婆？她一個不高興，你的小命都丟了。再者說了，連皇帝、皇后等，都要時時吃慈禧吃剩的東西，你個戲子難道還要高皇帝一等不成？也別說，真有這樣的刺頭，名滿天下的楊小樓就嫌老太婆噁心，說什麼都不吃她吃剩的東西。那天看完戲，慈禧把楊小樓召到面前，她指著桌子上自己吃剩的糕點說：「這些東西就賜給你，帶回去吃吧！」

大清帝國的領導人好小氣，她竟然賜殘羹與藝人。這也太作踐文藝工作者了，這要擱在今天，那著了名的文藝工作者，動輒就要耍大牌哩。又一想，不對不對，今天著了名的文藝工作者，哪能跟楊小樓比？楊小樓耍大牌的對象是一國領袖，而今天著了名的文藝工作者，他們充其量也只敢跟導演啦、簽約公司啦耍耍大牌，換換對象，尤其換成黨政高層、換成高官，他們馬上就自我矮化，男藝人矮化得如奴如僕，女藝人矮化得如娼如妓，唯恐錯過被官員和諧的機會。再來看看楊小樓，他按照時俗禮規先是叩頭謝恩，接著便說：「叩謝老佛爺，這些貴重之物，奴才實不敢領，請恩賜點別的……」

這還了得！在帝制時代，慈禧那就得說是說一不二的女皇了，她性烈如火，賜東西你不要，就是對她的極大不尊重。這叫啥？欺君之罪呀！老太婆一抹臉，說不定瞬間這楊小樓就被拖出去砍了。謝天謝地，慈禧這天的心情不錯，沒有發火。她問楊小樓：「你要我賜你什麼呢？」楊小樓叩頭說：「老佛爺齊天洪福，不知可否賜個字給奴才。」哇塞，這楊小樓畢竟是個文化人，也虧他想得出來，向帝國最高領導人索取墨寶。慈禧聽了也很高興，給人題詞的事，比桌上的那些殘羹優雅多了，也顯得很有檔次。於是，慈禧讓太監趕緊捧來筆墨紙硯，揮筆就寫下一個「福」字。

慈禧剛寫完，一幕「國王的新衣」就上演了。皇室一個小孩看了慈禧寫的字，自言自語地說：「福字是『示』字旁，不是『衣』字旁，老佛爺寫錯了。」這可真是童言無忌了，慈禧頓失臉色，且尷尬萬分。這一提醒，楊小樓仔細一看，那福字果然寫錯了。慈禧賜的墨寶，你拿回去必須請人裝裱，然後，找那最尊貴的地方掛起來，當慈禧本人供著。否則，就是欺君之罪。楊小樓是名人，家裡常常是賓客盈門，人若看了慈禧的別字，一有議論，這又是一個欺君之罪。所以，他橫豎都不敢拿這幅字回去。前已拒絕一回恩賜，這一次是他自己提出來的，再拒絕，欺君之罪是跑不了的了。因為想不出更好的辦法，楊小樓急得直冒冷汗。而慈禧呢？她也左右為難，不知如何是好。

時間在那一刻，被冷凍住了。就在大家一籌莫展的時候，一旁的李蓮英靈機一動，馬上笑呵呵地說：「老佛爺之福，比世上任何人都要多出一點呀！」尷尬的局面立時被打破，楊小樓順坡下驢，連忙叩首道：「老佛爺福多，這萬人之上之福，奴才怎敢領受呢！」慈禧也正為下不了臺而發愁，聽楊小樓這麼一說，亦趕忙順水推舟，笑著說：「既如此說，那就改天再賜你吧。」一場尷尬、一場危機，就這樣被李蓮英輕輕化解了。如此一個乖巧、機靈的人，如何不討慈禧的喜歡呢？

首席宮女與首席太監

上面的例子，只是在於說，李蓮英是多麼的乖巧、機智。那麼，深得慈禧喜歡的李蓮英，又得到怎樣的寵愛呢？得到寵愛的李蓮英，又有些怎樣的作為呢？這正是下面所要講的。

李蓮英與慈禧的住處很近，這顯然是為了便於李蓮英的工作。同時我們也不能忽略，慈禧實際上是離不開李蓮英的。在慈禧的生活中，除了一項缺失之外，其他幾乎全是完滿的。在外人看來，至少如此。慈禧缺失的是什麼呢？她缺失的是對於家的擁有。慈禧擁有一個帝國，卻無法擁有一個家。這說起來，顯得特別可憐。無論對於男人，還是女人，家則意味著另一半的相生相伴。子女遲早是要單飛的，廝守終老的，往往就是你的另一半。而這最普通的權利，富有一國的慈禧卻沒有。她不可憐嗎？可憐。所以，慈禧幾乎每天都不開心，就因為她缺乏家庭的關愛，身邊缺少一個丈夫。

人到了一定的年齡，性愛就不大重要了。這就是老話說的，少做夫妻老做伴。人到老了，更多的家庭需求，是另一半的如影相隨。慈禧一天天老去，身邊卻沒有丈夫。她當然不可以改嫁，誰能娶她？按照他們滿人的習俗，她或許可以改嫁，問題是，滿朝文武中的滿人，誰有資格娶她？榮祿有這資格，可榮祿有家，偶爾進宮伺候伺候慈禧還可以，作為伴侶就辦不到。榮祿之外，就沒有人再有資格了。至於漢人，滿漢通婚尚且不易，就別說是慈禧本人了。再再說，滿洲人入關兩百多年，文化上早已完成漢化，他們飽受儒家文化的影響，一個女人到了一大把年紀再婚，尤其是帝國一把手慈禧，別說滿朝文武不答應，就是慈禧本人也不肯。所以，慈禧再婚之類的話題，幾乎就沒有出現過，而關於她淫亂的小道消息，倒是不少。

為了調和自己的情緒，彌補家庭之不足，李蓮英就成了慈禧不可或缺的另一半。說到這裡，使我們想起歷代皇宮裡的兩種人，一為宮女，一為太監。這是兩個不幸的群體，被醜陋的宮廷制度撮合在一起。或者說，是工作在一起。他們年輕的時候，效力於皇室，除極少數人伺候皇族外，大多數人在皇宮裡幹的是最下賤、最粗重、最辛苦的工作，如倒馬桶、洗馬桶、餵牲口、挑水、修繕等等。等他們老了，幹不動了，就可以享受退休待遇了。說來可憐，什麼退休，簡直就是等死嘛。太監、宮女怎樣進入老境呢？就是拉郎配，一個老太監配一個老宮女，讓他們生活在一起。你想想，太監老了，不能還鄉；宮女老了，不能回家。多可憐可悲！太監宮女，死都要死在皇家指定的地方，在那裡寂寂而終，臨了連骨灰遺骸，都不得讓其家人領走。這等於說，太監、宮女一入宮，就再也出不來了。更可憐的是，太監配宮女，這是對人性的極大摧殘。

可是，慈禧與李蓮英也那樣呀。李蓮英是老太監，慈禧何嘗不是清宮裡的首席老宮女呢？惟其不同的是，其他老太監、老宮女身不由己，「終身大事」不由自己說了算。而慈禧的「終身大事」，卻是由自己來把握的。所以，慈禧把李蓮英當做她的終身伴侶來看待。慈禧和李蓮英雖不能做夫妻，也恰恰因為李蓮英的太監身份，他們卻正好可以光明正大地老來做個伴。這是無可指責的，也是見容於儒家社會的。

因為是伴的關係，在慈禧與李蓮英之間，似乎那種君臣界限很模糊。慈禧悶的時候，見李蓮英不在身邊，她也不讓人去叫，而是自己散著步，就溜溜達達，去了李蓮英的住處。女皇到一個太監的寢室去坐坐，這是絕無僅有的榮耀。就是男皇，也絕不肯、也不能屈尊一個太監住處的。而李蓮英卻能擁有這樣的待遇，慈禧可以隨意在李蓮英的院子裡、屋裡亂轉，東瞧西望，賞花喝茶。李蓮英雖然不時表現出受寵若驚的樣子，可他們主僕之間，還是顯得很隨意，很放鬆。慈禧第一次臨幸李蓮英住宅的時候，李蓮英鄭重其事地把慈禧坐過的椅子，用象徵皇家的黃布包上。慈禧去過李蓮英宅院多少回不得而知，我們知道的是，在李府有八張椅子全部被包上了黃布。慈禧每每到了李府，看著自己坐過的那些椅子被包起來，就深感她的這位李總管既忠心，又細膩，因而對他愈加信任。你也別擔心李府沒有椅子坐了，只要慈禧能來坐坐，別說是八把椅子，就是八十把、數百把，偌大的李府也放得下。

因為這種關係，李蓮英就是到了頤和園最最尊貴的地方——慈禧寢宮，也不必多禮，而且可以賜座。也就是說，李蓮英可以和女皇慈禧面對面坐著拉家常。不僅如此，他們二人還常在一起並坐聽戲，凡李蓮英喜歡吃的東西，慈禧多在膳食中為他留下來。甚至每天三頓飯，早晚起居，慈禧與李蓮英都互派太監問候，或兩人當面問候。無論是在中南海，還是在頤和園，慈禧經常主動去找李蓮英玩：「連英啊！咱們遛彎去吧！」有時，兩人遛彎遛到慈禧的菜地，他們就採摘一些回來。在慈禧寢宮，大清帝國的主宰，會毫無架子地給李蓮英做頓小吃。因為自我滿意，就問：「蓮英啊，我做的菜不比御膳房做得差吧？」李蓮英那張嘴，就會說：「那自不用說，要不怎麼您是老佛爺呢？配享老佛爺的人，不幹是不幹，要幹，幹什麼都不輸人。」

慈禧笑道：「蓮英啊，你不用拍我的馬屁。」李蓮英道：「我是老佛爺什麼人呀？就是說了幾句奉承的話，你也不覺得我虛偽。」慈禧哈哈大笑：「蓮英啊，天底下就你會說。也別說，要是那些文武大臣這麼拍我的馬屁，我早就惱他們了。你在我面前，說什麼都不過分，我也喜歡聽。」這家常就這麼拉著，一會兒吃，一會兒穿，一會兒政，一會兒長生不老術，談著談著就到了深夜。說來，這也是常事。

話題多了，談興濃了，家常與國策，也實在難以區分。李蓮英也就由此——身不由己地切入清帝國的大政。聊天的時候，慈禧常常在人事安排、對外政策等問題上，順便徵求李蓮英的意見。李蓮英也是順勢而下，提出自己的看法。慈禧覺得李蓮英的意見很有道理，因而多有採納。漸漸的，李蓮英的意見，也就成了慈禧的意見。無怪乎李蓮英晚年與人談話時，每每提及慈禧，他總是用「我們」二字。可見，他與慈禧之間、主奴之間的那根線，是何等的模糊。

李蓮英手下的太監們，也都不是省油的燈，他們看到李總管家裡的那些黃布包裹的椅子，聽到李總管嘴裡「我們我們」地談論老佛爺，就知道李蓮英不僅僅是他們太監的李總管，而且是整個帝國的李總管，是一人之下萬人之上的李宰相。所以，那些猴精似的太監們，私下都稱呼李蓮英為九千歲。你知道誰還配稱過這一稱號嗎？那閹人就是明朝的魏忠賢呀。因為李蓮英權重，滿族高官才熱衷於屈尊李府，拜謁李蓮英李大總管。這時的李蓮英，才配稱清宮裡的首席太監，也才配得上清宮裡的首席宮女慈禧。說大清國被慈禧玩弄於股掌之間不準確，應該說是被慈禧與李蓮英玩弄於股掌之間。

李公也這麼說

李蓮英的政治地位，眾所周知。趨炎附勢的人，也就順杆爬。我們這裡僅舉一例，一九〇〇年，保守派大臣端親王載漪，無論在慈禧面前，還是在軍機處，每每談及義和團，他必定說李總管也贊成此議，或曰李公公也這麼說、李公公也是這個意思。載漪之所以這麼做，目的是堵住反對者之口，因為他知道李總管的意旨，沒有人敢反對。慈禧或軍機大臣也很愛聽類似的話，以為李總管、李公公贊成的，必定是有把穩的事。在慈禧看來，不能說「老頭子說得都是對的」，起碼這裡面有個「知己效應」。平時，她與李蓮英幾乎不分彼此，關係上不是老伴，勝似老伴。李蓮英的話聽多了，又順耳，又好聽，順勢而下，李蓮英的任何話都中聽了。

李蓮英畢竟是太監，他管管太監、理理內務府還可以。義和團的事，對外的事，卻是他所把握不了的了。他是慈禧的家奴，但同時又是一個人，因而他也有自己對時局的看法，這都正常。問題是，他特殊的身份，會使他的觀點，變成公共認識。載漪借重李蓮英的話，推動自己的政治意願，慈禧認可，那是「知己效應」。軍機大臣們予以呼應，看中的是慈禧說一不二的權力；而這個政治至尊的老太婆，又最愛聽李公公的話，你不響應「李公公也是這個意思」的意思，就是反對老佛爺。誰願意誰又敢站到老佛爺的對立面去呢？你就不怕丟腦袋嘛？因此，聰明的載漪只要一拋出「李公公也是這個意思」，他的政治議題也就很容易獲准通過。因為屢試屢爽，滿朝文武大臣都找到了這竅門，「李公公也是這個意思」也就成了大清帝國的一道金字招牌，人人扛起，一到關鍵時刻，把此話一拋，文武大臣全被鎮住了。於是，中央政府只剩下了一個聲音，那就是大太監李蓮英的聲音。

當大清帝國用同一個聲音說話的時候，義和團就成了中央政府拿來對付西方人的利器。我們很難想像，如此重大的決策，竟然出自一個太監也贊成。既然「老頭子說得都是對的」，慈禧就下令，鼓勵義和團多殺西方人，以殺洋人的多少，論功行賞。因是巨額賞金，又得到老佛爺的堅定支援，清帝國突然之間變成了一個巨大的火藥桶，瞬間爆炸，殺洋人，搶店鋪，燒豪宅。連帶之下，許多清國人也都成了被燒殺掠奪的目標。那結果大家都是知道的，我這裡先一筆帶過，後面還會專門來講。

褒貶不一的人

總的來說，李蓮英是個褒貶不一的人。其爭議性，主要來自他是否貪。一種觀點認為，這位李公公相當貪。在晚清小說《官場現形記》中，那位黑大叔，就是李蓮英的化身。李蓮英有多貪呢？他都「黑大叔」了，你說有多貪？

如果你認為那是小說，我們就從歷史的角度去看看李蓮英之貪。有很多史料，矛頭直指李蓮英，如說重修頤和園時，李蓮英及其手下侵吞大量工程款。如一八八六年四月，直隸總督兼北洋大臣李鴻章，說北洋海軍已訓練成軍，奏請朝廷派大臣前往檢閱。慈禧接報，便派總理海軍衙門大臣醇親王奕譞前去視察。奕譞乃當今皇上載湉的生父，當年，當他得知自己的兒子被確定為皇位繼承人時，頓時就嚇得暈厥過去。他深知慈禧是什麼人，所以，處處格外小心。這次讓他出外視察，海軍那是什麼地方？是帝國最為敏感的一根神經呀，是鬧著玩的嗎？他去了，要不要接觸海軍高層？要不要發表講話？要不要吃飯？到處都是慈禧的密探，稍有不慎，就會引來慈禧對自己的猜忌，乃至殺身之禍。考慮再三，他主動要求派李蓮英隨行。慈禧也是這麼想的，就當即批准了。

李蓮英與奕譞同往旅順、威海視察海軍，時人都評論說，海軍高層對李總管的尊敬，遠遠高過醇親王奕譞。凡北洋官員，自海軍提督丁汝昌以下，莫不竭誠盡力，以討好李蓮英。據信，李蓮英此行所受到的諂媚與賄賂，無以計數。奕譞與李蓮英回京後，監察御史朱一新向皇帝上奏，說派一個太監去視察海軍，是對大清帝國的嘲諷。同時，他強烈批評李蓮英妄自尊大，收受地方官員的賄賂，理當嚴厲查處。這也就是李蓮英，換成醇親王奕譞得到這樣的惡評，早獲罪不淺了。

有人說，李蓮英權傾朝野，收受賄賂：「干預朝政，廣植私黨」。還有人說，「他權力甚大，除召見外，無論任何事情，他都有權行使。因為太受太后的寵信，並允許他斂財，除榮祿外，其他大臣及太后的家屬，都不敢與他相比」。②更有人說，一八九八年之後，李蓮英曾誇口說，百官的升降，都由他隨意決定，連皇帝也不能奈何。③最後一種說法，顯然就太過了。

晚清改革派人士王照有不同的說法，他說醇親王奕譞去旅順、威海視察，每次接見文武官員，都讓李蓮英作陪，是以避嫌。而李蓮英則記著安得海的教訓，每天穿著樸實，替親王奕譞拿著一支旱煙袋，隨時裝煙、遞煙（這在姜文主演李蓮英的一部電影裡，得到體現），回到住處則不見一個來訪的人。因在朱一新的奏摺裡，沒有舉出一例李蓮英受賄的事證，亦無其他違法事實，慈禧一怒之下，將朱一新由御史降為主事。

就李蓮英干政、貪污與否的問題，我的看法是，李蓮英在政治上可以左右慈禧的想法，卻無法主導百官的升降。別說慈禧不允許，就是李蓮英本人，以他圓潤的性格和乖巧，以他的前車之鑒安得海的教訓，他都不會去直接干預提拔誰、不提拔誰。他真心要那麼幹，慈禧也不幹。除非慈禧不是女強人；除非李蓮英趕上魏忠賢那樣的宮廷環境。李蓮英的貪污是沒有問題的，至於怎麼貪，那是很講究技巧的，也很隱諱。所以，取證就成了問題。慈禧自己就講，大清的官員沒有不貪的，更何況靠近極權的李蓮英呢？貪歸貪，李蓮英好像還有點「君子愛財，取之以道」的味道，載湉和慈禧過世後，據說他把自己歷年得到的價值連城的賞賜、收藏的珍寶，都交給了隆裕太后（慈禧的侄女），然後隻身一人，告老還家。如然，李蓮英也不像是一個愛財如命的人。至少在物質方面，李蓮英還算拿得起，放得下。

李蓮英與載湉

接下來，再說說李蓮英與皇帝載湉的關係。有人說他們關係非常壞，彼此視為冤家對頭；有人說，他們關係和諧，彼此關照。以一九〇〇年他們在西逃路上為例，說有一天，西逃隊伍走到保定住下。慈禧睡覺的地方被褥鋪陳華美，李蓮英住的稍差一點，但也很不錯。而皇帝載湉睡覺的地方卻很淒慘。李蓮英侍候慈禧睡下後前來探望，見皇帝在燈前枯坐，無一人在內值班。一問才知，皇帝竟然鋪的蓋的都沒有。時值隆冬季節，載湉冷得根本無法睡覺。所以，只好坐著。李蓮英觸景生情，當即跪下，抱著載湉的腿就痛哭不止：「奴才們罪該萬死！」說完，跑回去，把自己的被褥抱來給載湉用。後來，載湉回憶西逃的苦楚時曾說：「若無李諳達，④我活不到今天。」

另有人說，李蓮英和載湉皇帝感情極深。據說，在光緒被囚禁瀛台的日子裡，李蓮英常常陪伴在載湉左右。載湉臨終時，甚至拉著隆裕皇后的手，親口囑咐要「善待李蓮英」。這種說法，大可存疑。慈禧是眼裡不容沙子的人，載湉就是她眼裡最大的沙粒。李蓮英那麼一個會看風使舵的人，怎麼會沒事跑去伺候一個被囚禁中的皇帝呢？如果說李蓮英有心兩面討好，儘量做到在皇族之間八面玲瓏，那倒也值得一信。問題是，政治不允許他做一個兩面派。只能說，他在皇室成員之間倍加小心罷了。這是不得已的一根鋼絲繩，他走也得走，不走也得走。我們注意到，在滿清官員撰寫的回憶錄中，無一人說李蓮英的壞話。可見李蓮英的鋼絲繩技術還算不錯。再從李蓮英的晚節來判斷，如果一定要說他始終立於不敗之地，也未嘗不可。

慈禧去世三個月後，即一九〇九年二月二十一日，李蓮英離開生活了半個世紀的皇宮。當時主政內宮的隆裕太后，為感謝李蓮英對皇宮的貢獻，准其原品休致，就是帶原薪（月六十兩白銀）退休。一九一一年，六十四歲的李蓮英死了，清廷撥付一千兩白銀，為其在北京恩濟莊的太監墓地，修造了一座豪華墳墓。作為一個太監來說，這也不失為一種尊嚴。對於李蓮英個人來說，這也叫做壽終正寢了。從這些資訊來判斷，舉足輕重的小李子，其為人處世，真的很圓滑老道。

① 康熙末年規定，太監品秩最高為五品，最低者八品；乾隆時改為太監品秩永不得超過四品。慈禧執政時，打破祖制，賞時年四十六歲的李蓮英二品頂戴花翎。李蓮英知道安得海的教訓，僅戴四品頂戴。

② 《慈禧統治下的大清帝國》第四十九頁。

③ 《慈禧統治下的大清帝國》第四十九頁。

④ 諳達：老夥伴或師傅之意。

誤入歧途梅花拳

慈禧排外

在上一章節，我們已經切入義和團的話題。那麼這一節，就是專門針對義和團來說事的。說義和團之前，先來說說慈禧的排外。其中的原因就在於，沒有慈禧的支持，就沒有義和團的興盛。

慈禧為什麼要支援民間組織義和團呢？話要從她個人的經歷說起。注意，我說的是她個人的經歷，而非出於帝國大局這個角度。戊戌年間的宮廷政變結束後，皇帝載湉的追隨者，殺頭的殺頭，逃跑的逃跑，可主使者載湉還「逍遙法外」，這很使老太婆不能容忍。怎麼辦呢？殺了載湉，政治風險太大；囚禁載湉？已經囚禁了，可慈禧橫豎難舒胸懷，那口惡氣就是不知從哪裡出。想來想去，決定把載湉從皇帝的寶座上給拉下來。你說別人要這麼幹吧，還要「捨得一身剮」，才「敢把皇帝拉下馬」。慈禧完全不用這個，只要她願意，她手裡的任何皇帝，都可以像秋風掃落葉一樣，飄然而下，而她自己毫髮無損。

說慈禧拿別人的冕不當回事，那基本都是甲午戰爭之前的情形。甲午戰後，有很多外部因素注入大清帝國。在西方國家看來，偌大一個清國，卻被小小島國的日本打得一敗塗地，這太不可思議了。冷靜下來以後，他們想起一百多年前，英國使節馬甘尼的一個判斷：清王朝將會破產。清日甲午戰爭，清帝國的慘敗，已經應驗了馬甘尼的預言。這時的西方人，開始重新評估清帝國，以及他們之間的關係。因為西方人做出了新的定位，當慈禧決定廢黜載湉，另立一個皇帝時，各國駐華使節表示深度關切。他們認為，清國政權的更迭，不符合各國的在華利益。因此，一致表示反對讓載湉下臺。

無形中，載湉這位改革派領袖一下子得到各國的支持。自然地，慈禧也就把各國的行動，看做是站到了她的對立面。這更加激怒了慈禧，於是她想到謀殺，每天命皇家御醫進宮，給載湉看病。然後對外造勢，說皇帝病情嚴重云云。這反而加大了各國公使的強烈關注。延及開來，各省高官也紛紛加入進來，要求保護皇帝。慈禧不斷地在宮裡發火，看見太監不順眼，就打太監；看見宮女不順眼，就打宮女。她幾乎是見誰罵誰，惱誰打誰。最終，慈禧還是一意孤行，決定曲線自救，立一個太子，徹底架空載湉。

一八九九年，慈禧宣布，立載漪的兒子溥儁為皇太子。在他們滿人來說，皇太子就是大阿哥。慈禧示意各國使節進宮道賀，可各國使節根本不理這個茬兒。這不僅使慈禧難堪，也使她架空載湉的計畫落空。就在這個節骨眼上，受到外國人保護的不同政見者康有為、梁啟超，在日本發表文章，戳穿慈禧的政治陰謀。慈禧簡直到了怒不可遏的地步，她的發飆一天比一天迅猛了。太監、宮女，但能躲得開的，都躲了慈禧。值日躲不開的，也都把頭垂著。這也讓慈禧怒火中燒：「耷拉個葫蘆（腦袋），你給誰出喪哩？」李蓮英見慈禧天天惱怒，就謹慎地提醒說：「老佛爺近來肝火太旺，是不是請御醫把把脈？」慈禧一聽更火了：「我沒病！這都是讓洋鬼子給害得。宮裡宮外，這麼多奴才，沒有一個人為我出主意。你們倒是說說，咱們該怎麼對付這些洋鬼子。」

李蓮英趕緊把話遞上：「奴才聽說，山東那邊的拳民很是愛國，他們有一種神奇的法力，用不著變什麼法，改什麼革，只要口中念念有詞，洋人的槍炮就蔫了。」慈禧立時心情轉好：「蓮英啊，你咋不早告訴我。前些日子，還有大臣跟我說起這事。這兩天，叫可恨的洋鬼子給鬧騰的，我倒把這茬兒給忘了。我記得端親王就給我提過這事，他還說，你也贊成義和拳滅洋人的威風。」李蓮英小心著說：「這都是奴才不成熟的一點意見，不知對不對。所以，一直沒敢跟老佛爺說這事。」慈禧半是嗔怪地說：「蓮英啊，成熟不成熟，你有什麼意見，都要跟我說。你必須站在我一邊。合宮上下，我就你一個知心人了，你可不能外道。」李蓮英唯唯是喏。慈禧又說：「你快給我細細講講義和拳的事。」

義和團的緣起

李蓮英怎麼向慈禧介紹義和拳，咱們按下不表。在這裡，我先來說說義和團的三個發展階段：梅花拳→義和拳→義和團。由此我們可以看出，一個民間組織的演變。梅花拳，為民間習武階段；義和拳，為官方引導性階段；義和團，為官方全面介入階段。

關於梅花拳的緣起，說法很多。中國歷史的特點是，帝王將相主導一切。梅花拳屬於民間，它的事蹟也就鮮見於歷史文本。後來人們重視文化了，重視歷史書寫了，才想到去挖掘梅花拳的歷史，因此造成不計其數的版本。不過在我看來，梅花拳起源時間的早晚都不重要，重要的是，我們要知道，梅花拳就是一個強身健體的載體。在中國北方農村，每到農閒，或春節前後，習武健身，幾乎成為一種傳統。我小時候就是這麼過來的。習武的農民組成一個團隊，行話叫做「武場」；平時練，正月十五演。說是演，那可是真刀真傢伙，也常有人受傷。「散燈」（元宵燈節）後，刀槍入庫，馬放南山，該幹嘛就幹嘛去了。想來，各地的梅花拳組織，也不過如此。用今天的話說，這也叫自娛自樂吧。

梅花拳是民間秘密會社組織，乾隆、雍正的時候，最怕這個，所以才有文字獄。也別說是清初，是個專制集團就怕民間組織。民間人士，一旦集而會之，專制主義者第一想到的，就是人家要顛覆他的位子。所以，對民間組織千方百計的予以剿滅；剿不滅的就控制使用。唉，對了，梅花拳就屬於被控制使用的那一類。

一八九七年十一月，山東發生曹州教案，兩名德國傳教士被衝入教堂的村民打死。德國立即做出反應，乘機出兵佔領了膠州灣和青島。德國皇帝對其艦隊說：「如清國阻撓我方的行動，以老拳相向即可。」

德國的行動，加劇了山東各地的排外情緒。雖然我們不知道村民因何衝入教堂，並殺死德國傳教士。但我們知道，自鴉片戰爭以來，在短短的幾年裡，列強對清國的瓜分，還是激起了民間的強烈不滿。西方人已經從甲午戰爭中，看到了清帝國的無能。因此，他們在清國的行動少有節制，甚至是我行我素，恣意妄為。加上外國傳教士中的一些癟三無賴之輩對當地百姓的凌辱，以及一些清國教徒利用傳教士的力量，橫行鄉里，為非作歹；再再，傳教士袒護教徒，地方官員又畏懼洋人，使鄉民的怨恨更是與日俱增。

這一切的一切，清宮裡的人，肯定不會有基層百姓的體驗。農民怎麼辦？內有貪官污吏的盤剝與欺壓，外有列強的擠壓與侮辱。老百姓就像風箱裡的老鼠，兩頭受氣。就這麼窩窩囊囊的到死嗎？不行，要出這口氣。拿誰為出氣的對象呢？對自己的父母官顯然是不行，這些狗日的個個如狼似虎，老百姓都被他們欺壓怕了。算了，那就弄老外吧，他們沒有坐地的勢力，個個形單影隻，好對付。於是，就有了曹州教案。也不知怎麼，幹著幹著，面就擴大起來。偶發事件，蔓延成行動計畫。

應該說，梅花拳組織在排外行動中，起到一定的帶頭作用，漸而發揮起領導作用。既然是有組織、有計劃的行動，怎麼也得有個旗號吧。也不知是哪位天才，就把梅花拳改成了義和拳。一個「義」字，把我們的遐思又送回到了梁山泊，使人想起「替天行道」的那面大旗。到義和拳這裡來解釋這個「義」字，就是替滿清王朝這個天行道呀。可惜的是，滿清的天，早已瀰漫著一股濃濃的屍臭味，任你是誰、什麼組織，都回天乏術。但清政府裡的地方官，卻看到了這個難得的時機，他們決定把民間組織義和拳，為我所用。這個地方官就是山東省長（巡撫）漢裔旗人毓賢。在劉鶚的小說《老殘遊記》裡，我們領教過這位以酷刑聞名的地方官。在小說中，玉賢（毓賢）因急於做大官，他是什麼傷天害理的事都做得出來。現實中的毓賢亦然，他已經嗅到慈禧深恨洋人的氣味，因而決定利用義和拳，為老佛爺出口惡氣。這事要是辦好了，他還不得爬上中央，去做更大的官。

一八九九年，也就是曹州教案的第二年，毓賢就提出「民可用，團應撫，匪必剿」的思路，對義和拳採用扶持的辦法，將其招安納入民團。於是，義和拳搖身一變，成了義和團。到底是政府官員，毓賢給義和團一個響亮的政治口號，即「扶清滅洋」。還是幫著大清回天的意思。短期目標，則是拍慈禧的馬屁，好讓那個老太婆重用他。

好傢伙，義和拳一變義和團，那真是風風火火闖九州，該出手時就出手。清國大地上的洋人洋物，頓時成了眾矢之的。各國對層出不窮的暴行提出抗議，清政府不得不把毓賢召回北京，擢升袁世凱繼任山東省長。袁對時局有清醒的把握，他禁止義和團濫打濫殺。義和團反抗，袁就用他所統率的新軍予以鎮壓，把義和團的領袖朱紅燈處決。義和團在山東不能立足，紛紛逃到河北省。河北是梅花拳的發源地，義和團的到來，實現了某種意義上的尋根。後來，義和團在河北的發展壯大，不能說這裡面沒有淵源關係。

向全世界宣戰

毓賢回到北京，向保守派大臣載漪、徐桐、剛毅彙報說：「我保證義和團是天老爺特地派下來的救星，他們個個有神靈附體，刀槍不入。」中央政府裡的這批高級人渣，竟然集體向慈禧力薦義和團。這時的慈禧，正在宮裡與李蓮英談論著義和團，幾位大臣再這麼一火上澆油，老太婆欣然接受。慈禧發出指令，那就讓義和團好好幹吧，我大清有救了。

一九〇〇年一月，慈禧正式發佈詔令，招安義和團。義和團有了正式的名分後，開始大幹起來，他們在河北涿州、保定一帶，殺害鐵路上工作的外國人。外國使館提出交涉，慈禧命尚書兼北京市長（知府）的趙舒翹前往調查。趙歸來後報告說，義和團都是忠義之士，確確實實不畏懼任何槍炮。慈禧深深感到，自己招安義和團的決定沒有錯。於是，老太婆命義和團開進北京，並親自接見了他們的領袖曹福田。曹福田向老太婆保證，他的法術可以把天下所有洋人殺光。皇太子溥儁受到鼓舞，他在頤和園裡一副義和團裝束，並自稱是副領袖（義和團首領稱師兄，曹福田是大師兄，那麼皇太子就是二師兄），誓言掃除那些阻礙他立即登基的洋鬼子。

直隸總督裕祿①也一改他的政治傾向，由原來的剿滅義和團，轉變為扶助義和團，並立即向他曾經反對的義和團發放了餉銀。此外，他更邀請義和團女領袖黃蓮聖母到他的官署，下跪叩頭，請求拯救天下蒼生。黃蓮聖母宣稱，她已命令天兵天將降下大火，把外國人全數燒死。同時，朝中大臣剛毅、莊親王載勳、端郡王載漪、輔國公載瀾等亦表態，支持義和團。因為義和團得到中央政府的支持，又得到帝國實權派們的大力扶助，一時間，拳民成了整個帝國的香餑餑。全國各地的拳民，紛紛湧入梅花拳的聖地河北。隨之，一場轟轟烈烈的燒教堂、殺洋人的運動，迅猛鋪展開來。隨後調到山西任省長的毓賢，也給那裡的洋人帶去滅頂之災。

就這樣，全國各地幾乎皆陷於義和團的風暴之中。外國人很少僥倖逃脫，婦女嬰兒也不能倖免。不僅外國人，凡是信基督教的清國人，以及跟西洋事務有關的清國人，如帶西洋眼鏡、穿洋裝的人，同樣的惡運當頭。跟西洋有關的東西，如洋樓、鐵路、電線，也都被破壞和焚毀。北京的西藥房也未能倖免，結果是一燒俱燒，使得京城四千家商店住宅被波及，義和團還不准救火。

一九〇〇年四月，英、美、德、法四國公使先後照會清政府，限令清政府在兩個月內剿滅義和團，否則將直接出兵干涉。五月二十八日，駐北京的各國公使舉行會議，決定以保護公使館為名，聯合出兵北京。與此同時，英國全權公使竇納樂要求泊在大沽附近的十七艘外國戰船增援。五月三十日至六月八日，聯軍近千人由天津陸續開抵北京，進駐東交民巷。

六月九日，慈禧調董福祥的軍隊進城，駐紮在天壇和先農壇附近。後來，董福祥軍中不少士兵也參加了義和團。

六月十日，端王載漪出任總理衙門大臣，義和團拳民同時開始大舉入京。據統計，北京的拳民最多時超過十萬。

六月十一日，日本駐華使館書記杉山彬到火車站探聽援軍的消息，在中途被清軍刺死，並被開腹剖心。同日，駐天津的各國領使組織兩千人的聯軍，由英國的海軍司令西摩爾（Edward Seymour）帶領，乘火車增援北京十一國公使館。因鐵路被拳民破壞，西摩爾受阻於天津城外的楊村、廊坊一帶，與清兵及義和團展開激戰，因戰鬥不利，退回城中。

六月十三日，義和團進入內城，對西方人的十一所教堂進行了攻擊。拳民在北京放火燒掉教堂和一切與西洋有關的事物。

六月十六日，前門一帶約千家（一說四千家）商鋪因老德記西藥房大火而被燒成廢墟，正陽門樓、北京二十四家鑄銀廠也遭燒毀。拳民同時四處破壞教堂攻擊教民，莊王府前大院被當成集體大屠殺的刑場。除了屠殺教民外，義和團更濫殺無辜，誣指許多市民（包括許多婦女兒童）為白蓮教而燒死戮死。時有目擊者記載：「鄉民適趨市集，七十餘人偽飾優伶冠服，指為白蓮教；下刑部一夕，未訊供，駢斬西市。有婦人寧家，亦陷其中，雜誅之，兒猶在抱也。」也有被公報私仇而殺者，如扶持義和團的神機營副都統慶恒一家大小十三口全部被殺害。而義和團民的不同派別，也互相武鬥殘殺。義和團、京師禁軍和甘軍也肆意姦殺婦女，不計其數。除了屠殺姦淫外，義和團及清軍也擄掠洗劫商戶平民，並將贓物公開拍賣。當時的權貴之家也不能倖免，如吏部尚書孫家鼐、大學士徐桐的家都被搶掠，徐桐（時年八十）更被義和團民拖出批鬥。這股亂勁兒，多像文化大革命呀。

六月十七日，聯軍攻佔大沽口炮臺。慈禧命剛毅、載漪、載勳、載濂、載瀾統領義和團，載勳任步軍統領九門提督，進行防禦。

六月二十日，德國公使克拉德親自去總理衙門交涉，在中途被載漪所統率的軍隊射殺。

六月二十一日，一切都朝著不可收拾的險境滑去。尤其清宮裡那個無知的老太婆，她竟然以皇帝的名義，向英國、法國、德國、俄國、美國、日本、義大利、奧匈帝國、西班牙、比利時、荷蘭十一國同時宣戰。②清政府在向各國宣戰的同時，竟懸賞捕殺洋人，規定殺一個洋人賞銀五十兩；殺一個女洋人四十兩；殺一個洋孩子三十兩。上述諸國，乃當時世界的所有大國。向他們宣戰，等於向全世界宣戰。這個老太婆，她自己找死不說，還要帶著帝國及其無辜的人民一同赴死。造孽呀！

不同政見者

在帝國危在旦夕之際，也並非全無反對聲。在清政府尚未向各國宣戰時，反對派們為了抵制保守派（載漪、剛毅、徐桐等）招安義和團，拋出針鋒相對的主張，即痛剿義和團。反對派們分別是：兩江總督劉坤一、湖廣總督張之洞、兩廣總督李鴻章、鐵路大臣盛宣懷、山東巡撫袁世凱、閩浙總督許應騤。這些人在晚清政治舞臺上，全是有頭有臉的人物。不過，慈禧並不給他們面子。反對派並非等閒之輩，他們一邊提出自己的主張，一邊商議如何保存東南各省的穩定，避免給列強以入侵藉口。同時，密議盤算，倘若北京失守而兩宮不測，當由李鴻章作總統支撐局面。清政府向十一國宣戰後，劉坤一、張之洞、李鴻章、許應騤、袁世凱，以及四川總督奎俊，即和外國達成地方性的「東南互保」協定。

東南各省頭頭，在清政府向十一國宣戰的情況下，竟違抗中央命令，與各國達成互不侵犯條約。這種性質嚴重的叛國罪，每人判他們個十次殺頭之罪，都算是輕的。然而，事後幾位大臣不僅沒有受罰，反而得到褒獎。比較之下，另外幾位反對義和團的大臣，就沒有這麼幸運了，比如大臣許景澄及袁昶，他們就積極主張，通過對話解決一切。一九〇〇年六月二十日，袁昶在〈上反拳民疏第一〉中說，義和拳實係白蓮教之餘孽，他們絕無避槍炮刀斧之妖術。袁昶指出：

匪膽愈張，甚且焚毀蘆保鐵路，京津鐵路電桿，又毀京津至張家口電線。此皆國家派員出內帑借洋款，集數十年之物力所經營。一旦焚毀千數百萬鉅資，深堪惋惜。又焚殺教民數百處，積成憤毒……

袁昶說，拳匪攻擊各使館，縱橫恣肆，殺人放火，實屬罪大惡極。

二十日焚燒前門外千餘家，甚至災及正陽門城樓，拳匪喝禁水會，不准救火。北城乃財產精華所聚，焚掠一空，官民搬徙，十室九空……為今之計，惟有先清城內之匪，以撫定民心，慰安詳情……必清國自剿，乃可免洋兵助剿。

七月八日，袁昶與許景澄聯名上疏。說拳匪圍攻各國使館：

使館附近居民，遭魚池之殃者，不計其數，車城一帶京官私宅劫掠殆盡……二十餘日，洋兵死者寥寥，而匪徒骸骼狼藉，遍於東交民巷。平日妖言惑眾，自詡能避槍炮之術，而今安在？今各國紛紛調兵，以代剿匪為詞，疑之者謂乘機窺竊。……臣亦知飛蝗蔽天，言出禍隨，願念存亡呼吸，區區螻蟻微忱，不忍言，亦不忍不言，是用冒死具奏，伏乞皇太后皇上聖鑒。

一九〇〇年七月十五至二十五日，八國聯軍大舉進攻北京，袁昶與許景澄冒死第三次進諫，這時諸多親王和大臣，卻都在為義和團喝彩。兩位大臣在七月二十三日的奏摺中說：「非誅袒護拳匪之大臣，不足以剿拳匪。」他們列舉了那些支持拳匪的大臣，如徐桐、剛毅、趙舒翹、啟秀、裕祿、董福祥、毓賢等，要求朝廷對他們嚴辦。這也激怒了支持義和團的大臣們，袁昶也就死路一條了。

七月二十七日，袁昶與許景澄被戴上鐐銬押往刑部。在去刑部的路上，擠滿了義和團成員。其中一個義和團員詰問袁昶，你為什麼仇視義和團。袁昶說：「大臣謀議國事，豈是你等該問之事？」之後，袁昶與許景澄被押往菜市口處死。同年八月十一日，清廷又處死了主和的另外幾位大臣，分別是聯元、立山及徐用儀。

血腥的夏天

接下來，我們做個簡單的總結，看看清國與八國聯軍之間彼此欠下的孽債。先說義和團在全國各地屠殺外國人的情況。一般而言，排外流血事件，主要集中在華北的河北、山西，以及內蒙古和東北地區。下述傷亡情況和死亡數位，來自教會人士的統計。

山西省是排外流血事件的重災區。為什麼這麼說呢？你還記得那個叫毓賢的高官嗎？他在山東任省長的時候，積極推動義和團的排外行動，惹火了駐華各國。迫於壓力，慈禧把他免職，調袁世凱去山東補他的缺。後來，慈禧的立場急轉直下，在毓賢等王公大臣的鼓動下，站到義和團一邊。也因此，毓賢從新被起用，調往山西任省長。我們在前面說排外事件的集中地時，沒有提到山東，可能有的讀者會有疑問，說義和團源自山東，怎麼那裡不是排外事件的集中地呢？那是因為毓賢被調走了，換上來的袁世凱，又是不贊成排外的，且用軍隊鎮壓義和團。義和團的人在山東待不下去，都跑到河北去了。所以，山東的排外事件被有效控制。

山西就不同了，那個力主排外的毓賢到這裡任職，算是狗熊有用武之地了，他不分青紅皂白，就對外國人及清國天主教徒大開殺戒。一九〇〇年七月九日，毓賢在太原巡撫衙門前，親自監斬天主教傳教士十二人（義大利籍主教兩位，神父三位，修士、修女七位）、新教傳教士及其家屬子女三十四人（這些人屬於英國浸禮會和壽陽宣教會，其中兒童十一人）。也就是說，毓賢一口氣就砍了四十六顆外國人的頭顱。（中華書局一九八三年版的《中國近代史》一書，指斥毓賢先後誘殺、捕殺傳教士和他們的家眷一百五十多人）。除此之外，山西全省被殺的清國天主教徒，據信有五千七百餘人，新教徒也有數千人。

最終的統計結果表明，山西是全國仇殺外國傳教士及其僑民最多的省份。一九〇〇年夏，山西省共有二百四十一名外國人（天主教傳教士五十三人，新教傳教士及其子女共一百八十八人，其中兒童五十三人）、兩萬多名清國基督徒（天主教一萬八千人，新教五千人），死於毓賢的屠刀下。

一九〇〇年七月十九日，在內蒙古的清軍馬隊，攻入其西南教區主教堂，村內大批天主教徒被殺，比利時籍的韓默理主教被手足合縶，貫以竹竿，然後以鐵索穿肩骨，囚於籠內，拉著到處遊街，可謂痛不欲生。直到七月二十四日，才將其殺死。蒙古東部教區，則發生了灤平縣活埋神父的事件。蒙古中部教區，除在西灣子（河北崇禮）教堂避難的五千多教友外，絕大部分被殺，估計死亡的人數有三千二百多人。

河北、遼寧兩省的情況似乎稍好，但也是一派火光沖天，鬼哭狼嚎的景象。由於直隸總督裕祿的支持，義和團遍及全省各縣，他們對教堂、教徒的攻擊，也是無所不盡其極。一九〇〇年七月二十日，陳澤霖率領的清軍攻破景州朱家河村，聚集在該村的三千多天主教徒與兩名神父，不分男女老幼，全部趕盡殺絕。另外在遼寧被殺的天主教徒，據稱也有一千四百多人，其中主教一名，神父十名。其他各省如浙江、湖南、陝西、山東、河南，也程度不同地發生了排外流血事件，教堂被毀者，十有七八。

馬甘尼「清王朝破產」的預言

一七九三年，馬甘尼為貿易出使清帝國，無功而返。他回國時，弘曆（乾隆）命他縱穿清國本土，目的使英夷震驚於清國的富庶和強大。馬甘尼卻發現，清政府的貪污病菌，已深入肺腑，而貪污和強大是不能並存的。馬甘尼還發現，清國的科學極度落後，而科學落後和強大也是不能並存的。更重要的是，馬甘尼發現清國的武裝部隊如同一群叫化子，不堪一擊。清軍沒有受過嚴格的軍事訓練，使用的武器，又都是西方人早已拋棄了的刀槍弓箭之類。馬甘尼由此得出結論：「清政府的政策跟自負有關，它很想凌駕各國，但目光如豆，只知道防止人民智力進步。」他預言清王朝將會破產。

八國聯軍與中國

八國聯軍總司令共有兩任，前期由英國海軍將領西摩爾擔任，後期由德國陸軍元帥瓦德西擔任。瓦德西到任前，德國皇帝威廉二世發佈命令說：「你們知道，你們面對一個狡猾的、勇敢的、武備良好的和殘忍的敵人。假如你們遇到他，記住：不要同情他，不要接收戰俘。你們要勇敢地作戰，讓清國人在一千年後還不敢窺視德國人。」也的確，德國兵很好地貫徹了他們皇帝老兒的話，在屠殺清國人的時候，毫不手軟。

---

① 讀者切勿將榮祿與裕祿（一八四四—一九〇〇）混淆。這裡提到的直隸總督裕祿，也是晚清大臣，只不過他沒有榮祿那樣大的名氣罷了。裕祿乃喜塔臘氏，滿洲正白旗人。他的最後一個職位就是直隸總督，一九〇〇年七月，八國聯軍佔領天津，他率敗兵退守北倉。八月初，他逃至楊村（武清）服毒自殺。

② 最終組成聯軍的，是前面八個國家。後來的澳大利亞，也出兵清國了。但中國歷史的習慣說法，仍是「八國聯軍」。

京都落日西風吹

聯軍來了

一九〇〇年七月十四日，聯軍佔領了天津；直隸總督裕祿兵敗後自殺。八月二日，聯軍集兵二萬自天津沿運河兩岸進發，在廊坊受到義和團的有效阻擊，兵敗後加大兵力一舉佔領廊坊。八月四日，聯軍向北京進發，沿途並沒有遇到真正有力的抵抗。當時沿途的清兵和義和團估計有十五萬之多，而聯軍總數開始時僅三萬多人（後來有所增加）。時值八月，氣候炎熱而潮濕，加上沿途濃密的玉米地形成天然屏障，為聯軍的進攻增添了種種困難。八月十四日凌晨，聯軍來到北京城外，經兩天的激戰，到八月十五日逐步攻佔了北京各城門外的要地，並向北京發起總攻。清軍隨即與聯軍在京城各處展開巷戰。至八月十六日晚，八國聯軍已基本佔領北京全城。從下表可以看出，八國聯軍中，以日本派遣的軍隊人數、軍艦為最多，奧匈帝國派遣的兵力最少，僅具象徵性。

來者不善

八國聯軍把北京分成不同的佔領區，實行軍事統治。日占區設立「安民公所」，德占區設立「華捕局」，沙俄侵略軍張貼佈告，禁止清國人民反抗，說遇到執槍械的華人，即行正法。若由某房藏槍，即將該房焚毀。

聯軍佔領北京後，大肆殺戮，並對北京皇城、衙門、官府進行大肆掠奪。八國聯軍經常強指某人為義和團，然後不由分說加以殺害。聯軍把西四北太平倉胡同的莊親王府放火燒光，當場燒死一千八百人。德國侵略軍奉命「在作戰中，只要碰著清國人，無論男女老幼，一概格殺勿論」。法國軍隊路遇一隊清國人，竟用機槍把人群逼進一條死胡同，然後連續掃射十五分鐘，不留一人。日軍抓捕清國

八國聯軍兵力一覽表

國家	軍艦／艘	陸戰隊／人	陸軍／人
日本	18	540	20300
俄國	10	750	12400
英國	8	2020	10000
法國	5	390	3130
美國	2	295	3125
德國	5	600	300
義大利	2	80	
奧匈帝國	1	75	
總計	**51**	**4750**	**49255**

人，施以各種酷刑，試驗一顆子彈能穿透幾個人，或者故意向身體亂射，讓人身中數彈才痛苦地死去。

史載：「城破之日，洋人殺人無算。但聞槍炮轟擊聲，婦幼呼救聲，街上屍體枕藉。」英國人記載說：「北京成了真正的墳場，到處都是死人，無人掩埋他們，任憑野狗去啃食躺著的屍體。」

八國聯軍侮辱婦女，任意蹂躪，據記載：「聯軍嘗將其所獲婦女，不分良曲老少，僅驅諸裱褙胡同，使列屋而居，作為官妓。其胡同西頭，當經設法堵塞，以防逃逸。惟留東頭為出入之路，使人監管，任聯軍人等入內遊玩，隨意姦宿。」大學士倭仁的妻子已經九十歲，被侵略軍百般侮辱而死。許多人不甘侮辱，含冤自盡。居住在錫拉胡同十一號的國子監祭酒王懿榮憤怒地說：「豈能被所辱？」於是全家投井自盡。載淳皇后的父親、戶部尚書崇綺的妻子女兒被拘押到天壇，遭到八國聯軍數十人輪姦，歸來後全家自盡。崇綺亦服毒自殺。

八月二十八日，八國聯軍在皇宮閱兵，各國軍隊在天安門廣場金水橋前集結，列隊通過天安門、端門，穿過皇宮，出神武門。依次有俄軍、日軍、英軍、美軍、法軍、德軍、意軍、奧軍等三千多人，俄國軍樂隊吹奏各國國歌、樂曲。閱兵之後，各國軍官重新回到皇宮，以參觀為名公然瘋狂搶劫，一個英軍事後回憶說：「一大群聯軍軍官見到這些東西伸手就拿，把他們想要的東西裝入口袋。」

北京被佔領以後，八國聯軍統帥、德軍元帥瓦德西特許士兵公開搶劫三天，以後各國軍隊又搶劫多日。清國的珍貴文物遭到了空前的浩劫。皇宮和頤和園裡珍藏多年的寶物被搶掠。俄軍最高指揮官阿列科謝也夫將軍等人，把慈禧寢宮用黃金和寶石精製的數十件珍寶洗劫一空。英、法士兵把各類珍寶搶光以後，又搬取大件之物，用大衣包，布袋裝，運回駐地。僅嵩祝寺一處，丟失鍍金銅佛三千餘尊，錦繡製品一千四百件，銅器四千三百件。就連太和殿前存水的銅缸上面的鍍金，也被侵略軍用刺刀刮去，至今刮痕斑斑。法國天主教主教樊國梁，從一個官員家裡搶走價值一百萬兩白銀的財物；法國統帥佛爾雷一個人搶劫的珍貴財物就有四十箱；法軍搶劫禮王府白銀二百萬兩。東四一帶的商店被搶掠一空，著名的「四大恒」金號全部被搶。地安門以東、東安門以北，房屋被焚毀十分之七八，前門以北東四以南，幾乎全部被毀。

當時一位目擊者寫道：「各國洋兵，俱以捕拏義和團，搜查槍械為名，在各街巷挨戶踹門而入，臥房密室，無處不至，翻箱倒櫃，無處不搜。凡銀錢鐘錶細軟值錢之物，劫擄一空，稍有攔阻，即被殘害。」一個英國人說：「凡是士兵所需要的，都是派出一隊一隊的士兵去搶劫清國人的財產而得來的。如果士兵需要一些東西，而清國人稍一遲疑的話，就免不了送命。」八國聯軍搶走北京各衙署存款約六千萬兩白銀，其中日軍劫掠戶部庫存白銀近三百萬兩。

八國聯軍前期兵力約三萬，後陸續增至十萬。他們佔領北京後，繼續進攻其他地區，如保定、易縣、永清、張家口、山海關、娘子關、正定以至山西境內。此間，俄國又單獨調集步騎兵十七萬（一說二十餘萬兵力），分六路侵佔清國東北。十月六日，俄軍佔據了東北全境。

情何以堪義和團

標準的小丑集團

八國聯軍來了，慈禧等皇室成員丟下北京，丟下北京人民就跑了。不過，我還不想急於去說鼠輩之流的逃亡事，咱們還是先來解讀一下義和團，並藉助本節，結束對該組織的敘述。

我們說過，義和團是由民間組織演變而來的，這註定了他們的基層性，亦即本土化、鄉土化。所以，我們看到，義和團所敬奉的神靈，全是《封神榜》、《西遊記》、《三國演義》裡的角色。進而又註定了義和團的神秘性和宗教性，還摻雜著幾多混亂性。這一切，從義和團的團服上，得到很好的體現，如頭裹紅布或黃布、腰紮同樣顏色的腰帶；上穿短衫，外罩肚兜；下穿紮腳褲；腳上登靴；團員肚兜上繡著《易經》八卦中的某一卦。

義和團員相信吞符念咒可以刀槍不入，相信鋼叉、花槍、單刀、雙劍可以抵禦洋槍洋炮。義和團的道具也頗為符合他們混亂的信仰，如引魂幡、渾天大旗、雷火扇、陰陽瓶、九連環、如意鉤、火牌、飛劍等等。就連他們的偶像也不可思議，諸如玉皇大帝、洪鈞老祖、梨山老母、九天玄女、二郎神、哪吒、唐僧、孫悟空、豬八戒、沙和尚、姜太公、關公、張翼德、趙子龍、托塔天王、尉遲恭、秦叔寶、黃三太、黃無霸、楊香武等等，妖魔鬼怪與小說、戲曲、歷史人物雜陳。今天的線民，動輒就說誰誰雷人。要說雷人，義和團的穿著、信仰及其偶像，那才叫雷人。

如果說，前面的團服和信仰，還和文化沾點邊，那麼義和團的入團儀式，直接就是中國人所說的迷信了。一個人想加入到這個團隊，就必須完成乩童儀式，即從拳打腳踢，到口吐白沫；從跳躍暈倒，到念念有詞。所念咒語，大多是「左青虎、右白虎，雲涼佛前心、玄火神後心，先請天王將、後請黑煞神」之類，並口耳相傳。這與滿洲人景善日記（一九〇〇年六月二十二日）裡描寫的情況相仿：

> 義和團都帶有秘密的護身符，主要由一些小黃紙片組成，在打仗的時候隨身攜帶。上面畫著朱紅色的圖像，既不是男人也不是魔鬼，既不是魔鬼也不是聖人。其實只是一個頭，但是沒有腳；其面為尖形的，有眼睛和睫毛，還有四個光環。

從怪物的心臟到最下端都有神秘的刻畫，上寫著：「我是冷雲佛，在我面前躺著黑色的火神，後面是老子。」在動物的身上也刻著佛教中人物，或者老虎、龍。左上角寫著這樣的話「先祈求上天保佑」；在右上角寫著：「再祈求黑瘟神保佑」。慈禧太后記住了這些咒語，每天重複念七遍，而每次她重複的時候，大太監李蓮英就大聲喊：「外國鬼子滾！」①

義和團還有團歌，因為不通的地方很多，版本也不一，我略加編輯規整了一下，形成如下一個簡本：

神助拳，義和團，只因鬼子鬧中原。
勸奉教，真欺天，不敬神佛忘祖先。
神發怒，佛發憤，一同下山把道傳。
升黃表，敬香煙，請下各洞諸神仙。
仙出洞，神下山，附著人體把拳傳。
不用兵，只用團，要殺鬼子不費難。
拆鐵道，拔電杆，海中去翻大輪船。

大法國，心膽寒，英美俄德哭連連。
洋鬼子，盡除完，大清一統靖江山。

注意第五句以下各句，很明顯是與時俱進的產物。尤其第五句，義和團被招安後，政策顧問們把這一句改為「神出洞，仙下山，扶助大清來練拳」。沒準兒，前山東省省長毓賢，就是從這一句裡提煉出個「扶清滅洋」的口號，送給義和團的。

當「扶助大清來練拳」唱遍清國北方的時候，一種狂熱現象出現了，但見村村有拳壇，家家練神拳，京津街巷皆團員。影響所及，連金蓮女士都加入進來，練起了「紅燈照」和「黑燈照」。史學家唐德剛先生，把義和團與紅衛兵相提並論，②想必就出自這裡，二者都具有武鬥及狂熱症候。義和團在大街小巷可以橫著走，碰到朝廷大大小小的紅頂子藍頂子，都叫他們下馬下轎一邊站著，看著不順眼的，一把拉上神壇，三柱香一燒，如果黃表未升，這個官員馬上就可人頭落地。紅衛兵橫行街巷，不也是這麼幹的嗎？讓黎民百姓變成乖順的小綿羊，獨裁者只需拿魔棒輕輕一點即可；讓黎民百姓變成狂熱的暴徒，獨裁者同樣只需拿魔棒輕輕一點即可。一句話，黎民百姓永遠只是獨裁者手中的玩物，以致玩出高水準來，原創了「控制性使用」這個妙詞。前面我們曾經提過這個話題，說義和團就屬於被慈禧「控制性使用」的對象。控制好了，為我所用；沒控制好，或者闖出不可收拾的禍端來，就卸磨殺驢。義和團就是這結局，後面我們還會講到。

義和團作秀

現在咱們來說說義和團的拳術表演。在義和團運動的高潮期，屢有其大師兄二師兄，專門挑選現代化的清軍軍營，跑到那裡當場演示刀槍不入的功夫。現代化裝備的清軍，使用的都是洋槍。義和團為了滅洋人的志氣，殺親西方軍隊的威風，愣是挺起黃肚皮，逼著人家用洋槍往上打。這種把戲，也往往在集市上公開舉行。無論在哪裡，試驗的結果只有一個，義和團的肉體是刀槍皆入，白癡勇士個個當場斃命。然而，義和團仍有說辭，要麼說這些斃命者是假的，要麼說他們沒有修煉到家。

義和團的表演，失敗太多，他們只好重整旗鼓，另闢蹊徑。不久，他們又發明了鐵布衫、金鐘罩等拳法，說是一旦念動咒語，身上就像裹上一層鋼甲，到時就真的刀槍不入了。科學離不開試驗，騙人的把戲同樣離不開試驗，義和團又來到集市上，還演示刀槍不入的真功夫。這次他們成功了，師兄光著膀子，站在土檯子上。十米開外處，他們當眾把洋槍填上火藥和彈子（實際就是中國獵人鳥槍裡填充的鐵沙子）。然後，讓趕集的人以及拳民，躲到百步之外觀看。槍手舉起洋槍，對準了參與表演的師兄，人們屏住呼吸。突然，槍響了，槍口下的那位師兄安然無恙。不僅如此，他還用手如數接住了飛來的彈子。現場的觀眾全傻眼了，哇塞，真的刀槍不入哩。

是真的嗎？當然不是。其實，這種戲法很簡單，就是槍手事先把麵團搓成一個個綠豆大小的丸狀，上面滾上鐵粉，曬乾一看，真假莫辯。試驗刀槍不入的槍管裡，填充的就是這種彈子，槍一響，麵丸化為清煙。做實驗的師兄，自然安然無恙。那麼，受試者手裡的貨真價實的鐵丸彈子，又是怎麼回事呢？那就更簡單了，是他事先藏在手裡的。這邊槍一響，他那裡做個接彈子的動作，一切看起來都像真的，可謂完美無缺的騙局。

滿地毛子叫連連

義和團自身的行為，以及他們的綱領，荒誕不經。同樣，他們對外國人的定位也是怪異的。比如稱謂，義和團把外國人統稱大毛子。延而及之，信奉天主教、基督教的清國人，則被稱為二毛子；其他諸如通洋學、懂洋語、抽洋煙、打洋傘、穿洋襪的人，涉洋即算數，統統被稱為三毛子。因為義和團運動一再擴大化，以至連十毛子都搞了出來。朱棣連坐殺人，殺方孝孺十族，義和團連坐殺洋，竟然也延及十族（十毛子），這就不難想像，有多少無辜受害。大毛子不用說，一律殺無赦。那麼，三毛子至十毛子們，又如何處理呢？原則上是，輕者被毆被劫遭侮辱，重者遊街示眾再處死。

處死毛子們的方法極其殘忍，諸如砍殺、支解、腰斬、炮烹、活埋等等，無所不用其極。活埋信洋教的婦女，更是花樣百出，如倒栽蔥式活埋，即把腰部以上埋在地裡。這樣，腰部以下就裸露於外，再在其陰部上插上蠟燭，取火點燃，以為笑樂。因各個級別的毛子也不是那麼容易抓，義和團只好放寬標準，隨意抓來大量農民充數，就像當年按指標反右一樣，一抓就是上百的農民，不分男女老幼，一律砍頭。農民在法場上哀嚎慘叫，稀裡糊塗被砍。時人所載反洋運動的擴大化，也是令人毛骨悚然：

若紙煙，若小眼鏡，甚至洋傘、洋襪，用者輒置極刑。曾有學生六人倉皇避亂，因身邊隨帶鉛筆一支，洋紙一張，途遇團匪搜出，亂刀並下，皆死非命。羅熙祿自河南赴津，有洋書兩箱，不忍割愛，途中被匪繫於樹下，過者輒斫，匪刀極鈍，宛轉不死，仰天大號。一僕自言相從多年，主人並非二毛，亦為所殺，獨一馬夫倖免。其痛恨洋物如此。乃至一家有一枚火柴，而八口同戮者。

就這樣，不但外國人被殺了，清廷頭腦清醒的大臣被殺了，在野的許許多多的志士仁人被殺了，就連無辜的清國農民也被殺了。清國大地上，人頭落地，猶如秋風掃落葉。到底有多少人死於這場浩劫，大概誰也說不清楚。單方面的史料顯示，僅北京死於義和團手下的人，就有十多萬。義和團進入北京時的姦淫、殺戮、擄掠之處，甚至比八國聯軍更甚。如時人所記：

城中日焚劫，火光連日夜……夙所不快者，即指為教民，全家皆盡，死者十數萬人。其殺人則刀矛並下，肌體分裂，嬰兒生未匝月者，亦殺之，殘酷無復人理……京師盛時，居人殆四百萬。自拳匪暴軍之亂，劫盜乘之，擄掠一空，無得免者。坊市蕭條，狐狸晝出，向之摩肩擊轂者，如行墟墓間矣。京西天主堂墳地，悉遭發掘，若利瑪竇、龐迪我、湯若望、南懷仁諸名公遺骨，無一免者。勝代及本朝御碑，皆為椎碎。

清帝國徹底失序，你不能想像的一個情景是，在多次御前會議上，保守派們竟然當眾指斥他們的皇帝載湉，也是二毛子。到了劍拔弩張的地步，保守派們（載漪、載勳、載濂、載瀅四兄弟）甚至帶著義和團的六十多人，要進宮殺了載湉。劉少奇在中南海遭遇紅衛兵圍攻的經歷，不也類似嗎？倘非慈禧阻止，載湉那時就沒命了。慈禧那麼做，不是為載湉好，她知道讓皇帝死很簡單，但皇帝死後，對她自己就大大的不利了。所以，她阻止保守派和義和團去殺載湉，實在是在為自己考慮。在此順便說一下，清政府裡的保守派，實際大多已是義和團的骨幹，甚至是堅定的領導人。

別看義和團在本國人面前不可一世，但對付外國人，卻顯得力不從心多了。聚眾數萬的義和團攻打天津租界，守衛的洋兵不過二三千人。然十天以來，洋兵傷亡者僅數百人，而義和團已死兩萬多人。再以北京使館區的東交民巷為例，那裡的外國軍人不過四百人，可義和團包括清政府正規軍在內，數萬人圍攻了兩個月，都沒攻不下來，自己卻死傷數千人。這國際玩笑開得也實在離譜。

滿人筆下的義和團

我們所看到的義和團，不是官方史，就是所謂野史。下面這段記載，來自滿人筆下。他就是一八二三年出生的滿洲正黃旗景善（官至財政部署員）。這位老先生有寫日記的習慣，尤其他在一九〇〇年關於義和團的日記，也就更加顯得彌足珍貴。

一月二十五日　輔國公載瀾今日來看望我，他告訴了我很多有關「愛國軍」（義和團）的事情，這些部隊由毓賢在山東訓練出來。

一月三十日　濟壽卿今天告訴我，他的女婿毓賢將被任命為山西巡撫。自從他在山東殺害了一名法國傳教士③而被撤去山東巡撫的職位以後，老佛爺就讓他進見，並讚揚他的忠誠和正義。

六月一日　下午三點，剛毅來了。他告訴我說，昨天傍晚有幾百個洋鬼子進了城裡。……大太監李蓮英也是義和團的熱情支持者，他總是不厭其煩地向老佛爺描繪義和團的技藝表演，這些技藝他親眼目睹。……榮祿不支持義和團，他是朝廷的叛徒。

六月十日　軍機大臣啟秀今天來訪，他把草擬的與外國斷絕聯繫的詔書給我看，並準備讓太后簽字。下午我去了輔國公載瀾的住處，今天是他妻子的生日。有一百多義和團員在他家外面的院子裡，他們中大多數都是鄉下人，受旗人長官文順的指揮。他們中間有五六個十四歲的少年，在練功的時候進入恍惚入迷的狀態，口吐白沫，身子起來瘋狂地抓能夠夠著的任何東西，同時發出奇怪的粗鄙的嗓音。

六月十四日　我能活著看到今天真是幸福，除了外國使團的樓房，所有其他的建築都化為一片火海，倒在地上。在城市的每一個角落火勢一直在蔓延燃燒，景象多麼壯觀！剛毅給我送信說，輔國公載瀾到順直門已經三次鼓勵義和團放火焚燒法國使館。數百名教徒被燒死，男人、女人和孩子們，焚燒屍體發出的惡臭非常大，輔國公載灃和剛毅捂住鼻子。老佛爺對義和團的勇敢感到吃驚，剛毅認為她對外國使團的攻擊非常滿意。

六月十七日

今天大火一直在京城南部狂燒。那些勇敢的義和團點燃了大柵欄的外國醫藥庫，頓時火焰熊熊地蔓延起來，燒毀了貴重的首飾和打金店。……前門外邊的塔著了火，慈禧太后命令榮祿派八旗部隊駐守城牆，以阻止流氓無賴們從大前門進入紫禁城。

六月二十日

下午五點到七點。我剛剛拜訪我的妹丈軍機大臣剛毅回來，他把上午拜見的全部經過告訴了我。軍機大臣都接到了老佛爺的通知，要在鑾儀殿舉行儀式。所有的親王和大臣們都要預備拜見……榮祿滿眼含淚，跪在太后面前。他力勸她記住，端親王和其他軍機大臣對外國使團的攻擊，只能使祖先遺留下來的疆土日益縮小。……榮祿叩頭三次，起身離開了拜見大廳，回到自己的住處。他一離開，濟岫就趁勢從他的皮靴中拿出草擬好的宣戰詔書。太后陛下讀畢，大聲喊道：「極好，極好，這正是我的看法。」──她依次徵求每位軍機大臣的意見，他們都一致支援採取敵對態度。現在是安排將軍們拜見的時候了，李蓮英過來攙扶太后陛下到勤政殿裡喝茶。

所有清國的皇家貴族的主要成員都跪在大廳的門口，等待著太后陛下的駕到：恭親王、醇親王和端親王、貝勒載廉和載瀅，輔國公載瀾和他的弟弟貝子英，慶親王和五個軍機大臣，莊親王、肅親王和怡親王，朝廷六部和總理衙門下屬九部之滿漢各部大臣，滿洲旗人二十四支軍隊之將官，內務府總管。慈禧太后和皇上分別坐在轎子上，轎子由四個轎夫抬著。皇帝的轎子先落下，皇帝先行跪下，這時「仁慈的太后」離開轎子進入大廳，由大太監李蓮英攙扶著，後面緊跟著其下屬崔進。皇帝面色蒼白，可以看得到，當他坐在慈禧太后旁邊的矮龍椅上時，是戰戰兢兢的。

老佛爺首先召集到場的所有人，靠近前面她和皇帝的位置，然後用激昂的語調說話。……軍機大臣中漢人的下級官員趙舒翹接著說話，他懇求老佛爺發出命令，將國內所有外國人立刻消滅。在趙氏之後，每一個人輪流發表看法，滿洲人立山、漢人許景澄和袁昶懇求太后不要對全世界宣戰。袁昶甚至進一步說，他擔任總理衙門大臣已經兩年，他發現外國人非常通情達理，就是行為上也是如此。他不相信要求太后退位的照會的真實性。④這時端親王站了起來，憤怒地問太后是否願意聽那些漢人叛徒的話？慈禧太后嚴厲斥責了他那種粗魯的舉止，但還是命令袁昶離開了會見廳。沒有其他人敢再說話。

然後她命令頒佈詔令，立刻通知到帝國各個地方，宣布在開始敵對狀態之前，她要不惜犧牲祖先的疆土，於是莊親王和端親王被任命為義和團的聯合總指揮。

一點，剛毅回到了宮裡，他發現慶親王在軍機處的前廳，非常興奮。恩海，一個滿洲的士兵，好像剛從他的住處過來，報告說他射殺了碰到的兩個外國人。這兩個外國人當時乘坐著轎子，就在路對面。端親王和濟岫已經對軍隊發出命令，不管在哪裡遇到外國人，都要格殺勿論。剛毅並不認為一個外國鬼子的死亡有什麼大不了的，尤其是現在決定消滅整個外國使團。但是慶親王想法不同，他反覆地說，殺死公認的外交使節是一件嚴重的事情。

榮祿已經準備好護送外國人到天津，他隨行只帶了兩千多名滿洲兵。

六月二十一日 皇帝和太后陛下已經從湖畔的宮中搬進了紫禁城。當慈禧太后經過西園門和西華門之間的路時，她看到許多義和團眾整齊地站在街道兩旁，尊敬地守衛著聖駕。她賞給了他們兩千兩銀子。

六月二十二日 我的兩個兒子，已經安排了二十五名義和團員住在我們家外邊的院子裡。我們還不得不給他們提供食物。儘管大家都參加到消滅夷狄的高尚活動中去，但我還是會抱怨，為了義和團，在這最困難的時期還要花錢，因為現在大米比珍珠還要貴，柴火比桂花還要貴。

榮祿坐著轎子去拜訪他的親戚。他看起來非常疲憊，走路一瘸一拐。他大聲地譴責義和團。他說，他們做不出什麼好事來。義和團現在竟敢在他路過後門的時候對他大聲斥責。我禁不住想到榮祿應該是名副其實的，但是我不敢這樣說。他是一個倔強的人，是滿洲人中性格最爆烈的一個。

回到家裡，我聽說端親王和莊親王派軍隊包圍了法國教堂，那裡只有幾個外國士兵防守，因此那些教士很容易被俘虜。

我的院子裡到處都是義和團和甘軍士兵。我的房子不再屬於我。我能不憎恨給我帶來麻煩的可詛咒的外國人麼？同天，榮祿派人送來電報，說袁世凱正在聯繫兩廣總督、兩江總督和湖廣總督。

在六月二十二日的日記中，景善還抄錄了禮親王給他送來的一份抄件，是榮祿於六月二十一日寫給各位總督的信：

……一個軟弱之人竟敢以十或者更多民族為敵，其結果只能自取滅亡。我們與各國有約定，兩國之間交戰，應該對其使節待之以禮。而祖先遺留下來的這些規矩正毀於一旦。儘管我竭盡全力闡明其危險性，但我的辛勞白費。我有病而且腳跛，但是自從我離開以後，我連上七道奏摺抨擊這些義和團。看到這一切毫無結果，我現在不得不離開病床。如果可能的話，要清楚地向太后和聖上說明形勢。而這也是白費，因為所有的親王和各部大臣，在太后周圍用一個聲音向我大喊，這閣下你要相信。我不敢在這裡引用太后陛下的話，但我可以說整個皇族都參加了義和團，至少三分之二的軍隊，不管滿漢都加入了進去。他們蜂擁在京城的街道上，就像一場蝗災，很難驅散。

昨天，我安排了在總理衙門與一個外國使團的會面，希望能為整個外國使團提供安全的行動，用我自己的軍隊把他們送到天津……這裡的形勢可謂失去了控制，但是只有希望閣下採取盡可能的措施保護各省的安全。讓我們各自竭盡自己的最大努力，並讓我們保守秘密。

榮祿含淚書

卸磨殺驢

最後，我們怎麼來總結義和團呢？以結局來論，那叫一個淒慘。慈禧對義和團的「控制性使用」沒有控制好，讓她及其皇室落荒而逃，在亡命西安的途中，後悔不迭的老太婆就下令各地官兵，剿滅義和團。⑤這實際就是卸磨殺驢了，用完了，或用著不順手，或用著感到礙事了，就一舉滅掉拉倒。

外國人，尤其是英美人，他們壓根就不想打仗，而是奉行貿易主義。其他國家，打仗各有所圖，但沒有誰願意把事搞大。他們清楚，清國軍隊雖然不堪一擊，義和團也算不得什麼，畢竟這是在人家的地盤上，你的船再堅，炮再利，打持久戰，早晚一個輸。所以，八國聯軍也想儘早結束混亂的局面。當慈禧下令剿滅義和團的時候，正合八國聯軍之意。而且，他們也一直敦促清政府這麼做。清剿義和團的命令雖然姍姍來遲，但還是得到八國聯軍的積極支持與相應。於是，清政府與八國聯軍共同對義和團展開了剿滅行動。我說義和團的結局淒慘，就在這裡。他們被國家利用，最後又被國家拋棄，直至被國家出賣，被國家聯合外國軍隊剿滅。我常說專制政權是流氓政權，也就指這些地方。

從歷史意義上來講，義和團是不好；但站在統治集團的角度，它不正是高級流氓們用來對付外國人的馬前卒嗎？怎麼說個翻臉，就六親不認了呢？我們也由此得出一個經驗教訓，專制國家的老百姓，切忌與流氓政權裡的大小混混們合作。為什麼這麼說呢？因為好了，一好百好；可一旦壞了呢？東窗事發了呢？你礙事了呢？輕則把你一腳踢開，重則你就成了人家的替罪羊，到時就會像義和團一樣，死無葬身之地的。

義和團成為慈禧的替罪羊，那是草根，就該倒楣的。可你看看早前的曾國藩、曾國荃兄弟，在太平天國被滅後，不也被慈禧卸磨殺驢（即明升暗降或免職）了嗎？你再看看李鴻章，那可是專制集團的大員呀，臨了又如何呢？甲午戰爭的時候，他被迫到日本去簽訂《馬關條約》，結果專制集團的流氓們一致罵他賣國。李鴻章只是慈禧的高級奴才，慈禧不指示賣國，他哪有權力、哪有膽量去賣國呀。可流氓集團就認定他賣國了，你有什麼法子？

拳亂結束，李鴻章又與八國聯軍簽訂了屈辱的《辛丑合約》，他再次成為執政集團人人詛咒、人人痛批的賣國賊。李鴻章真倒楣呀，他帶著慈禧的指令，兩度去賣國，挨罵的卻是他。專制集團內部尚且如此齷齪，老百姓又能如何？所以，我的觀點是：**永遠拒絕與流氓合作**，**即拒絕與專制集團內大大小小的混混們合作**。這也是我為什麼喜歡民主、喜歡民主集團的原因。在民主政治社會，一個人尤其是草根階層，被執政集團算計、耍弄的機率要低得多。民主不是最好，卻也不是最壞。專制就不同了，它沒有好壞之別，它只有一個定性，那就是最壞、最低、最劣、最齷齪、最野蠻！

---

① 這段日記，與〈滿人筆下的義和團〉一節裡的日記，參見《慈禧統治下的大清帝國》。

② 在中國大陸，官方對義和團的評價是積極的，認為「義和團運動標誌著近代意義上的中國民族意識的覺醒」。但中國臺灣及許多海外華人的看法正相反，他們認為義和團既是迷信及暴力的象徵，又是罵人用語。因此，唐德剛將義和團與文化大革命的紅衛兵相提並論，也就不足為怪。

③ 受害者應為英國人。

④ 慈禧最惱最不可接受的是外國使團的一個照會，說是讓她退位，讓載漪出來執政。事實上，這是一個假的照會。

⑤ 一九〇〇年九月七日，清政府在慈禧授意下發佈命令，剷除義和團。命令說：「此案初起，義和團實為肇禍之由，今欲拔本塞源，非痛加剷除不可。」

最是倉皇辭廟日

離京前的一幕悲劇

在前面的敘述中，凡是涉及到大清皇室西逃的文字，全都避開了。我目的很單純，就是在這一節集中筆墨，來寫寫大清皇室的逃亡和他們在西安的生活，以及他們回京途中的一些事。

一九〇〇年八月十四日，八國聯軍先是炮擊京城，然後在幾乎沒有什麼抵抗的情況下進入北京。次日凌晨三點，慈禧起床，穿上早已準備好的村婦服，準備離開北京。據景善日記載，慈禧所穿，乃漢人婦女的衣服。可見慈禧逃亡時，是經過一番喬裝打扮的。

就在大家亂哄哄地準備離開北京時，珍妃再次站了出來，向慈禧表達自己的觀點。她第一次表達自己的政治見解，是在戊戌政變的時候，她跪在慈禧面前，懇求不要懲處皇帝；還說，皇帝畢竟是合法的皇帝，不能說廢就廢，說貶就貶。慈禧聽了，怒不可遏：

「快把這可惡的東西給我弄走！」幾個太監蜂擁而上，就把珍妃拖了出去。慈禧隨即下令，將珍妃囚禁在一個隱秘的地方，直至這次西逃，才被放出。

珍妃不失滿洲人的強悍性格，她剛被放出，又開始挑戰慈禧了，她說皇帝應該留在京城，與黎庶同在。這再次觸怒了慈禧，老太婆決定把這個眼中釘肉中刺從地球上抹去，於是厲聲呵斥道：「把這賤奴才扔到井裡去！」一旁的載湉聞聽，如雷轟頂，他趕緊跪下求情，希望慈禧手下留情。然慈禧面無人色，怒火萬丈。李蓮英、崔玉貴等太監不敢怠慢，只得執行命令，眾目睽睽之下，把珍妃拖到寧壽宮外的大井前，一個倒栽蔥，只聽砰的一聲，一個鮮活的生命就這樣隕落了。

珍妃只因一句進諫的話，命都搭了進去。這什麼時候呀，兵荒馬亂的，慈禧還有心思殺自家人。殺一個珍妃，對慈禧而言，比踩死一隻螞蟻還容易，可對載湉呢？珍妃那可是他惟一的紅顏知己呀！此刻的大清皇帝，顯得多麼懦弱，他無能得連自己的妃子都保護不了。載湉難以力挽狂狗，他只有氣得渾身哆嗦的份兒。可慈禧依舊怒氣不消，遂對載湉吼道：「還不快隨我去拜別祠廟，傻愣著幹什麼？」

於是，一行人腳步雜亂地去了宮裡的祠廟，一頓胡亂跪拜後，又亂哄哄地回到坐車的地方。行色匆匆的皇室逃難者，一個個如地獄鬼卒，在黑漆漆的宮裡奔來竄去。那天凌晨，慈禧腳上的鞋或許大的緣故，或許那根本就不是她的鞋，總是一步一拖，一拖一掉，令老太婆心情十分沮喪。

過一道坎兒的時候，慈禧的一隻鞋掉了，手急眼快的一個宮眷趕緊把鞋撿起來，送到慈禧手裡。那宮眷的意思，無非討好慈禧，趁機拍馬。不料這下拍在了馬蹄子上，慈禧接過鞋來，隨即就拿鞋底猛抽了一下那宮眷的臉。然後什麼也沒說，穿上鞋，帶著大家繼續前行。

宮裡到處都黑燈瞎火的，剛剛那突如其來的一幕，幾乎沒有人看清就過去了。慈禧既憤怒又低調，是不願讓人看到她逃跑時的狼狽相。那宮眷撿鞋給慈禧，等於看到了慈禧最不願示人的那一面，所以才震怒。

載湉與珍妃

很快，慈禧一行來到車前，她把一股怒氣又撒在了載湉身上：「你還跪著幹什麼？快上你的車，走人！記著把簾子放下，免得給人看見。」上穿藍紗長袍，下著藍布褲子的載湉，趕緊從地上爬起來，上了自己的騾車。皇室成員在兩千多清軍的護衛下，就這樣倉皇逃出北京城。晚上八點，他們到達頤和園，並在那裡休整待發。

屁滾尿流的大清皇室

一九〇〇年八月十六日，慈禧一行人狼狽上路。因為行色匆匆，什麼都沒來得及帶。一路狂奔到懷來，才算得到補給。這時，一些京城官員也聞風跟來，聚集到慈禧周圍。逃難的隊伍，越來越大。

皇室出走的消息不脛而走，但懷來的百姓見到慈禧等，不以為真。這是因為，皇室成員，大都穿著漢人衣服。自大清建立以來，滿洲人何時穿過漢人衣服？就是漢族男人腦瓜後的那根豬尾巴，不也是滿洲人逼著留出來的嗎？幸好只是易髮沒易服，倘若連漢人的衣服也一併改成了滿洲人的，今天的滿洲皇室出逃，還有什麼可以喬裝打扮的？所以，懷來的百姓才一時沒認出滿洲皇室成員，甚至有人認為這支逃難的隊伍是假冒的，是用來迷惑八國聯軍的。但有一人，寧信其真，也不願事後被追究，他就是懷來知縣吳永。這位知縣聽說後，來不及穿上官服，第一時間就跑來跪接聖駕，慈禧陰暗的心情大為好轉。當時圍觀的百姓很多，吳永驅逐時，被慈禧制止：「不要這樣，他們願意圍著就圍著吧，看到這麼多樸實的鄉民，我心裡很高興。」

很快，吳永端來燕窩和魚翅（在宮裡，慈禧特愛這一口）。慈禧出行三天，飲食一直粗陋不堪，到這裡才算吃上一口精美的飯食。除此之外，吳永還為慈禧和皇帝、皇太子等送來衣物。就在懷來，軍機大臣王文韶趕上西逃的隊伍，慈禧甚感欣慰。王文韶在給友人的信中，敘述了他們西逃時的一些情景。下面是王文韶的記述（文字略有修飾）：

出京三日，均睡火炕，無被褥，無替換衣服，亦無飯吃，一小米粥充飢。至懷來宣化，均由地方官絡繹進奉，稍覺舒服。此次妃嬪及宮女等均未帶出（因此，很多嬪妃、宮女不忍八國聯軍的侮辱而自盡——作者評注），太監亦不多，諸王貝勒隨行者亦不多，其餘一概未來。所有隨行者，不過端王、慶王等；各部院司員共十一、二人；八旗軍千餘人，雜牌軍千餘人。各兵到一處，空一處。沿途居民鋪戶，均被潰兵以隨駕為名搶劫，室室皆空（我之謂曰蝗蟲集團是也——作者評注）。及聖駕駐蹕之時，萬騎千乘，強取強買，更不堪寓目。①

龐大的蝗蟲集團由懷來至宣化府，途中走了三天，宣化停留了四天，之後預備向山西進發。當蝗蟲集團逃至愁衛的時候，那裡的地方官員早已逃之夭夭，官府衙門也已經失之於火，獨獨剩下兩間潮濕的小屋，到處是荒涼、破落的景象。這也沒有辦法，天黑了，只得在此住下。僅有的兩間瀰漫著臭味的小屋，成了惟一遮風擋雨處，慈禧住一間，皇帝和皇后住一間，隨員則只能露宿在院子裡。食物也成了問題，只有粗面做成的餑餑。這也不是人人可以嚮往的，除了慈禧、皇帝和皇后外，其他人，情況好的塞塞牙縫，情況壞的，就只有餓肚子。忍不住了，用樹皮和野草充飢，在所難免。八月正是酷暑季節，夜裡蚊子很多，慈禧被騷擾得難以入睡。她對陪著的隨員說：「不料老了老了，還遭此一劫，以至於到此地步，實在是愧痛難當。不過想想唐玄宗遭安史之亂，他不也蒙塵於外嗎？這真是世事難料啊。」

一九〇〇年八月二十七日，慈禧等到達山西境內的天鎮縣。知縣是個承受能力很差的滿洲人，他聽說京師陷落後，不等洋人來要他的命，就先自殺歸天了。知縣一死，城中秩序大亂。慈禧到來，可謂無著無落，這令她極度失落和生氣。還好，岑春煊很快趕來接駕。慈禧聽說岑春煊來了，她撩起轎簾問道：「你知道我們在北京的事嗎？」岑春煊謹慎地回答道：「不大清楚。」慈禧的情緒突然失控，她惡狠狠地指著李蓮英說：「都是他們做的，害我們到此地步。」一旁的李蓮英被慈禧這劈頭蓋臉的一句震懵了，他趕緊伸頭低眉，一語不發，完全一副挨剋相。這會兒，恐怕「老頭子說得都是錯的」了。到西安後，李蓮英在榮祿的幫助下，從新獲得慈禧的寵信，當時各省進貢給慈禧的五百多萬兩銀子，就由李蓮英負責保管。看來，慈禧還是離不開李蓮英這個「老伴」。這都是後話，擱下不提。

逃難隊伍過雁門關時，慈禧下令暫停，她說：「雁門關的風景，不禁讓我想起熱河。多美的大好河山呀！」後又無恥地對身邊的載湉說：「如果不去討論西巡的艱難，這次出京，能遊覽大千世界，看到這麼多美景，倒也不失一樂也。」載湉的回答也很是莫名其妙：「人快樂時，自然如此。」大概他不知道怎麼回答是好，才如此模棱兩可。

就在慈禧興致百倍地欣賞雁門關風景時，岑春煊送來一束鮮豔無比的黃花，這可把慈禧樂壞了。我們前面說她愛權、愛錢，其實還忘了一樣，慈禧還特別愛鮮花。頤和園裡，就種了很多花，有太監們伺弄的，還有她自己伺弄的。誰若把花伺候壞了，都少不了挨頓鞭子。而且，慈禧之愛花，到了大俗的地步，她每天早晨，都要在自己的鬢髻上，插上一朵鮮花。然後，頂著那朵鮮花去辦公，與她的文武大臣們研究當天或未來的工作。那個滋潤的時光，那個充滿鮮花的時光，已離她遠去。如今，岑春煊突然送上一束鮮花，她能不高興嗎？這一高興，慈禧就賞賜了岑春煊一杯奶茶。在兵荒馬亂的逃亡路上，一束鮮花，一杯奶茶，調劑了雁門關的氣氛，讓老太婆和他的隨員們，在這裡暫且忘卻了國破家亡的傷痛。

逃亡的皇室，一路走，一路有地方官員贈送轎子。到了忻州地面，地方官進呈了三乘黃轎。至此，皇家的轎子才算全部備齊。再走，逃亡的隊伍抵達太原，有趣的一幕就在此上演。你還記得誰在山西當省長嗎？是毓賢呀。他在山東當省長的時候，招安了義和團；後來，因為洋人抗議，慈禧把他免職。再後來，慈禧反悔，又把毓賢調到山西來任省長。這當下，慈禧一行大老遠的由北京跑到山西來，為什麼？根兒就在毓賢呀，就是他招安義和團、向慈禧推薦義和團。如今怎麼樣，義和團惹惱了外國人，八國聯軍打進北京，慈禧一路屁滾尿流，逃至山西。這一切，慈禧絕不認為自己錯了，就是後來向八國聯軍屈服，下罪己詔的時候，也是以皇帝載湉的名義下的。任何時候，她都不承認錯。那麼錯的，就只有執行者、推薦者了。

毓賢知道慈禧快到了，他心中沒底，不知會得到怎樣的結果。他忐忑不安地、早早地來到城外，就那麼一直跪著，等待慈禧的到來。他希望通過這樣的誠意，打動慈禧。可慈禧的轎子一落地，她就沒有好聲氣地對身邊的李蓮英說：「叫毓賢近前說話！」毓賢跪著挪到慈禧面前，低頭一語不發。慈禧對毓賢說：「去年你向我彙報工作時，大談義和團如何之可靠。可惜你錯了，北京今已破矣……」毓賢哆嗦著，接連叩頭九次，請慈禧寬恕他。慈禧歎息一聲，便命令轎夫進城。對這個毓賢，如今她是多一眼都懶得看了。

幾天後，榮祿由北京趕來，這讓慈禧備感欣慰。然而，榮祿也給老太婆帶來一個個悲慘的消息，圓明園如何遭劫，頤和園如何遭劫，紫禁城又如何遭劫，等等等等，令慈禧大悲大慟。慈禧唉聲歎氣地問如何收拾殘局，榮祿說：「現在只有一條路可走，那就是必須處死端親王，以及其他力挺義和團的王公大臣。再就是必須早日回京，以免夜長夢多。」慈禧只得下令，將毓賢及其他力挺義和團的官員，統統革職。隨之，慈禧召見毓賢，說：「兵荒馬亂的，現如今這棺木的價格也貴了。」暗示他最好自殺，以免八國聯軍上門索命。不知毓賢沒有聽懂慈禧的意思，還是他太過於貪生怕死，他最終沒有選擇自盡。

九月三十日，慈禧等離開太原，前往陝西。接下來的旅程，離戰區越來越遠，沿途供應越來越豐盛，旅途也就越來越快活了。許多善於鑽營的官員，也紛紛加入到快樂之旅。慈禧怕寂寞，所以樂見大家都跟著她走。

到西安後，慈禧把省府當做臨時宮廷，普通的牆壁外，統統塗上了朱紅色。宮牆之外，圍了一圈柵欄，侍衛就在欄外把守。與此同時，各部亦草創建立起來，一個流亡的清帝國中央政府，在西安敲鑼打鼓開張了。

因財政拮据，慈禧把各省進貢的物品和金銀，一一都收藏起來。但她每天的膳食，仍費銀二百兩。慈禧的功能表由太監掌管，每日選擇一百種上桌（這一標準，是北京時的十分之一）。慈禧喜歡喝牛奶，因此，又在宮廷附近養了六頭奶牛，以供日用，此項每月廢銀二百兩。

安頓下來以後，慈禧復又回到在北京時的生活，看戲、遊玩、打牌，一切娛樂，跟在京城完全一樣。同時，還有幾個太監在晚上負責為她按摩，讓她隨時保持良好的睡眠，以使老太婆在新的一天，能夠有充沛的精力去收受各省的金銀貢物，能夠有充沛的精力去遊山玩水、看戲打牌。至於北京的亂攤子，至於水深火熱中的黎民百姓，那不是她所關心的。

時有蘇州官員，到西安去進貢，他回去後在給友人的信中，描述了他在西安的所見所聞，說「太后仍獨攬大權，無論巨細，躬自裁奪。最信任者謂榮祿等。予見太后精力強健，雖壽已六十有四，而望去不過四十許人」。這說明，慈禧很放得開，不懼亡國。她所期望的，就是不管在哪裡，她個人快活就行。不過，她也有放不下的地方，那地方不是國，而是她在北京的寢宮。剛到西安時，北京方面不斷傳來壞消息，諸如八國聯軍把她的寶座扔進了湖裡，諸如有的士兵還在她的臥室裡淫亂宮女，畫淫亂的畫等等。聽到這些，老太婆的肺都要氣炸了。這也常常使她坐臥不安，一心急於和八國聯軍達成和解，以便早日回京。

慈禧身邊的太監們也沒閑著。前文提到的那位懷來知縣吳永，他後來隨駕西逃，任糧台會辦，掌握錢糧大權。吳永曾在《庚子西狩叢談》中記述了他的一段親身經歷，他回憶說，逃亡大軍到山西後，慈禧的排場越來越大，一切費用都要地方承擔，太監們則趁機勒索錢財。如首領太監以及有點權力的小太監，都需要幾兩或十幾兩銀子打發，才肯幫忙通融上下。但總管太監李蓮英就不同了，前來辦事的人，沒有個一百兩左右的銀子是絕對不行的。

清帝國執政集團上上下下、清宮裡裡外外，國難時尚且不誤紙醉金迷、腐化墮落，你就可以想見他們在和平年代，又該是何等的不可救藥。這樣的國一日不亡，人民就一日不得安寧。可這樣的國亡了以後又如何呢？大家都看到了，走了一波老混蛋，又來了一波新混蛋；而且，一波比一波專制，一波比一波能貪，一波比一波會貪。他們像慈禧一樣，不懼亡國。因為這個牌子的國亡了，到下一個牌子的國裡，他照樣是貪污階級、吸血階級。一句話，只要一黨、一族、一家、一姓氏的國度，新老混蛋們就永遠是從勝利走向勝利的主角。所以，這個國亡了，他可以到下個國裡繼續去貪，繼續去歌舞昇平，繼續去營造貪污的盛世。

大清帝國亡而不亡，嗚呼哀哉！

① 《慈禧統治下的大清帝國》第二百二十至二百二十二頁。

一抹殘陽下山崗

義和團高層的結局

我們前面說過，慈禧在出逃的途中，就對軍隊下達了剿滅義和團的指令。義和團被滅了，那義和團的高層（被慈禧任命為義和團總指揮者，或朝中力挺義和團的大臣）怎麼辦？慈禧任命李鴻章等為代表，與八國聯軍進行談判，外國人的條件是，義和團要滅，義和團高層也不能放過。這是件很頭疼的事，但慈禧不予以果斷處理，她回北京的路就難以打通。老太婆狠了狠心，終於出手了。這就是慈禧，該出手時就出手，這一點，她比梁山泊人可牛多了。

一九〇一年二月，慈禧下令：莊親王載勳賜令自盡；毓賢正法；剛毅已死，追奪原官；甘肅提督董福祥等亦一一獲罪。八國聯軍不為所動，他們認為清廷對端親王載漪和輔國公載瀾的處置太輕。一星期後，慈禧再次下令：載漪、載瀾監禁候決，其後減為發配新疆，永不赦免；剛毅雖死，但仍要給予儒家文化中最重的刑罰，即開棺戮屍；趙舒翹、英年二人，則賜令自盡；軍機大臣啟秀和徐桐的一個兒子，在北京處決。與此同時，反對義和團並被處死的袁昶、許景澄等大臣，平反昭雪。

有意思的是趙舒翹這個人，慈禧很想保護他，可八國聯軍堅決不幹。不知是慈禧策動的，還是趙舒翹本人真有那麼多的民意支持，總之西安有數百人聯名保他，而他本人也一萬個不想死。可慈禧的胳膊擰不過八國聯軍的大腿，最終還是將趙舒翹賜死。趙舒翹心有不甘，便以拖待變，等來新生的機會。結果，死了若干回，遭了很多罪，都沒能自盡成功。負責監刑的官員等得不耐煩了，就用厚紙浸於劣性酒中，然後塞入其喉管。一回沒死，二回沒死，趙舒翹的命真是太大了，前後連續折騰五回，監刑官才將其悶死。同樣是死，何必這麼遭罪而去呢？你看看人家張蔭桓，①面對死刑的時候，就特別的大丈夫。臨刑前，張蔭桓還畫了兩頁扇面給他侄兒，畫好了，振了振衣袖，走上刑場，然後對劊子手微微一笑：「爽快些！」隨之從容而去。這種死，同樣不失體面與尊嚴。

回到正題，我們再說說莊親王載勳（清太祖努爾哈赤的後代）之死。載勳與家人住在山西南部的蒲州官署裡，欽差葛寶華奉旨而往。葛寶華到了以後，先與載勳見了個面，什麼也沒說，就面色凝重地走了。葛寶華的意思也很明顯，就是看看莊親王，是不是老老實實待在家裡等待聖旨。知道自己的目標沒有跑，葛寶華就退出去查看房子，他見莊親王的屋後有一座古廟，就走了進去，並在那裡選擇了一座空屋。一切準備就緒後，葛寶華命縣府帶兵在此彈壓，他去見莊親王載勳。

見了載勳，葛寶華依舊面色凝重，說：「你跪下接旨吧。」對於一個親王來說，這是很不客氣的話了。然而，載勳並不急著跪下去，而是懷著忐忑之情問了一句：「是要我的腦袋嗎？」葛寶華手裡有聖旨，就等於有了尚方寶劍，他不屑於回答罪臣的任何問題。見葛氏不答，載勳已經知道結局了，他只好跪下去接旨。聽完賜死的詔書，載勳要求與家人訣別，葛寶華答應了。載勳的兒子得知一切後，早已是泣不成聲；載勳的兩個妾因恐懼而暈倒。當時，可謂是一片淒厲之聲。載勳完全沒有趙舒翹的那種婆婆媽媽，他推開家人，問葛寶華：「在哪裡死？」葛氏說：「王爺願意到背後的空屋裡來嗎？」載勳跟到那裡，見房梁上已懸掛好了繩子，遂對葛氏說：「欽差大人想得真周全呀，可讚。」說完，就自盡了。

下面是英年之死。這個膽小如鼠的人，在與家人告別的那一夜，大哭不止。隨後，他被帶到西安臨時的刑部監獄。第二天，正值元旦，人人都忙著過年，沒人去看他，他就終日以淚洗面。哭到半夜，戛然而止。天亮時，他的下人見他臥在地下，滿臉污泥，已處於半死狀態。這時，賜死的命令尚未下達，英年先就嚇死了。可憐可歎。

毓賢之死，似應特別引起我們的關注，畢竟他是義和團的伯樂嘛。當力挺義和團的大臣，一個個被處死的時候，毓賢正帶病行進在發配的路上。他一路走，一路哀歎自己命運的不濟。他沒有想到，還有比這更壞的，他還沒到發配地呢，要他老命的聖旨就追來了。毓賢接罷聖旨，頓時面無人色，這與此前他在山西巡撫任上的兇狂表現，判若兩人。上刑場時，毓賢已不能自立行走，只得由人攙扶。當天下午一點，毓賢身首異處。毓賢為官殘酷，那是出了名的。但可以肯定的是，毓賢為官廉潔，死後貧無一錢，入殮時竟無一件新衣可穿。

最後說說啟秀之死。啟秀與徐承煜一同被殺於北京菜市口，時間為一九〇一年二月的某一天早晨。啟秀聽完行刑的命令後，問：「誰的命令？」劊子手回答說：「聖旨來自西安。」啟秀坦然道：「是太后的旨意，不是洋人的意思，我死而無怨。」啟秀真是個頭號愚蠢的奴才，要你的老命，這不是洋人的意思，難道還是慈禧的意思不成？慈禧殺完這幾個支持義和團的大臣，她回京的路也總算是鋪平了。

順帶一說的是少年惡棍皇太子。慈禧急不可耐地要回北京，可八國聯軍說，你的屁股還沒擦乾淨，怎麼就跟沒事人似的呢？八國聯軍所指，就是端親王載漪，以及他的兒子、十五歲的皇儲溥儁。所有的義和團高層官員都殺頭了，可義和團的首領載漪，卻僅僅得了個發配的處分。僅憑這一點，八國聯軍就不幹。而載漪的兒子不廢，將來成為皇帝，他們父子還會繼續以外國人為敵。所以，這對父子，必須得到處理。這是八國聯軍的想法，慈禧怎麼看呢？她同樣恨透了皇太子這個少年惡棍。這麼說吧，皇太子好像從來就不知道自己姓什麼，在慈禧面前，連皇帝、李蓮英、王公大臣都奴顏婢膝，可他卻無所畏懼。皇太子大約覺得老太婆年事已高，再也沒有精力更換太子了，所以有恃無恐，常當面觸怒老太婆。慈禧那個後悔喲，恨得牙根癢癢。既然連外國人都這麼討厭皇太子，算了，藉這個機會把那個小畜生給廢了吧，把回家的路鋪得軟軟的，走著舒服。於是，太子被廢。

史載這位十五歲的皇太子「與戲子流氓熟識，與侍奉慈禧之宮女有私。彼從不讀書，所好者皆下流之事，形容粗暴，不堪入耳」。我們有理由相信，假如沒有義和團的插曲，這位少年惡棍，就是將來的帝國之主。就他個人而言，他很不幸，趕上一個亂世，也就無福稱帝。不僅如此，慈禧還剝奪了他的皇親國戚的待遇，只給了他一個象徵性的爵位，既沒職，也沒薪，一下子從貴為準皇帝的位置，跌落成一個徹頭徹尾的窮人。在北京南城的污穢之地，經常可以看到大清帝國這位前太子的身影，他每每喝得爛醉如泥，渾身骯髒……

辛丑合約

慈禧要做的，已經做完。下面我們來看看談判的情況，其中有回顧，也有進展。

一九〇〇年十月，李鴻章抵達北京，與慶親王奕劻會合，代表清政府與八國聯軍展開談判。奕劻、李鴻章向八國聯軍道歉，請求他們停止軍事行動，然而各國的反應極其冷淡。在這些國家中，他們各有盤算。俄志在掠取清國東北的土地（後面詳述）；德、法、日、意志在瓜分清國領土；英、美則以商業為重，希望保持在華的貿易利益，同時對俄國的擴張保持高度警惕，並反對各國的領土要求。

年底，八國聯軍提出議和大綱，迫使清政府全盤接受。十二月二十二日，李鴻章從美國使館抄得一份材料，立即電告軍機處，轉呈慈禧一閱。老太婆看後，發現八國聯軍沒有將她列為拳亂的禍首，也沒有要她歸政載湉，如獲大赦，喜笑顏開。慈禧當天就電覆奕劻、李鴻章，說原則上同意議和大綱的內容，並授權兩位談判代表，要「量中華之物力，結與國之歡心」。慈禧什麼意思呢？就是說，你們倆看著辦吧，咱華夏有的，只要洋鬼子喜歡，都儘量去滿足。這也就意味著，慈禧為儘快地達成和議，儘快回到北京，她已全部接受了八國聯軍提出的條件。要論賣國，是慈禧賣國，與談判代表無關。

一九〇一年九月七日，奕劻與李鴻章代表清政府，與十一國簽訂最終版本的《辛丑合約》。根據這個條約，八國聯軍除留一部分常駐京津、津榆兩線的兵力外，其餘全部撤回各自國內。條約則規定清政府，向各國賠款白銀四億五千萬兩②，分三十九年付清；加上利息，共計九億八千萬兩白銀。賠款本金，恰是當時清國人口的總和，有人戲稱，這等於每個清國人被罰一兩銀子；本金加利息，為當時清國年總收入的十二倍。很誇張，但慈禧不覺得，再多的錢，也就是毛毛雨啦。橫豎不用慈禧本人出一個鋼鏰，她有什麼好難過的。

我在「第一章」寫到過一個章節，叫做〈無情黑手老毛子〉，說他們怎樣趁火打劫，搶佔大清帝國的地盤。你看看，這一回，俄羅斯老毛子又來了。當八國聯軍從天津正向北京挺進途中，俄國突然出動大軍向清帝國東北三省發動大規模的入侵，鎮守黑龍江的將軍壽山兵敗自殺。俄軍長驅直入，一連佔領哈爾濱、瀋陽，直抵長城的起點山海關。僅七十天，俄國便攫取清帝國領土一百一十餘萬平方公里。俄羅斯老毛子這支手，真夠黑的呀！他們總是無時無刻地準備著攫取清帝國的領土。在這裡轉換一個名詞吧，中國承接清國，清國本來就是中國、中國人的一個朝代。毫無疑問，俄羅斯對清帝國的掠奪，就是對中國、對中國人民的掠奪。這一點，任何一個中國人，任何時候都該銘記不忘。

① 張蔭桓曾出使美國、西班牙、秘魯等國。戊戌年間，慈禧以「聲名甚劣」為名，將其發往新疆。一九〇〇年，慈禧恨洋人，遷怒於西化了的張蔭桓，下令將其就地正法。一年後，清政府與八國聯軍議和，外國人認為張蔭桓死得冤枉，慈禧又為其平反。

② 這一賠款，史稱「庚子賠款」。後來，美國向清政府退款約一千萬兩白銀，用於清國向美國派遣公費留學生；清華大學的建立，也得益於美國的這筆退款。英國後來也退還了部分賠款。

蝗蟲集團在路上

《辛丑合約》簽訂後，慈禧一刻都坐不住了，她急於回到北京。當聽說她藏在北京宮中的寶物，沒有被聯軍掠取時，她回京的心情就更加迫切了，她深怕太監們竊取這些寶物。慈禧老太婆一生最愛兩樣，一是至高無上的權力，一是金銀財寶。當年，她發動宮廷政變，把顧命大臣幹掉，肅順的財產被沒收後，悉數流進她自己的寶庫裡，使她一夜暴富。這與「和珅跌倒，嘉靖吃飽」，如出一轍。慈禧牽掛在北京的寶物，也不忘把各省所進獻的貢物一一帶上。

十六個月前，慈禧自北京出走時，身無一物；如今，她自西安回，僅所載箱籠的車馬，就高達三千多輛，車隊前後綿延八百里。如此出逃，真是無本萬利的大買賣。為了使這些金銀財寶如數運回北京，行前，慈禧親自監督工作人員打點行裝，生怕有任何遺漏。即便在路上，慈禧同樣事必躬親，每一站點，必對隨行箱籠加以清點。事無巨細，令人咋舌。

一九〇一年十月二十日，回京的長隊踏上歸途。一路上，慈禧們照樣是每頓擺席數百桌，而每過州縣所臨時搭設的廚棚，每每長達半條街。其後的行程見聞，通過倫敦《泰晤士報》（一九〇二年三月）的報導，更是讓我們大開眼界（文字上，我略加編輯，以使通順入情）：

一九〇一年十二月三十一日早，全宮到正定府，有一大馬隊護送，隨從官員極多。車有三千多乘，太監約共三百人……全宮住在正定府三日，其雜亂之情形，非筆墨所能述。每屋隅皆堆以箱籠等物件，太監僕從坐而圍之。天氣極冷，寒暑表在冰點兩度以下，旅行之人，冷極而歎，至於流涕。中下級官員，不得宿處，不得已於車站左近，尋一棲身處，以度數日。

一九〇二年一月三日，上面宣布啟程，數千人如釋重負，歡欣鼓舞。每一王公，其騶從自三十至一百人不等，皆行於北方凍裂不平之路，裝貨之車，川流不息，呻吟軋軋於冬季短日之中。但慈禧、皇帝、嬪妃、總管太監等，則所行之路不同。由西安起，沿路皆以發光之泥鋪平，極其軟綿，步行無聲。不獨無一石子，且皇駕到時，另有一班平道之夫，以毛帚刷地，令其更細而平。每隔十英哩，有一極佳休息處，皆先預備無缺。據一承辦此事者言，鋪路之費，每八碼約需墨洋五十元，只一英哩需一千鎊也，蓋其泥有取於極遠之地者。清國道路，平時本極污穢，此則不過為其臨時濫費之一端而已。

……特別列車，已由此國鐵路公司盛宣懷預備停妥（慈禧之臥榻，盛宣懷為其備有鴉片煙具。可見慈禧老太婆跟他丈夫奕寧一樣，也在吸毒犯之列——作者評注），定於九點半開行。皇后嬪妃等早七點到車站，皇帝亦先慈禧而到，及慈禧到時，皇帝率領餘人跪接。袁世凱之兵，約一千人，為慈禧衛隊。①

慈禧、皇上之車，皆以華麗新奇之黃緞裝飾，各有寶座、睡榻、軍機廳等。車行時，慈禧之車，恒為聚會之處。六時，慈禧已到保定車站。霜氣極重，沙土飛揚，兵執炬以導輿夫，蓋其時天尚未亮也。慈禧第一次坐火車，極為滿意。

一九〇二年一月六日，宮廷乘特別火車抵達近京南部的一個車站，當時那裡設有極大的棚子在站旁，另準備一個地方招待外國人。接待慈禧用的臨時棚子，裡面裝飾極其華美，有金漆寶座，有祭壇用品，以及各種貴重的瓷器。

遠遠望去，三十餘節車廂緩緩靠近車站。京城數百高官從一車窗中看見慈禧後，齊刷刷跪倒在冰冷的地上。內務府大臣繼祿，嚷嚷著讓外國人趕快脫帽致意。列車停穩了，第一個下來的是李蓮英，他看了一眼跪在地上的高官，油然而生的尊嚴感，讓他心情特爽。隨之，他去檢點堆積如山的箱包。接著，皇帝也下來了，他緊張而恐懼地看了看身後的慈禧，趕忙上轎，匆匆而去。慈禧下車後，她彷彿沒有看見跪在冰冷土地上的百官，倒是向那些脫帽致意的外國人招了招手。慶親王趕忙跑過來請安，王文韶緊隨其後（王氏是繼李鴻章之後的議和全權大臣）。他們二人請慈禧上轎，慈禧說：「不忙。」她一直在月臺上站著，鶴立雞群，精神矍鑠。她與人說話的當兒，李蓮英過來了，他把行李清單呈上，請慈禧過目。她看了看，很滿意地還給李蓮英。視財如命的老太婆，這才放心上轎，前呼後應地消失在月臺。

慈禧回到寧壽宮的第一事，就是讓太監趕快把她藏的寶物找出來。結果都在，然後，她抑制不住興奮地說：「到家了，到家了。」

① 此時的袁世凱為直隸總督。

第五章

落葉秋風掃

慈禧

春暖花開心未開

慈禧回來了，她為自己的金銀財寶沒有被打劫而興奮不已。然而，她的這種興奮沒有維持多久，就蔫了下去。她的一個個樂園、宮殿，乃至整個北京城，那真是滿目瘡痍，慘不忍睹。過慣太平盛世的老太婆，哪裡受得了這個。所以，整個冬天，頤和園裡的老太婆，每天都在暴怒中度過。一直到春夏，慈禧依舊是花開心未開。那些過往的舊事，她跟身邊的宮眷們不知嘮叨了多少回，可她還是不厭其煩，一遍又一遍，沒完沒了。這一天，她在船上遊玩的時候，又開始嘮叨了起來，她不容插嘴，也沒人敢插嘴。慈禧的嘮叨，想到哪兒，就從哪兒說起。至於扯到哪裡為止，也全憑她高興。這些跡象表明，老太婆真的老了。她說：

我知道我們這裡有許多人家，被外國傳教士弄得家破人亡；這些傳教士，專門勾引青年人去信他們的宗教。現在我要告訴你們：為什麼我不喜歡見外國使節夫人，一見她們我為什麼會感到不安？就因為我們是禮儀之邦，不好意思當面拒絕人家的任何要求。你們是不知道，這些外國人，總喜歡干涉人家的內政，動輒就要求大清國宗教自由。咱們宗教不自由嗎？笑話，我是老佛爺我還敬佛呢，這自由外國人有嗎？（慈禧說到這裡，笑了起來，其餘的宮眷也都跟著一起傻笑）

我知道你們一定要笑的。我也知道，不是所有的使節夫人都令我不安，比如美國的康格夫人就是個好人；美國和清國的交情也不差，庚子年的時候，美國人就沒在宮中亂來，這很讓我感動。不過，總不能因為這個，就叫我相信他們的宗教。（宮眷們點頭如搗蒜，認為老太婆說的準沒錯）

當年，康有為就想叫皇帝入教。不過，只要我活著，他們就休想。我也承認在有些地方，像海軍和機器什麼的，外國的是比我們強。可是要說到文明，還就得說我們清國第一等。

我知道有許多人說，朝廷和義和團是串通的，其實並不是。我們一知道亂事發生，馬上就派兵鎮壓，可是已經來不及了。我那時候決心不離開皇宮。我已經是一個老婦人了，死活早不放在心上，但是端王和瀾公勸我馬上走。他們還要叫我假扮了別人出去，我大怒，堅決拒絕了他們。後來，我回到宮裡，有人告訴我，外面傳說我出走的時候，穿了宮中一個老僕的衣服，坐了一輛破騾車，而那老僕卻穿了我的衣服，坐在我的轎子裡。我不知道這些故事是誰編出來的。自然人家一聽就會相信，並且很快就會傳到外國去的。（這些故事，宮眷們不知聽了多少回了，但卻一如既往地像頭一回傾聽一樣，聚精會神，張大嘴巴，做出吃驚狀，是以博得慈禧歡心。）

再說到義和團運動的時候，我是多麼苦啊，宮裡的人沒有一個願意跟我走。有些在我還沒有決定走的時候，就逃得無影無蹤了，有的雖然不走，卻不做事情，站在旁邊冷眼看著。我下了決心，問問有多少人願意跟我走，我說：你們願意同去的就跟我去，不願意同去的就離開我好了。出乎我意料之外，來聽我說話的人極少，只有十七個太監、兩個老媽子和一個宮女，那就是小珠。只有這些人說，不管怎樣他們總跟著我。我一共有三千個太監，可是他們都跑了，我要查點都來不及。有些還要當面對我無禮，把我貴重的花瓶跌在石板上打碎了。（慈禧每每嘮叨到這裡，宮眷們就憤憤地來一句：「這些該死的！」慈禧有時還勸她們：「不必為這些小人傷心，我都不傷心了。」）

他們知道我沒有時間去責罰他們，因為情況非常緊急，我們馬上就要動身了。我大罵，禱告祖宗在天之靈保佑我。每個人都和我一同跪下禱告，和我同走的唯一的親屬就是皇后。有一個近親平時我待她極好，她要求什麼，我總答應她，這次居然也不願意和我一同出走。我知道她為什麼不肯同去，她想一定有外國兵進來把我們一起捉住殺掉。

皇帝和皇后都乘騾車。我一路上禱告，求祖宗保佑，皇帝卻口都不開。有一天，忽然下起大雨來，幾個轎夫逃了，有幾匹騾子死了。五個小太監還不識趣，去和縣官鬧著要這樣那樣的。縣官跪在地上向他們懇求，說一切都照辦。我聽到了大怒，我們在這種情形之下，自該知足，怎麼可以苛求。於是我責罰了那幾個太監，他們竟跑了。大約費了一個多月光景，我們到了西安。我不能形容那時候的苦楚，一面還擔憂著，所以我一連病了三個月。這是我一生中永遠不會忘記的。（宮眷們點頭如搗蒜）

光緒二十八年初，我們回到北京，當我看到宮中這一番景況，又是一番傷心。一切都變了！許多名貴的器皿不是被偷了，便是被毀了。西苑①裡的寶物完全被一掃而空。我那天天禮拜用的白玉觀音，也不知被誰砍斷了手指。有些外國兵還坐在我寶座上照了相。想起這些，我的覺都睡不著。

慈禧嘮叨完，總有一個領頭的宮眷代表大家大拍馬屁，那套說詞早成既定模式：「這也就是老佛爺您，這麼大的事，擱別人身上，早扛不住了。」慈禧最愛聽這話，她一高興，就會招呼大家：「上岸上岸，到山上吃東西去。」大家早就飢腸轆轆了，於是紛紛上岸、爬山，不亦樂乎。

①西苑即今之中南海。中南海是中海和南海的統稱。南海有瀛台半島，島上主要建築有勤政殿，翔鸞閣、涵元殿，蓬萊閣，豐澤園等。這裡為帝王處理朝政的場所，戊戌政變後，載湉皇帝囚禁於此。

宮裡來了個準洋妞

轉過年去，就到了一九〇三年。西逃的事，八國聯軍的事，漸漸淡去。慈禧內心深處的傷痛，正逐步得到療治，她的心態一天好似一天。這個時候的慈禧，已不再排外。相反，她又開始媚外了。你注意到了嗎？她從西安回來的時候，在車站上，一眼沒看跪了一地的清國高官，倒是非常熱情地向接站的外國使節們揮了揮手。還有一個情節，我一直沒有去寫，就是慈禧返京途中，無論在省外，還是在北京城內，所見外國人，她一律十分友好地招手致意。這讓一些高官心裡十分不得勁兒，認為以老佛爺這樣至高無上的地位，見外國人就招手，有失大清帝國的尊嚴。不過，這意見，誰也不敢跟慈禧提，弄不好是要殺頭的。慈禧順著自己的性子，也是愛屋及烏，就想到了海外的滿洲人。恰好，大清帝國的駐法大使裕庚任滿，帶著全家回國，那就叫他的家眷進宮服務吧。

滿人規定，官員的子女到了十四歲就得進宮服役，女孩子做宮女，或被選做宮妃之類；男孩子則做些基本勞動。不同的是，女孩子進宮後，很不容易出得去，而男孩子只需服役兩年即可出宮謀差。況且，男孩子在服役期間，晚上是不住在宮裡的。皇宮對於他們來說，只是一個上班的地方。裕庚的兒子勳齡就曾在宮裡服役，做電工。

慈禧安排在陽春三月第一天，接見裕庚太太和他的一雙女兒德齡與容齡。這時，裕庚一家及僕從五十多人住在北京城裡，慈禧則住在頤和園，之間的距離大約有五十八公里，而通行的惟一工具就是轎子。負責安排接見的慶王，希望她們母女於當日早晨六點前到達頤和園。關於穿什麼衣服去拜見慈禧，令這家母女破費周折。穿滿人自己的衣服吧，她們在國外多年，所穿全是洋服，身邊沒有一件滿族服飾。所以，只好穿洋服。洋裝雖然穿在身，裕庚一家依舊是清國心。想好了，她們母女三人當天凌晨兩點多，就開始忙著打扮了，裕庚太太穿的是淡紫鑲邊兒的海綠色長袍，黑絨大帽上插著雪白的長羽毛。兩個女兒穿的是紅袍，鮮豔的紅帽上，同樣插著美麗的羽毛，一個個如昭君出塞。準備完畢，凌晨三點的時候，她們就披著夜幕，乘轎出發了。慈禧當年出逃，選的也是這麼個時辰。

路程很遠，也很艱苦。三乘轎子，二十四個轎夫輪班。每乘轎子還配備了以下人員：轎前有一個領班轎夫引路；轎後有兩個侍從；轎側有一個騎士護衛。每乘轎子後面還跟著一輛騾車，轎夫輪流休息時乘坐。你也許說了，這不是多此一舉嗎？都坐騾車多省事。那可不一樣，坐轎是身份的象徵，騾車只有轎夫之流乘坐。然而，坐轎子卻也是一件十分艱辛、遭罪的事情，因為你坐在裡面，必須筆直而靜靜地坐著。否則，轎子就會翻倒。長途旅行下來，坐轎子的人，往往會感到極度疲倦。

騾車與轎子所體現出來的尊卑，使我想起乾隆年間的一件事，英國人送給清政府一輛很先進的馬車，希望能藉此打開這種車輛在清帝國的銷路。清政府一個官員很高興，於是趕忙爬上高高在上的那個座位。英國商人對那位官員說：「大人，你坐錯了位置，那是車夫坐的。」車夫坐了上去，官員坐到了後面的客座上。這一來，那位官員立時惱怒起來：「車夫怎麼可以坐到我的前面，而且他的屁股正好對著我的臉。」就此，英國商人推銷馬車的計畫泡湯。就是今天，中國人包括很多官員，坐車還喜歡坐在副駕駛座上。他們有一種傳統觀念，無論開會還是坐車，坐在最前面，最好是坐在中間，他就很體面。否則，就有不被尊重感。梁山泊排位置，頗費心機；今天很多會議排位置，也頗費心機。中國人的智慧，全用在這些無聊的事上了，因而耽誤了很多寶貴的時光。

言歸正傳。裕庚的家眷一行四十五人，從城裡向城外趕去。夜幕下，惟有轎夫的喝道聲和馬蹄的嘚嘚聲，除外，到處是一片死寂。當一道淡紅色的光芒噴出地平線的時候，遠足者們漸漸接近目的地。不久，就到了頤和園。

兩個四等太監帶著十個小太監前來迎接，他們把慈禧所賜的黃絲簾掛在轎上，然後，轎子裡的人才可以走出來。據說這是一種莫大的待遇，尊榮之至。裕庚太太和德齡、容齡，被領進一個鋪著瓷磚的大院子，花台與古松錯落有致，松樹上還掛了不少鳥籠。這讓人聯想到慈禧鍾愛的一個放生遊戲，每逢她生日，宮裡的人須每人買一百隻不同的鳥送給她，她同時以自己的私房錢，買鳥一萬隻放生。壽誕那天，大殿上掛滿各種巨大的鳥籠，裡面滿是鳥兒。下午四時，慈禧率領全宮人員到山頂的一個廟上，先燒檀香木禱告，後每個太監拿著一隻鳥籠跪在慈禧面前，她一一開啟，祝告所放之鳥，不復為人所捕捉，神氣很是嚴肅。最大的笑話是，慈禧剛放了的鳥兒，山後早已有太監等在那裡，張網捕鳥，拿來賣錢。這樣的小事，一笑而已。

裕庚太太和女兒由院子而屋內，坐在那裡等候懿旨。透過掛絲的窗子可以看到，院子裡大大小小的官員，穿著禮服往來如梭，卻不見他們有所為。以瞎跑製造出大事在身的假象，或許正是他們份內的事。專制社會大大小小的機構，全都這樣。

裕庚的家眷坐了不到五分鐘，一個穿得很華麗的太監進來說：「太后有諭：請裕太太和小姐們到東邊宮裡等候。」於是，她們又被引到另一個院子裡的另一間屋內。這裡盡顯華麗，雕花的桌椅，覆以藍光緞子；四壁飾以綢緞，溫暖而不失清新；屋內擺放了十多架式樣不同的掛鐘。可見，這是一間典型的中西結合的屋子。

不久，兩個年輕的宮女進來說，太后正在打扮，叫她們稍等片刻。你知道這個片刻是多久嗎？整整三個半小時！就是今天的中國人，大都也不遵守時間，官員尤其如此。他們甚至把踐踏約定的時間，當做一種權力的表達，認為只有違約延時，權力的尊嚴才得以體現。所以，開會、開宴的時候，姍姍來遲的總是領導。換言之，坐在那裡一等再等的，總是等而下之的人。在慈禧眼裡，連皇帝都屬於等而下之的人，裕庚的家眷就更不用說了。不過，裕庚的家眷比皇帝的待遇可好多了，他們坐等的時候，不斷有人送來慈禧所賜的牛奶，以及口味不同的食品，甚至是金戒指、玉戒指。

終於可以被接見了，裕庚的家眷起身前往，在太監的導引下，經過了三個與前相仿的庭院後，他們來到一個雄偉華麗的大殿。廓簷上掛著牛角燈，燈上有紅絲罩，罩下拖著紅穗，穗下墜著美玉。正殿兩旁，有兩間小屋，全然雕刻而出，簷下亦掛著華貴的燈籠。

隆裕皇后在正殿門口迎接，她微笑著與裕庚的家眷一一握手，禮節完全是歐美式的，態度自然，不失皇家典範。皇后說：「太后叫我來接你們。」接著，就從殿裡傳出一聲刺耳的喊叫，那聲音與皇后的溫文爾雅，形成鮮明對比：「告訴她們立刻進來！」那顯然是強權的、命令式的，口氣壓倒一切，令人生畏。那喊叫的人，正是大清國的主宰慈禧，裕庚的家眷聽了，個個心驚膽寒，不知後面會發生什麼。但也只好硬著頭皮，跟著皇后進去。

慈禧裝扮所花的時間，並不比一個京劇演員用得少。慈禧一生，愛權愛錢愛鮮花，也相當的愛穿著。這個女人，熱愛生活的程度，不亞於任何人，凡是人世間一切美好的東西，她幾乎就沒有不愛的。普通人如此熱愛生活，恐怕處處都有失落感，而慈禧幾乎就是愛什麼，就能獲得什麼。怪不得人人都想做皇帝，做專制國家的一把手，卻原來——這個位置上的人可以肆無忌憚地熱愛生活呀。

閒話少敘，我們來看看慈禧的裝扮。經過幾個小時的打扮，慈禧出現在裕庚家眷面前時，給人的感覺，雍容華貴裡摻雜了幾許暴發戶的因子。從頭說吧，慈禧的冕上，最扎眼的是琳琅滿目的珠寶。在冕的兩旁，各有珠花點綴，左邊有一串珠絡，中央有一隻特等美玉製成的鳳。慈禧冕上堆砌的這些玩意，不知是大清帝國富足的象徵，還是代表了慈禧暴發戶的心態。總之，惡俗得很。往下看，慈禧穿一身黃緞袍，上面繡滿了大朵大朵的紅牡丹（此乃大俗）。繡袍外面是一個漁網形的披肩，由三千五百粒珍珠做成（此乃大惡），大小粒粒如鳥卵，邊緣且鑲以美玉瓔珞。此外，慈禧還戴著兩副珠鐲、一副玉鐲和幾只寶石戒指（俗不可耐、惡不可耐）。在其右手的中指和小指上，戴著三英寸長的金護指，左手兩個指頭上戴著同樣長的玉護指。鞋上也有珠絡，中間鑲著各色的寶石。

看完了上面這段文字，你有沒有覺得，慈禧是中國歷史上（而不僅僅局限在清王朝）最最暴發的一戶呢？在我看來，何止是，就是世界史上，也不多見。

裕庚太太和德齡、容齡一進去，慈禧驚喜有加，她站起來，一邊和母女三人握手，一邊說：「啊，原來是三位拖著長尾巴的仙女！你們走路的時候，手裡提著裙子，不是很累嗎？這種禮服的確好看，但是我總不喜歡那尾巴。不過我得承認，我還沒有看到過一個外國女子穿得像你們這樣漂亮，我相信外國人都不如清國人富，他們戴著極少的珠寶。人家告訴我，世界上沒有一個皇帝有像我這麼多的珠寶，雖然這樣我還在隨時增添我的珠寶。」

接見的話題從服飾開始，大家都顯得很輕鬆。說話間，慈禧覺得裕庚的兩個女兒特別可愛，她尤喜其大女兒德齡，於是就決定把她們全留下，在宮裡服務。這是每個滿洲人的義務，裕庚太太及其兩個女兒，愉快地答應了。隨即，她們母女三人被安排在頤和園裡住了下來。

太后起床

次日，裕庚太太及其兩個女兒，開始了她們的見習工作。她們一大早穿戴好，趕緊跑到宮裡，卻發現皇后早已坐在走廊裡了。伺候慈禧的人，必須在早晨五點鐘起床，遲到是要受罰的。皇后對裕庚太太母女三人說：「我們現在須馬上到太后寢室去，幫太后穿衣服。記著，見了太后就說『老祖宗吉祥』。」

慈禧的起居習慣是和衣而睡，每晚換上一套乾淨的衣服睡下，次日起床時，直接穿外面的衣服。說起來很複雜，首先是穿上她的白線襪，用漂亮的絲帶繫住。然後穿上一件粉紅色的柔軟的汗衫，外面套上繡著竹葉的短袍，腳穿平跟鞋。這就是慈禧的家居服了，上朝辦公，另有衣服。家居服穿好之後，慈禧就走到窗前，那裡有兩張長桌，放著各色化妝品。

慈禧在洗臉梳頭時對裕庚太太說：「我不要宮裡的侍女、太監或老媽子碰我的床，因為他們都弄不乾淨，所以我的床總是宮眷替我收拾的。」說到這裡，她回頭對德齡、容嶺說；「你們倆不要奇怪，以為宮眷也要做這種低賤的事情。你們想，我已經這麼大的年紀，可以做你們的祖母了，那麼你們替我做些事情也算不得過分吧？輪到你們倆的時候，你們可以指揮別人做，用不到自己動手。」遂又對德齡說：「你的外國話和清國話，都說得那麼好，對我是個極大的幫助，我讓你做頭等的宮眷。你不必做太多的事情，只需在外國使者來朝見的時候，做我的翻譯好了。同時，我還要你替我管理珍寶，不要你做任何粗事。」進而對容齡說：「你可以撿喜歡的事情去做。」

德齡受寵之至，她不敢怠慢，趕緊走到床前，去看其他人如何工作。具體流程是：慈禧起床後，太監就把被褥拿到庭院裡去晾；宮眷再拿床刷，把刻花的木床刷乾淨，鋪上毯子，再在上面鋪上三條黃緞的褥子；再在上面鋪幾條顏色不同的黃緞褥單，褥單上繡著金龍藍雲頭。如此鋪設，簡直就是吃飽了撐的，但慈禧是大清國的主宰，不這樣不足以體現她至高無上的地位。

在褥單之上，高高地疊著六床被，顏色也各有不同，如淡紅、淡藍、綠色、紫色等等。床的頂部有雕刻精細的木架子，上面懸掛著雪白的繡花綢帳。同時，還懸掛了許多小小的絲織網袋，裡面裝滿了氣味濃烈的香料。初來乍到的人聞了，每每頭暈腦脹，乃至噁心嘔吐。很顯然，慈禧習慣於這種惡香。這個老太婆，喜歡把一切極端化，如權力的極端化、財寶的極端化、化妝的極端化、飲食的極端化、床鋪的極端化、顏色的極端化、服飾的極端化、性格的極端化……但凡能想到的，她都可以予以極端化。慈禧的血液裡，流淌著極端主義者的毒素。所以，她喜歡把一切推向極端。本書所涉慈禧，很多內容，極端之處，比比皆是。

大約十五分鐘後，宮眷們已把慈禧的床鋪好。這時，一個太監正在為慈禧梳頭。這個工作，最初是由李蓮英來擔任的，李升任總管後，這個頭等大事，就交給了其他太監來幹。這個活相當難幹。慈禧雖然早已過花甲之年，但因為保養得好，其頭髮且黑且軟，猶如黑色天鵝絨。也因此，她特別看重自己的秀髮，不容許有半根脫落。你想這可能嗎？別說是個老太婆，就是年輕人，都有個新陳代謝性的掉髮。又一想，慈禧是誰？她是大清帝國的惟一主宰啊，誰敢悖逆？李蓮英卻敢，他為慈禧梳頭的時候，就把掉下來的頭髮，悄悄藏到馬蹄袖裡。這也就是李蓮英敢這麼做，換換人，被發現了，那就是欺君之罪，非殺頭不可的。就有這麼一個小太監，那天代替李蓮英值班，為慈禧梳頭。結果，一根頭髮脫落，不敢說，不敢丟，慈禧發現了，問：「是不是有頭髮掉了？」那小太監說是。慈禧大怒：「給我按上！」那小太監當場嚇暈過去。打那以後，再沒出現過這種情況。這倒不是慈禧不掉頭髮了，而是所有的梳頭太監，都得到了他們大總管李蓮英的真傳。

慈禧梳頭的流程是這樣的，太監先把她的頭髮從中央分開，分別梳到耳根處，再繞上頭頂，盤成一個很緊的髮髻，髻的中央橫貫兩枚大針。之後，才開始洗臉。完了，再用一塊軟毛巾輕輕擦臉，然後灑上花露蜜，撲上淡紅色的香粉。這個期間，慈禧一語不發，生怕頭髮脫落她不知道，也生怕施粉不勻。寢宮內，鴉雀無聲。

梳洗完畢，慈禧彷彿從沉睡中醒來，她對德齡說：「你一定很奇怪，像我已經這樣大年紀的了，居然還花這許多時間和精神，來打扮自己。的確，我很喜歡打扮自己，也喜歡看別人打扮得好看。」德齡恭維說：「太后的確看來又年輕又美麗，我們雖然比太后年紀小，卻遠不如太后。」慈禧說：「你總比她們會說話。你說的不假，人人見了我，都說我比實際年齡小很多。你看看，我都快望古稀了，可仍有人說，我像四十歲。年輕真好。」

一邊說著，慈禧一邊帶著德齡，來到她藏珠寶的房間。房間三面靠牆的地方，全是木架子，從屋頂到地上，一格一格地整齊排列著。架上放著烏木匣子，裡面藏寶無數。每個匣子外面貼張小黃條，註明裡面所藏何物。慈禧指著右邊架子上的一排盒子說：「這些都是我日常所戴的，你得常常查看查看，有沒有缺少。其餘的，都是在特別場合戴的。這滿屋上下，大約有三千盒，還有許多鎖在別的房裡，等我有空帶你去看。」這算是一個工作交代與安排。之後，慈禧就開始上朝理政。

慈禧遊山玩水

上朝結束之後，皇帝載湉、總管李蓮英，通常都會回到各自的住處歇息，慈禧則卸下沉重的珠寶等行頭，換上小巧一些的首飾，然後就到戶外散步。這天，慈禧笑著對德齡說：「你還沒有享受過我們散步的這種快樂，走，我帶你到那邊的山頂上去吃飯，那裡有一塊極好的地方。我想你一定也喜歡的，來吧，我們一起去。」慈禧回頭看了看，接著愉快地說：「看，多少人跟著我們來了。」德齡轉身一看，果然跟來不少人。其實，就是護送慈禧上朝的原班人馬，有太監，也有宮女。慈禧去哪兒，他們都得跟著，因為這是他們的工作。其中的一個太監，時時捧著一把黃緞椅，如影相隨；慈禧若是走累了，就停下來坐坐。其他人，則都必須站著。

最後，大家來到有石舫的地方。慈禧指著石舫說：「你看看這許多破損處，都是庚子年被洋兵弄壞的。你瞧那一排玻璃的彩畫及顏色，現在變成了這個樣子！我也不願意去修理。這也算讓它留一個紀念。」談話中，遠遠看見划來兩隻華麗的大船，後面和左右兩邊佈滿了小船。這許多小船，也是極精巧的，一眼望去猶如極美的浮塔。浮塔的窗子掛上紅色紗簾，並且鑲著緞邊。慈禧說：「船在那裡。我們必須上船，划到湖的西邊去用餐。」

太監細心地伺候著慈禧上船。船上有各種不同式樣雕花的檀木桌椅，上面鋪藍緞的墊子，兩邊窗子都佈滿著花朵。船上還有兩個小房間，一間是更衣室，室內有全副梳妝工具；另外一間內有兩鋪炕和幾張小椅子，是為慈禧疲倦時休息而設置的。慈禧和大家一同坐在船板上，瀏覽岸邊的風景。興致所致，慈禧叫大家看後面跟來的船。德齡伸頭向窗外看去，但見皇后的船正尾隨而來。慈禧揀了一個蘋果給德齡，並笑著對她說：「你能投給她們嗎？」德齡用力一擲，那個蘋果撲通落在水中，慈禧叫她再拋一個，又未中。慈禧說：「看我的。」也投出一個蘋果，恰巧打中了一位宮眷的頭，大家笑得人仰馬翻。

另外幾隻平船，一隻滿載著太監，一隻滿載著宮女、阿媽。其餘都是替慈禧運送午餐的船。陽光下的湖色，清新宜人，令慈禧等開心的不得了。

上了岸，大家開始爬山。慈禧和皇后的轎子在前面，餘者在後。抬著轎子爬山，是力氣活，同時也是技巧活，尤其後面的轎夫，為了使轎子平衡，他必須將轎杆高舉過頭頂才行；稍有不慎，就有滾落的危險。但轎夫們常年為慈禧服務，個個訓練有素，也就有驚無險。到了山頂，大家扶慈禧下轎，之後就跟著她走進福清閣。

這幾乎是頤和園中最美麗的地方。此閣共有兩大間，每邊都有窗子，可以眺望全園。兩間屋子中央的一間作餐室，小的一間作更衣室。凡是慈禧所到之處，都有更衣室。老太婆的精力十分旺盛，娛樂、遊玩、換衣服，她從不知疲倦。以服飾來說，她每天都做一套新衣服，至於每天換幾套衣服，那要看需要。以今天為例，她上朝時是一套衣服，謂之朝服；朝會結束，她換了一套便服；這會兒到了福慶閣，剛吃罷午飯，又換了一套鮮豔的袍子出來。總之，只要她高興，就沒有玩不出來的花樣。

再歷傷心事

德齡姐妹的到來，讓慈禧快活不一。但也僅僅高興了個把月，一個不幸，又把老太婆的好心情打入冷宮，這就是一九〇三年四月十一日榮祿的去世。榮祿死後的第四天，慈禧從西陵回京，見到前來接她的弟弟桂祥，她悲憤交加地說：「你害了榮祿，舉薦那個無用的郎中。」由此可見，享年六十七歲的榮祿，與慈禧的關係非同一般。

據說，慈禧曾與榮祿定過娃娃親。更有傳言說，早在慈禧的丈夫奕寧帝死之前，慈禧與榮祿的關係就一直很曖昧。雖然這些說法無可考證，但有一事，卻可以佐證之。一八八〇年，榮祿與嬪妃私通，載湉的老師翁同龢告知慈禧，她還不怎麼信。時年四十五歲的慈禧，可謂「徐娘半老，風韻猶存」，她對於榮祿怎麼就沒有吸引力了呢？可是有一天，慈禧親眼發現了榮祿的背叛行為；她甚至懷疑，榮祿與慈安也有一腿，至少他們是同黨。於是，就憤怒地將其所有職務免掉。榮祿由此閒居整整十年。

日久天長，慈禧卻才發現，沒有榮祿的日子不好過。於是，漸而重新起用榮祿。一八九一年底，起任榮祿為西安將軍。一八九四年，允准榮祿入京拜賀慈禧六十大壽，適逢清日戰事，留京授予步軍統領，辦理軍務。戰後，再授榮祿總理衙門大臣、兵部尚書、協辦大學士，督練北洋新建陸軍。一八九八年六月，戊戌變法期間，授榮祿直隸總督兼北洋大臣，為慈禧發動政變立下汗馬功勞。榮祿旋即內調中樞，授軍機大臣，晉文淵閣大學士，管理兵部事務，節制北洋海陸各軍，統攝禁衛軍。一九〇二年一月，榮祿隨慈禧返京，轉文華殿大學士，管理戶部事務。

慈禧感念榮祿，他死後被追贈為太傅，諡號文忠，晉一等男爵。榮祿也算是哀榮之至了。

頤和園內女主人

慈禧臨朝

頤和園是集辦公、居住、遊樂為一體的場所。慈禧生活在這裡，享盡了權力，也享盡了榮華富貴。本書就要接近尾聲了，我們還不曾正面描述過慈禧臨朝指點江山的情景。那麼，下面這一節，就算是一個補充。

通常情況下，慈禧剛穿戴完畢，載湉皇帝穿著禮服就來了。這個時間必須恰到好處，早了晚了，慈禧都會震怒。載湉一進來，就在慈禧面前跪下，說：「親爸爸吉祥。」載湉對慈禧這個不倫不類的稱號，盡人皆知。什麼老佛爺、親爸爸，全是男性稱謂。慈禧在宮裡就喜歡人們這麼稱呼她，這種怪癖也實在無以倫比。

載湉問安完畢，一個小太監拿著幾隻黃盒子，放在一邊的桌子上。慈禧坐在她的小寶座上後，小太監便打開黃盒子，從每個盒子裡拿出一個封袋獻給慈禧。慈禧用象牙小刀把封袋裁開，取出裡面的東西看了一遍。此乃各部各省所上的奏章，慈禧每讀完一份，就轉手遞給皇帝載湉。慈禧與載湉讀完，所有的奏章又被放回盒子裡。此間，室內寂無聲息。李蓮英適時而入，他跪在大理石地上，例行公事地說：「老佛爺，轎子已經預備好了。」慈禧點頭會意，就走出寢宮上轎，到朝堂（下稱辦公廳）去會見各部長官。

從慈禧寢宮到辦公廳，不過五分鐘的路程。但為了體現老太婆的尊嚴，依舊是興師動眾，幾十名隨從浩浩蕩蕩而往。慈禧的轎子由八個穿禮服的太監抬著，皇帝在轎子右邊走，皇后及其他宮眷，則在轎子左邊走；李蓮英扶轎在左邊走，另有一個二等太監扶轎在右邊走；轎前四個五品太監，轎後十二個六品太監，各人手裡分別拿著慈禧的衣服、鞋子、手巾、梳子、刷子、粉盒、各式大小的鏡子、銀朱筆墨、黃紙、旱煙和水煙；最後一個太監，抱著慈禧的黃緞凳子（這個角色，我們在前面曾經提到過）。此外，大隊人馬裡還有兩個老媽子，四個宮女。這陣勢不像是去上班，倒像是搬家。

辦公廳約有六十一米長，四十六米寬，左邊有一張長桌，上覆以黃緞。慈禧入殿，坐在寶座之上。皇帝載湉，則坐在慈禧左邊一個較小的座位上。大臣們早跪在那裡，等待慈禧的訓示。

辦公廳後面有一個二十乘十八的壇。正壇之前，是慈禧的寶座；寶座後面是一個精緻的木刻屏風。壇上器物和裝飾品，都刻著華麗的鳳穿牡丹花，全殿的木材皆為烏木。在慈禧寶座的兩旁，各有一枝翣，是用孔雀毛做的，下面裝有烏木的柄。殿內一切陳設都用黃絨鋪飾。皇后、宮女等皆在屏風後等候。在這裡，宮眷們可以清楚地聽到慈禧與大臣們的談話。

這天，軍機大臣慶王等前來彙報工作，並呈給慈禧一張任免名單。慶王說：「有幾個人的名字雖然沒有在這單子上，卻是很適宜於這一職位的。」慈禧說：「好的，一切照你意思做吧。」慈禧又象徵性地問皇帝載湉：「這樣好嗎？」載湉說：「好。」上午的辦公，至此結束。

只有一個座位的皇家戲院

在慈禧的一生中，看戲成為她的一項重要娛樂。在頤和園，戲院不止一處，每處的戲臺共分五層，上三層作貯藏室和張幕用；下面的兩層——第一層為普通戲臺，第二層為演鬼神戲用。慈禧信佛，也更信鬼神，所以她特別鍾情於後者。戲臺左右有兩排矮房，是慈禧賞賜王公大臣們聽戲的地方。戲臺正前的三間大屋，則是慈禧聽戲的地方，大約高出地面十餘尺，和戲臺在同一水平面上。三間房屋中，兩間是可以坐坐休息的，靠右一間是慈禧的臥室，橫在前面的是一鋪炕，可坐可臥，隨慈禧喜歡。有時慈禧聽戲聽倦了，就躺下睡覺；鑼鼓的喧鬧，對她絲毫沒有影響，她照常可以睡得很香很甜。

頤和園的戲臺還有一個特別處，即可以旋轉，而且在高空還有種種特別設備。不但舞臺場面可以快速轉換，連天兵天將的從空而降，也毫不費力。慈禧在帝國的工業與軍事現代化上，沒有任何建樹，倒是在戲劇現代化方面，早已是趕英超美。

慈禧看戲與臨朝一樣，規矩多多，不可逾越。依舊是皇帝、皇后等陪同人員先到，慈禧一露面，滿戲院裡的人，自皇帝、皇后、妃嬪、郡主、宮眷等，最後為來賓，依次跪倒在地，等慈禧走到她的位置上坐下，大家才敢起立。一次，大家早早來到戲院，等待慈禧的到來。載湉皇帝也不知怎麼就來了童心，突然說：「太后來了！」其他人趕緊齊刷刷地跪下去，載湉立而未動。等大家反應過來，這才相互一笑。倘非載湉惡作劇，在頤和園裡，他哪裡配享人人跪拜的禮遇呢？

在皇家戲院裡，慈禧之外，大家怎麼看戲？全都站著唄。當然，貴為皇帝，也自不例外。有一天，劉趕三①在頤和園演一齣扮皇帝的戲，同台的戲子笑他是假皇上。那劉趕三忽然在臺上插科打渾，說：「你別看我這個假皇上，我還有座位坐呢！」這是諷刺真皇帝載湉看戲沒有座位坐。慈禧那天心情好，被劉趕三那句笑話給逗樂了，她笑著說：「那就給我們真皇上端把椅子吧！」從此以後，載湉看戲才有了座位。但載湉也不是隨時可以坐著看戲，如果慈禧的臉色不好看，就是有椅子他也不敢坐。所以，大多數情況下，坐著看戲的，只有慈禧一人。

坐著吃飯

在戲院裡，只有慈禧一人可以坐；吃飯的時候，同樣只有一把椅子，僅供慈禧就座。

清宮有一個龐大的膳食機構，諸如御膳房、御茶房、餑餑房、酒醋房、菜庫房等等，專門負責皇帝及其家人的膳食。以御膳房為例，它的工作人員就有三百七十餘人，以及數十個太監。御膳房由正副尚膳、正副庖長具體領導。帝國一把手每天的伙食配額為：各類肉三十七斤；豬油一斤；羊兩隻；雞五隻；鴨三隻；時令蔬菜十九斤；各種蘿蔔六十個；苤藍、乾閉甕菜各五個；蔥六斤；調料玉泉酒四兩；醬及清醬各三斤；醋二斤。還有八盤二百四十個各種餑餑，計耗白麵三十二斤、香油八斤、白糖核桃仁及黑棗各六斤，芝麻、沙橙若干。皇后及皇貴妃以下，依等次遞減。如無特殊情況，須嚴格按配額供應，不得擅自增減。如此暴食暴飲、奢侈浪費，就是豬，一天也不知要撐死多少頭了。

上面說的是歷代大清皇帝的普通飲食，到慈禧時，一切有增無減。慈禧每天兩頓正餐，每餐備正菜一百種、糕點水果糖之類一百種。慈禧正餐之外，另加兩次小吃，每次小吃上佳餚四五十碗。太誇張了，你聽說過伺候一個人的小吃，一上就是幾十碗的嗎？上之所言，無論正餐還是小吃，都是家常飯，倘若逢年過節，慈禧的飲食，又不知該豐富到何種令人咋舌的地步。

慈禧吃飯的特點是，吃得多，吃得慢；一邊吃，一邊談；一頓飯，一兩個鐘頭，那是必不可少的。等她吃好，她才站起來說：「去告訴皇后及其他的人，一同來吃飯吧。」皇后及其他宮眷，這才小心翼翼地走過來站著吃。慈禧高興的時候，還會跑過來看宮眷們吃飯，只看得大家毛骨悚然。相信，那是宮眷們最痛苦的時刻。看著看著，慈禧會突然嚷嚷起來：「咦！你們為什麼都站在那一頭？好菜都在這邊，你們一起過來，靠在皇后旁這邊吃。」於是，宮眷們這才過來吃。等慈禧走了，其他宮眷照樣躲得皇后遠遠的，這就是等級界限，人人心知肚明。

有一天，僅慈禧一人坐著吃飯的歷史，突然被改寫。事情是這樣的，美國大使康格的夫人，介紹凱薩琳・卡爾小姐為慈禧畫像。慈禧同意後，卡爾小姐就入宮開始繪畫工作。這天，慈禧吃好後，就叫宮眷們去吃。走到餐廳，所有的宮眷都大吃一驚，因為在那裡擺好了很多椅子，就餐者人人有份兒。大家站著吃飯早已習慣，突然安排了椅子，所有的人感到萬分震驚；隨之是無所適從，以及莫名其妙的擔心和害怕，不知慈禧葫蘆裡賣得什麼藥。皇后也很萬分驚奇，問其他宮眷，可否知道其中的原因。結果，沒人說得清。德齡備受慈禧寵愛，皇后就叫她去問個虛實，不然這頓飯，是萬難吃下去的。

德齡到慈禧那裡探問虛實，慈禧低聲說：「我不要卡爾小姐說我們野蠻，如此對待皇后和宮眷，因為她並不知道這是祖宗的禮法。所以你們就坐下吃吧，不要來謝我，要做得自然，好像你們本來就是坐著吃的。」德齡回來一說，宮眷們這才如釋重負，坐下去吃飯。不知為什麼，所以的人都如坐針氈，那頓飯吃得極不自在。

抑鬱的老太婆

慈禧經過一次拳亂，對自己的對外政策，進行了徹底的反省。因為她過於媚外，朝中大臣憤怒不止。但那也僅僅限於敢怒不敢言，慈禧的脾氣他們是知道的。因為慈禧媚外，見風使舵的李蓮英也緊緊跟上，他常常笑著對慈禧說：「老佛爺，我們現在也成假洋鬼子了。」慈禧也是一笑而過。

載湉之前的清帝，對於外國使節要求覲見之類的事，非常的反感，他們認為夷狄不配一睹大清國皇帝的尊嚴。經過反覆的交手，經過鴉片戰爭、英法聯軍、甲午戰爭、八國聯軍，大清帝國被夷狄揍得鼻青臉腫，他們才意識到再躲著外國人是不行了。清政府這才從厚重而堅硬的王八蓋子下，把頭伸出，享受外間的新鮮空氣。慈禧自西安回，就不斷的安排時間接見外國使節，甚至請外國使節夫人到頤和園內歡宴。

這天，慈禧在仁壽殿接見了俄國使節渤蘭康夫人。會見大臣時怎麼坐，會見外國客人時，依舊怎麼坐——慈禧坐在大寶座上，載湉則坐在慈禧左邊的小寶座上。給人的感覺，三十老幾的皇帝，猶如一個乖順聽話的幼童。外人怎麼看不去管他，在慈禧來說，這可是權力問題，容不得半點馬虎。會見時，慈禧穿著黃緞繡袍，上面繡著彩鳳和「壽」字，並鑲著金邊。俗不可耐的是，慈禧滿身的衣服上，全都掛著雞蛋般大的珍珠，手上戴著許多金鐲、金戒指和金護指。

渤蘭康夫人被引導進殿後，先向慈禧行禮，隨之慈禧與她握手。接下來，渤蘭康夫人呈上沙皇全家的相片。慈禧表示感謝，並致歡迎辭。接見時間很短。因為渤蘭康夫人來的時候，已是接近中午。所以，短暫的會晤後，渤蘭康夫人在公主和宮眷的陪同下，就直接進入餐廳。金盞玉器，華美無比。需要說明的是，為體現帝國尊嚴，慈禧與皇帝從不和客人同席。其實，這是一種級別對等的外交原則，慈禧時代尚未建立起這套規則，更未與國際接軌。因此，他們所遵循的只是自己的臉面，而不是國際原則。

頤和園裡的人注意到，但凡有外國女子來覲見，不管人家態度如何，慈禧總是客氣以待。等她們走後，慈禧才開始評頭論足，說誰好誰不好，並詢問人家對她的觀感。渤蘭康夫人走後的第二天，慈禧就問給她做翻譯的德齡小姐：「昨天，渤蘭康太太還說了些什麼？她真的高興嗎？你想外國人真的會稱讚我嗎？我想不會的，他們一定還記得光緒二十六年的拳匪之亂。不過我也不在乎，我仍舊愛我們的老樣子。我真找不出理由，為什麼我們要去愛外國人。還有，你有沒有聽到過外國女人對你說我是一個兇惡的老太婆？」慈禧問的時候，神情憂鬱。她嘴上說不在乎人家對她的看法，可她卻時時注意外間對她的評論。恐怕她也估摸得出外國人對她的負面看法，不過凱薩琳・卡爾，也就是那位曾經給她畫過像的小姐，卻給了她一個不錯的評價，卡爾在自己的書中說，慈禧是「非常面善的女士，臉上永遠帶著一位勝利者自得的微笑」。慈禧最愛聽這話，但卡爾小姐的書，是在慈禧去世以後出版的，她也就無法藉以自美了。

聽了慈禧的問話，德齡趕緊解釋說：「完全沒有這回事。外國人都說太后好，待人和氣，態度高雅等等的話。」慈禧聽了，情緒似乎有所好轉：「當然，他們在你面前不得不這樣說，讓你聽到人家說自己國家的皇帝②好，心裡肯定高興。但是我比你更知道得多。雖然我也不能為國家操更多的心，但是我實在不願意看著清國在這樣一種困難的狀態中。雖然我周圍的人都這樣安慰我，說差不多世界各國都和清國非常友好，我就不相信這些話。」

小人守夜

上面一節我們說過，慈禧非常在意外國人對她的評價；但對於本國子民如何看她，卻毫不在乎。以慈禧身邊的人為例，伺候慈禧的宮女，對她的腹誹遠遠超出我們的想像。

德齡入宮不久，就有宮女警告她說：「你不知道宮裡是怎樣一個罪惡的地方，一切的苦痛你是不會想像得到的。我們相信你現在一定覺得和太后在一起最快活，作太后的宮眷是一件光榮的事。現在固然是這樣，可是那日子還沒有來呢。不錯，太后現在待你非常慈愛，可是等著看吧，等到她對你厭倦了，她將怎樣待你。我們已經受夠了，宮廷生活是怎麼一回事，我們也都知道了。老祖宗是個變化無常的人，她今天愛這個人，明天又會恨得她入骨，太后脾氣極大，待人少恩。」

宮女們對慈禧的評價，可謂懇實。以慈禧夜間的休息為例，那的確是很難幹的一個活。按照清宮的規矩，皇帝就寢時，床邊有八名宮女侍候，還有十六名從內務府傳來的侍女在旁協助。她們的職責是服侍主子，工作時不能打噴嚏、咳嗽、唾吐，也不能發出任何聲音。清帝醒來的第一個動作是以擊掌的方式，召喚執勤宦官。

慈禧寢宮的情況大同小異，她睡下後，其堂屋那冷冰冰的磚石地上，站著六名守夜的太監，他們整夜不能合眼。在慈禧的寢室裡，有兩個太監，兩個宮女，兩個老媽子，也是整夜不能合眼。有時，寢室裡還有兩個宮眷。兩個宮女專為慈禧捶腿，老媽子監視宮女，太監監視老媽子，宮眷則監視他們全體。宮女與太監實行輪班制，有時候輪到不甚可靠的太監，就必須有兩個宮眷整夜地監視著他們。慈禧信任宮眷，遠遠甚於宮女和太監。

慈禧早晨的起床，是件令人提心吊膽的事。值班的人有責任叫醒慈禧，卻又不能驚嚇著她。這個尺度非常難以把握。搞不好，她比一隻真正的母老虎還可怕。德齡算是慈禧寵愛的宮眷，可一天早晨，她在叫醒慈禧的時候，照樣招來一頓惡狠狠的臭罵。德齡第一遍低聲叫她：「老祖宗，五點半鐘了。」她很不高興，說：「走開，讓我睡好了，我沒有關照你五點半叫我，到六點鐘來叫醒我。」慈禧說完，又睡著了。德齡叫第二遍的時候，時間又過去了，慈禧醒來立刻大怒，說你怎麼不早叫我。這也就是德齡，換了人，恐怕早挨鞭子了。

那麼，慈禧又是怎樣看待身邊人的呢？一天，生過一場大氣的慈禧對德齡說：「你要知道，宮裡的人都壞透了，我一點都不喜歡她們。尤其伺候我的那些女孩子，都狡猾得不得了，她們並不是真的不會做事。她們知道我總是要挑選聰明的留在臥室裡伺候，她們不喜歡這種差使，所以故意做出很笨的樣子，惹我發怒，這樣我就可以不要她們，而隨意派些輕便的工作給她們做了。可是我比她們更壞，專要愚笨的人來伺候我。跟你說這些，我是很怕你也中了她們的毒，相信她們說我怎樣怎樣可惡。不要去和這些小人講話，我要你站在我一邊，一切照我所吩咐的去做。」

宮裡的端午節

在皇宮裡，無論過什麼節，自皇帝、皇后開始，下面的人都要給慈禧送禮。所送禮物，上面都要附上一張黃紙，寫明所送禮物及某某人跪進。禮物也往往是五花八門，有日常用品、絲織的或寶石的裝飾品，有精美的雕刻和刺繡。因為慈禧媚外，送外國禮物的居多，其中又以法國產品最受歡迎，如錦緞、傢俱、香水、香粉、肥皂，及其他種種法國的化妝品。目的就一個，取悅慈禧。

我們要知道，宮女和太監，乃皇宮裡的草根階層，平日收入不多，所送禮物，也就只能盡其所有。慈禧也不論好壞，把每一樣禮物，逐一查看，她尤其留心那些薄禮及所送之人的姓名。端午節的時候，一位王妃送了一份在慈禧看來很薄的禮，她就十分生氣，說：「把這份兒禮留在我房裡，讓我仔細看看。」那是一塊衣料，慈禧叫德齡把衣料和滾邊都量了一量，結果發現，滾邊的長短各不相同，沒有一條夠滾一件衣服的。同時，衣料的質地也並不好。慈禧說：「你看吧，這種也可算是禮物？！我都知道，她們這些東西也是人家送的，她們把好的剪掉了，剩下的就來送給我，因為她們知道不送是不可以的。我真不懂她們竟會那樣怠慢。也許她們在想，我收的東西多了，一定不會每樣都注意到。其實她們錯了，我第一就注意到那些最壞的東西。實際上我是每樣東西都記得的。我可以看出，哪些人送禮是有誠意要使我快活的，哪些人送禮是勉強敷衍塞責的。我也照樣的回賞他們。」

端午節一向是按陰曆來算的，即五月初五為正日。通常情況下，慈禧都要提前一天，回賞王公大臣、王妃、宮女、太監。民間的說法，叫做回禮。慈禧有她心狠手辣的一面，也有她傳統的一面。禮節方面，除非有礙她的權力，她都會遵循不悖。慈禧具有超常的記憶力，她能夠記住每個人所送的禮物，並記得送禮者的姓名。所以，她的賞賜就依照他們所送禮物的厚薄而定。慈禧賜給皇后、皇妃及每個宮眷一件繡花衣服，幾百兩銀子。次一等的，每人也有兩件繡花衣服，幾件家常衣服，短襖，背心，鞋子和花等。慈禧說是要對那些送薄禮的人以牙還牙，可臨了也未必一定照做。畢竟她是皇宮裡的超級大財主，她不缺那點東西，她主要圖個高興。所以，她回賞的禮物，往往比大家實際送她的還要好和多。

端午那天正午，慈禧用一只杯子盛了酒和雄黃，然後用一個小刷子醮了，在宮眷們的鼻子和耳朵下各畫上幾點，她深信這樣可以防止夏天毒蟲侵入。除此之外，端午節當天晚上，慈禧還與頤和園各界群眾一起觀看了大型歷史劇《屈原》。至此，一個節日總算落幕。

誰惹了老佛爺

我們不能想像，如慈禧者，皇帝都在她手心裡攥著，又富有四海，她還有什麼不順心的？這是普通人的思維，其實，是人就有煩惱；而這煩惱，也絕不因為你是國之至尊，就沒有了。我認為，這是上帝造人最公平的地方。

慈禧的無上權威，體現在行政上，滿朝文武、各省官員，至少在大面上是不敢違拗慈禧的。不僅不敢違拗，還會奴才十足，以期保住自己的烏紗帽。但在皇宮裡的情形就不同了，大家與慈禧少了文武大臣看慈禧的那種神秘感。因為彼此朝夕相處，也就形同一家人。宮裡的人也怕慈禧，但絕不是文武大臣的那種怕。文武大臣對於慈禧，當面恭敬有加；背後則是為尊者諱。在官場，人人都知道一個規則，即不可以是非國家領袖。宮裡的人就不這樣，他們當著慈禧的面，一個個乖順得很，私下卻不會為尊者諱，對於慈禧，他們該怎樣議論就怎樣議論。

有一天，一個宮女替慈禧拿襪子，結果拿成了順子，招致慈禧大怒，她叫另一個宮女來懲罰這個犯錯的宮女，在其左右臉頰上，各打十巴掌。監刑的慈禧發現，行刑的宮女下手不夠狠，認為她們是一夥的，於是就叫那個挨打的宮女反過來打那個宮女。兩個宮女，你打我不認真，我打你也不認真，氣得慈禧直大叫：「這些小人，合夥整我，快給我滾出去！」兩個宮女伸伸舌頭，出門相互扮個鬼臉，笑著走了。這就是她們的生活，習以為常，也就拿慈禧的暴怒不當回事了。

太監也常常受到慈禧的懲罰。一天，正當慈禧午睡的時候，一陣爆竹聲響徹皇宮上空。這還了得，皇宮實行嚴格的空中管制，怎麼可以有這種聲音。慈禧被吵醒了，幾秒鐘之內，人人都緊張到了極點，彼此來來往往，上躥下跳，整個皇宮亂成一團。慈禧當即指示，叫大家立刻鎮靜下來。然而，沒有人理會這樣的指示，尤其那些沒見過世面、沒經過風雨的太監們，個個如熱鍋上的螞蟻，瞎跑亂奔，好像發了瘋一般，且高聲喧嘩，議論紛紛。可以想見，庚子年鬧拳亂的時候，皇宮裡的亂局，比當下的情形應該是有過之而無不及。

慈禧看看震懾不住，終於拿出了她的殺手鐧——黃袋子，裡面裝著大小不同的各種竹鞭，是專門用來打太監、宮女和老媽子的。慈禧走到哪裡，黃袋子就帶到哪裡，以備急用。慈禧吩咐宮眷，每人各拿一根竹鞭，到院子裡去打那些亂成一鍋粥的太監。宮眷們搖身一變，全成了皇宮女警，他們提溜著鞭子，去驅趕成群的太監。女警們一邊笑著，一邊驅趕太監；太監們一邊笑著，一邊躲避女警。結果，反倒成了一場有趣的遊戲。直到李蓮英及其隨從們的到來，亂局這才戛然而止。

當時，李蓮英也正在小睡，聽到吵鬧聲後，就趕緊出來查問詳情。原來，一個太監捉到了一隻烏鴉，捉到後就在烏鴉的腿上繫了一串鞭炮，點燃後一放手，烏鴉就飛向藍天。接下來，人們就看到了一個慘烈的現實，剛到半空的烏鴉，就被鞭炮炸了個粉身碎骨。據說，皇宮太監常玩這種惡作劇。每次玩的時候，他們都很幸運，不被發覺。這次該他們倒楣，那隻可憐的烏鴉所飛的方向，恰恰是慈禧的寢宮。於是，犯事的太監很快被捉來，押到慈禧面前。李蓮英立刻下令，把那個太監按倒在地，同時命另外兩個太監各拿一根竹鞭，重重地抽打他的大腿。那被打的太監始終不出一聲。當李蓮英數到一百下的時候，他喊了一聲：「停！」接著，他跪在慈禧面前，連叩幾個響頭，自責說這是由於他的管理疏忽造成的，請慈禧責罰他。慈禧沒有責備李蓮英，只是叫他把犯事的太監拖走了事。

慈禧照相

慈禧在德齡房間，發現了很多她在法國時的照片，感到十分驚奇，埋怨說，外面有這麼新奇的東西，為什麼不告訴她。德齡的母親解釋說：「我們沒有想到太后要照相，況且也不敢對太后提起這事。」慈禧笑道：「隨便什麼事你都可以說，只要是新鮮的，我都願意試試。」當慈禧得知德齡的哥哥勳齡就會照相時，她迫不及待地說：「明天那就讓勳齡也給我照幾張。」

德齡有兩個哥哥，都在宮裡為慈禧服務，一個管頤和園的電燈，一個管慈禧的小輪船。滿洲規矩，官員的子弟，都必須在宮中服務兩三年。他們在宮中非常自由，可以天天和慈禧見面，慈禧也常常愛和他們攀談。這些子弟每天清早就到宮中來上班，下班後就回自己的家。宮中不許住男人，這是大家都知道的。當然，宮裡的太監也是男人，但那是被騸了的沒根沒種的男人。嚴格意義上講，太監都不是男人，用現代術語，說他們是變性人（男變女），約略靠點譜。性別上，太監不是男人，但他們卻可以幹女人不能幹的粗活，以及看管頤和園。

把話題拉回來。在頤和園做電工的帥哥叫勳齡，得到諭旨，為慈禧照相。勳齡連夜回到北京，去拿照相機。第二天一大早，慈禧就決定拍照，而且說：「第一張我要照我坐在轎子裡去臨朝的樣子，以後隨你們要照什麼。」慈禧准許勳齡，可以選擇宮中的任何一間房子做工作室。同時，派了一個太監去給勳齡打雜。

這天上午八點，勳齡把幾架照相機放在庭院裡，準備工作。慈禧走進庭院，把每架照相機仔細看了一會兒，說：「這真奇怪，怎麼這東西就能把人的相貌照下來？」她站在照相機後面，叫一個太監立在照相機前面，她要看看是怎麼回事。那太監站到了相機前，慈禧通過鏡頭往外一看，不僅大叫起來：「為什麼你的頭在下面？你現在是頭站著，還是腳站著？」慈禧被嚇得完全語無倫次了。德齡在一旁向慈禧解釋成像的原理，說照好以後就不是顛倒的了。慈禧不信，叫德齡站過去，看看如何，結果也是頭朝下，這才略微放心。

慈禧說第一張要照乘轎去上班的，於是她就上了轎，一切如平常的那樣。因為勳齡早已準備好，慈禧上轎就緒，他就按動了快門。慈禧毫無感知，就問勳齡：「照了一張沒有？」勳齡回答說已經照過了，慈禧略有不快，說：「為什麼不先關照我一聲？我剛才的樣子太古板了。記著下次照的時候要先關照我一聲，我要照個和氣些的相。」因為有這稀奇玩意的緣故，慈禧那天的早會非常草率，只用了二十分鐘，她就把大臣們打發了。然後，她趕緊走出辦公廳，對勳齡說：「趁著天氣好，讓我們再去照幾張相吧。」

相照完，下面的工作就要進入暗房了，慈禧說什麼也要親臨觀摩。慈禧看了一會兒，看到相很快顯了出來，非常高興。勳齡把底片舉起來放在紅光前面，讓慈禧可以看得更清楚些。慈禧說：「不是很清楚，我可以看得出這是我自己，不過為什麼我的臉和手都是黑的？」德齡告訴她，印到相紙上後，黑點就變白點了。慈禧感歎說：「真是學到老學不了啊。」慈禧看了一會兒就走了。

下午四五點的時候，慈禧又來了，見勳齡印出了好多照片，她就順手拿起一張欣賞。因為久未放到定影劑裡，慈禧手中的那張照片因曝光時間太久而變黑了。慈禧驚慌失措：「怎麼變黑了，是不是壞預兆？」勳齡解釋後，慈禧說：「倒是有趣得很，原來要費這樣多的手腳。」

慈禧一直想在辦公廳裡照幾張，但因這裡光線太暗，勳齡試了幾次，都不能得到一張好相片，只好作罷。後來，因為祭祀的緣故，他們順帶移師中南海，要在那裡照幾張「和氣些的相」。慈禧那幾張著名的菩薩照，就留影於中南海。那是一九〇三年的夏天，正值中南海裡的荷花爭奇鬥豔之時。所以，慈禧事先下了一道諭旨：

四格格扮善財，穿蓮花衣；李蓮英扮韋陀，戴韋陀盔、行頭；三姑娘、五姑娘扮撐船女，帶漁家罩，穿素白蛇衣服；船上要槳兩個。著花園預備帶竹葉之竹竿數十根。著三順預備。

在充分準備的情況下，慈禧一行來到中南海，又是佈景，又是裝扮，也算是大功告成。慈禧扮觀音之由，她給出的說法是：「碰到氣惱的事情，我就扮成觀音的樣子，似乎就覺得平靜下來，好像自己就是觀音了。這事情很有好處，因為這樣一扮，我就想著我必須有一副慈悲的樣子。有了這樣一張照片，我就可以常常看看，常常記得自己應該怎樣。」慈禧渴望做一個慈祥的人，然而她那至高無上的位置，卻常常讓她失去慈祥。所謂位置使人變壞是也。

當時在中南海參與拍照的，還有日本攝影師。據說，這次拍照片「已許以千金之賞矣，內廷傳諭又支二萬金」。可見慈禧為了自己的一張菩薩照，她是不惜付諸巨萬的。反正「千金散盡還復來」，怕什麼。獨裁者在中南海如此隨意揮霍人民的血汗錢，最終是可忍，孰也可忍了。不忍還了得，獨裁者手裡有的是惡棍，諸如警棍、軍棍、學棍之流，哪個給你一下，你都受不了。你也別小看學棍，和平年代，他們最會為主子賣命，你若對獨裁者有不滿之言，學棍就會跳出來說，對政府不滿的人百分之九十九都是神經病。所以，學棍壞起來，有時不亞於獨裁者。

①劉趕三（一八一七－一八九四）在清末京劇丑行中，被稱為天下第一丑。其令人敬佩之處是，他渾身是膽，鐵骨鋼腸，從不知權勢為何物。在演出中，他常常借題發揮，指斥權貴、針砭時弊，尖刻異常。

②慈禧在說話中，常常會自比皇帝。當然，宮裏的人也個個把她當女皇；而實際上，她就是未加冕的女皇。所以我認為，德齡女士在自己的書裏，所錄慈禧的話，基本屬實。

重返戊戌雁過也

說完慈禧的日常生活，我們再回到她的行政工作中來。自慈禧二十多歲參政以來，她所經歷的大事，一樁接一樁，英法聯軍火燒圓明園、太平軍之亂、甲午戰爭慘敗、八國聯軍入侵北京等等，每一件都驚心動魄，也都是對大清帝國的一次傷筋動骨，但慈禧幾乎都沒當回事。惟一給她深刻教訓的，就是庚子年拳亂導致的八國聯軍入侵北京。從慈禧仇外，到慈禧媚外，這是前所未有的一次深度改變。

更深的改變主要還是觀念上的。一九〇四年，在慈禧七十大壽的時候，她竟然破天荒地宣布，特赦除康有為、梁啟超以外的所有一八八九年西化運動的領導人。這意味著，慈禧有選擇地為戊戌變法證了明、平了反、昭了雪。至此，血灑菜市口的六君子，得到最高執政當局的認可。

接下來，慈禧開始梳理她所走過的路，認為只有改革，才是帝國惟一的出路。她為六君子等平反昭雪，實際是向她的執政團隊所投放的一個信號，意思是下一步我要做點什麼，先給大家尤其是保守派們打個預防針，到時不要感到意外。

同年，慈禧決定派員到西方去考察人家的政治制度，這就是著名的「五大臣出洋計畫」。五大臣接到任務，分赴西方各國（美、英、法、德、意等），進行了一次全面的考察研究，重點在於研究這些國家的憲政制度和議會式政體。次年，五大臣回國後，向慈禧陳述立憲的益處，頗得慈禧賞識。慈禧計畫在十二年內，為清國建立一個議會制政體。一九〇五年秋，慈禧決定實行憲政，並發佈一道有名的諭旨：

……各國之所以富強者，實由於實行憲法，取決於公論，呼吸相通，博採眾長，明定政體。以及籌備財政，經畫政務，無不公之於黎庶。但民智未開，若操切從事，徒飾空文，故廓清積弊，明定責成，必從官制入手。亟應先將官制分別議定，次第更張，兵將各項法律，詳慎釐定，而又廣興教育，清釐財政，整頓武備，普設巡警，使紳民明悉國政，以預備立憲基礎。

一九〇六年九月一日，清政府正式對外宣布：預備立憲。慈禧的一系列舉措，昭示著清帝國「重返戊戌」的行動，逐步展開。我這裡的「重返戊戌」概念，是指清帝國像戊戌年間那樣進行改革。但慈禧為了面子，堅持自己的改革不同於戊戌改革，也就是不同於載灃的改革。為了區別，慈禧把自己的改革稱之為新政。實際來說，是換湯不換藥，其所走的路，完全是當年載湉的改革之路。遺憾的是，歷史沒有給慈禧這個彌補過失的機會，就讓她和載湉同盡天年，她也就註定在中國人心目中遺臭萬年了。正所謂：重返戊戌，雁過也！

幾點黃花滿地秋

在孕育立憲政治之際，慈禧計畫在彰德（今河南安陽）舉行大閱兵，並任命袁世凱為大閱兵總指揮。慈禧意在通過此舉，對外展示軍事實力，對內提振民心士氣。數萬受檢閱的清軍部隊，以及近三千匹戰馬，在閱兵村裡苦練本領，以高標準、嚴要求的目標，接受老佛爺的檢閱。

大閱兵為期五天，前四天為實彈演練；最後一天為規模宏大的閱兵典禮。一九〇六年十月二十三日，慈禧太后、載湉皇帝，在受檢部隊總指揮袁世凱等人的陪同下，來到彰德府城外的小張村，隆重而盛大的閱兵式將在這裡舉行。文武大臣若干，作為慈禧的隨同人員，亦在主席臺前就座。受清政府外務部及閱兵總部的邀請，英、美、俄、法、德、意、奧、荷、日本等各國，均派出了武官和新聞記者（共計四百七十八人），紛紛蒞臨現場觀摩和採訪。①各省亦被要求派員，與帝國元首共用盛舉。

因來賓太多，不僅修飾一新的彰德府人滿為患，就是旅店也極為緊張。彰德城內的一些小客棧，雖是蝨子爬、跳蚤跳，來晚了要找到一個鋪位，也絕非易事。路子野的人，則借宿在當地名流或財主家裡。

這次大閱兵，大清國家領導人、文武大臣悉數參加，就連外國人也來了數百。因而，安保就成了閱兵之外的另一項重要工作。閱兵指揮部對此絲毫不敢怠慢，他們專門成立了安保部門，制定周密的計畫，應對一切針對太后、皇帝以及外國人的恐怖襲擊。閱兵總部還專程從天津調來四百名訓練有素的員警，並特別抽調部分軍人，協同防範。這支安保隊伍，日夜巡邏在太后的下榻處，以及閱兵村現場。

閱兵當天，受閱部隊一律穿著整潔英武的軍禮服，他們以飽滿的精氣神，一一通過主席臺，接受老佛爺、皇帝的檢閱。四萬多受閱部隊，步伐整齊，軍容肅穆，慈禧看了，為之動容。她揮手致意，受檢閱的小伙子們，個個愈發精神百倍。外國武官與記者，也人人稱奇讚歎。一位老臣看到動情處，竟熱淚盈眶：「就是康乾盛世，也沒有這樣的壯舉。」另一位老臣同樣是百感交集，他掏出一方絲巾，擦了一下眼淚說：「老佛爺開明，得有今之盛世。老朽死而無憾。」皇帝載湉，則面無表情，因為他正被可惡的疾病糾纏著。這次閱兵他本可以不來的，然而，慈禧對他放心不下，就把他給帶來了。慈禧不是要載湉來陪襯自己，而是要拴緊他，不讓他有片刻獨享安寧的時光。

不知就裡的人，有讚大閱兵是增加民族自豪感的；有批大閱兵是獨裁者鍾愛的遊戲的。在慈禧來說，她只有一個目的，即通過大閱兵，鞏固自己的權力；在載湉來說，大閱兵就是讓他大老遠跑來受罪；在袁世凱來說，大閱兵使他的崛起再上一個新臺階；在一些具體指揮、經辦、後勤保障者來說，大閱兵又為他們提供了一次貪污的大好時機；在一些老臣來說，大閱兵又讓他們對腐爛的帝國多了一回幻想；在後來者魏得勝來說，大閱兵讓他把專制主義者們的無恥嘴臉看得更清楚了。一次大閱兵，各有所得，如此爾爾。

① 前來採訪的外國媒體有英國的《泰晤士報》、《字林西報》；俄國的《警衛報》；德國的《營報》；美國的《月報》，以及日本的《時事新聞報》和《每日新聞報》等。

惜春春去雨打花

獨裁者最後的日子

每一位獨裁者在位，人們都會憤憤不平，每每詛咒其早死，或不得好死。然而事實是，獨裁者總能長命，乃至善終。這些獨裁者死後，還往往被繼任者追加很多美名，諸如聖顯（意思是偉大的什麼什麼玩意）、孝欽（意思是忠誠的什麼什麼玩意），讓旁觀者看了，只想作嘔。

本書寫到這裡，大清帝國的獨裁者慈禧，已臨近她的最後歲月。時人恨不得她早死快死，那只是一種心情，讓人老覺得，慈禧老不死。無論什麼人，總有一死，死也只是一個時間問題。你只要稍稍有一點耐心，就會看到，時間老人，會把一切獨裁者帶進墳墓；歷史老人，會把一切獨裁者掃進垃圾堆。慈禧正在走向這個臨界點，走向她生命的最後時段，其完滿的程度，就像她本人控制著生命的按鈕，在逐格逐格地鬆開，使之向前自然地劃去，那條拋物線很柔很滑，超乎想像，完美無缺。

一九〇七年冬，慈禧一切尚好。可一到一九〇八年春，她的健康突然成為朝野關注的話題。專制國家領導人的健康，向來都是敏感的，乃至成為一個國家的絕密。慈禧也不例外，這年四月，她去頤和園避暑，卻因痢疾病倒了。很長時間，沒有她的消息，外界猜測不已。四個月後，慈禧的聲音重返清國政壇（她宣布立憲期為九年，一切仿照日本當年之憲政），人們這才知道，老佛爺安然無恙。

十月二十日，慈禧乘舟由頤和園到中南海。一條人工運河把頤和園和中南海連接起來，萬壽寺就在這條河的岸上。到了萬壽寺，慈禧照例登岸去上香，結果最後一根未燃著。慈禧一向迷信，以為不祥，臨走的時候，一再囑咐寺廟僧人，為她祈禱。

十一月三日，是慈禧七十二歲壽辰。北京城內的主要街道裝飾一新，宮裡也準備演戲五天，以示慶賀。十一月九日，慈禧與載湉出席軍機處會議，她訓示說：「近來學生之思想，趨於革命者日多，提學使應設法監視他們的政治活動，否則就會難以收拾。」十一月十三日，慈禧召集大臣開會，說現在該為載淳立嗣了。慈禧彷彿知道自己的生命已開始倒計時，這才掐著點地為自己的兒子立嗣。

那天，參加立嗣會議的漢人大臣有袁世凱、張之洞、鹿傳霖等；王爺有慶親王、小醇親王。最後，慈禧決定立小醇親王載灃（載湉的弟弟）之子溥儀為太子，載灃為監國攝政王。載灃之妻是榮祿的女兒，這樁婚姻亦由慈禧主持而成。榮祿受寵於慈禧，最終惠及外孫溥儀。皇帝載湉病情嚴重，未能出席這次重要的會議。當天下午五點，載灃將兒子溥儀送到宮中。

十一月十四日下午三點，慈禧到瀛台去看望奄奄一息的載湉皇帝。按照禮制，皇帝必須穿上壽衣才能死，否則不祥。載湉雖神情恍惚，卻始終不願穿壽衣。然他已無力阻擋命運的作弄與安排，在侍者幫助下，最終還是穿上了壽衣。一個活人穿上壽衣，那無疑宣告：你等死吧。等到五點，三十八歲的載湉一命嗚呼。慈禧這才回宮，去安排溥儀的登基事宜。

十一月十五日早六時，慈禧就起床了，她召見軍機大臣並與皇后、監國攝政王及其妻子談話多時，下諭尊太后也就是尊自己為太皇太后，尊皇后（載湉妻）也就是慈禧的親侄女為皇太后。上午八點，三歲的溥儀登基。到了中午，慈禧吃飯時忽然暈倒，為時很久。下午三點，慈禧醒來後，太醫診斷為勞乏和痢疾鬧得太久，元氣大傷之故。慈禧已心中有數，遂緊急召見她的侄女隆裕皇太后、攝政王載灃、軍機大臣等，囑託後事，一切吩咐，條理清晰，絲絲入扣。最後，她以太皇太后的身份下詔說：「我死之後，重要之事，必須稟詢皇太后，才能交由監國攝政王去處理。」下午兩點，七十三歲的慈禧去世。這個老太婆，至死都沒忘了提拔她的侄女隆裕皇太后。可惜，慈禧的侄女遠沒有她那兩下子，大清國的權柄也才由這位隆裕皇太后，交到袁世凱手裡。

載湉其人

晚清的主宰與傀儡皇帝，幾乎同時歸天。我們利用這一節，簡單回顧一下載湉這個人。在前面的章節中，我們對載湉的描述，是斷斷續續的，同時也是襯托式的。看起來，載湉在晚清的政治舞臺上，是多麼的重要。這其實是一種錯覺，倘非有康有為們的出現，相信他和載淳一樣，早已淪落到不值一提的境地。因為有了康有為及其激進的改革思想，因為有了慈禧對改革的默許，因為有了宮廷政變，載湉才有機會走到晚清政治舞臺的風口浪尖，也才為世人所知道、所瞭解、所記住。

載湉是不幸的，他僅僅活了三十八年，卻有三十四年生活在慈禧的魔爪裡。同時，載湉又是幸運的，生命中註定讓他與康有為們相遇，讓他這個聽到打雷就害怕①的人，成為晚清帝國改革的弄潮兒。從此，無論誰書寫到晚清這段歷史，寫到慈禧，都繞不開載湉，他也因此成為晚清歷史上的一個不可或缺的文化元素。比較而言，慈禧的親生兒子載淳，雖然亦為短命皇帝，卻很容易被歷史學家所忽略。我們發現，描寫同治（載淳年號）年間的事，隻字不提載淳的大名，照樣可以寫得通暢流利，而不會有割裂感。所以，一個人的幸與不幸，要一分為二的去看。但我們下面所要回顧的，多以載湉的不幸為話題。載湉去世後，《紐約時報》用了很長的篇幅予以報導，既肯定了他「推動改革功不可沒」的一面，也關注了他不幸的一面，文章說：

一八八九，載湉適婚，慈禧把自己的侄女，也就是她弟弟桂祥的女兒，給載湉做皇后，讓這位侄女監督皇帝。這是葉赫那拉氏的第二位女人，騎在愛新覺羅氏的頭上。不僅如此，御林軍也從未讓載湉獨處片刻，也就是不能讓他單獨有片刻休閒時光。葉赫那拉皇后非常忠於她的姑姑葉赫那拉皇太后，每事都去打小報告。無論從哪個角度講，載湉都是囚徒，從登基到死，一直被囚。

有一次，載湉在慈禧旁，讓她感到心煩，她對手下發脾氣說：「把那個東西快給我帶走！」載湉聽到了，他回到自己宮裡大發雷霆，猛砸古玩。這是他唯一可發洩的。因為身邊的人，太監、宮女也大都不善待他。在載湉小的時候，因為讀書問題，慈禧命太監擰他的臉。這給載湉一個印象，太監也是不好惹的。

義和拳亂後，有位外國使節出席宮廷禮儀活動，見了載湉，他寫道：「大清皇帝陛下的容貌，看上去要比他的實際年齡更顯衰老。他額部凹陷，臉色發黃。看到我們這群外交官時，他的神情羞怯，眼光呆滯。他的嘴角流出的是悲哀的、疲憊的和帶有些孩子氣的笑容。當他咧開雙唇時，嘴裡露出的是參差不齊的長長的黃牙齒，兩側臉頰上都出現了深深的凹坑。……生活對他來說，已經成為一種負擔。」②

以我的判斷，上面這些描述，大體都是合乎實際的。慈禧對載湉這位大清皇帝，不是少有尊重，而是幾無尊重。以載湉的所謂親政為例，一個當皇帝的，你都可以親自處理帝國大政了，可依舊每週多次跑到頤和園，去向慈禧彙報工作。這且不說，要命的是，身為國家元首的載湉，竟然跟其他大臣覲見時一樣，乖乖跪在門外，等慈禧的太監傳喚，他才敢入內。見了慈禧，依舊跪稟一切。大臣求見慈禧，須給太監滿意的小費，才予以通報。載湉亦在此例，錢給少了，太監照樣讓這位國家元首一直跪在門外。據說，可惡的太監欺負這位皇帝，有時能讓他在內宮門外多跪半個小時。慈禧不拿皇帝當人，頤和園裡的太監，照樣沒人把皇帝當人。說載湉親政，這親的哪門子政？似乎德齡眼裡的載湉，倒讓讀者多少感到有些欣慰：

我每天早晨碰見光緒皇帝。他常常趁我空閒的時候，問我些英文字。我很驚奇他知道的字這樣多。我覺得他非常有趣，兩眼奕奕有神。他單獨和我們在一起的時候，就完全變成另外一個人了。他會大笑，會開玩笑。但一見到太后，他就變得嚴肅、憂鬱，有時候甚至使人覺得他有些呆氣。有許多在上朝時見過他的人，曾告訴我他是個遲鈍的、話都不大會講的人。我卻知道得更清楚，因為我每天看到他。我在宮裡的這些時間，已經很能夠瞭解他了。他，在清國實在是一個又聰明又有見識的人，他是一個出色的外交人才，有極豐富的腦力，可惜沒有機會讓他發揮他的才能。他是個有思想能忍耐的人。他一生的遭遇是很不幸的，從小就喪失了身體的健康。

他告訴我他書讀得不多，但是他生來喜歡讀書。他是一個天才音樂家，無論何種樂器，一學就會。他極喜歡鋼琴，常常叫我教他。在朝堂裡就有好幾架華麗的鋼琴。他對於西洋音樂有極深的嗜好，我教了他幾首華爾滋樂曲，他能夠彈得很合節拍。我覺得他的確是一個好夥伴。他也很信任我，常常把他的困難和苦痛告訴我。我們常常談到西方文明，我很驚異他對每一件事物都懂得那樣透徹。他屢次告訴我他對自己國家的抱負，希望清國幸福。

我在宮中這些日子，已深深地知道那些太監是怎樣殘酷的人。他們對於主子絲毫不懂得尊敬。他們沒有教養，沒有道德，對於一切東西都沒有情感，就在他們自己之間也是這樣。外界常常聽到不少對於光緒皇帝個性的惡評，但是我可以保證，這些都是太監們造出來的謠言。為使這謠言有趣，於是造得愈荒唐愈好。住在北京的大多數人，就這樣從他們那裡聽得許多歪曲的報導。③

那個被囚禁在瀛台的皇帝死了；那個終日以淚洗面的皇帝死了；那個長歎「吾漢獻帝不如也」的皇帝死了，他終於得以解脫。這是上帝對載湉的恩賜，卻是葉赫那拉氏對愛新覺羅氏復仇的必然結果。

慈禧葬禮

對於載湉皇帝之死，史書記載無多，倒是慈禧之死及其葬禮，頗受外界關注。慈禧蹬腿後，整個北京城市容為之一變，所有喜慶鮮豔的東西，一律撤走，取而代之的是肅穆的藍青色。這就叫國葬，一家哭，滿城灰；一族悲，舉國暗。侯寶林先生有段著名的相聲，叫做《改行》，其中一節就講這段歷史，我們借此重溫一下：

甲：光緒三十四年，光緒皇上死了，一百天國服（這裡的國服，實為慈禧而穿，皇帝不過是個引子而已——作者注）。

乙：噢，就是禁止娛樂。

甲：人人都得穿孝。

乙：那是啊。

甲：男人不准剃頭，婦女不准搽紅粉。

乙：掛孝嘛！

甲：不能穿紅衣服。

乙：那是啊！

甲：梳頭的頭繩，紅的都得換藍的。

乙：幹什麼？

甲：穿孝嘛。

乙：掛孝。

甲：家裡房子那柱子是紅的？拿藍顏色把它塗了。

乙：這房子也給它穿孝啊？

甲：那年頭就那麼專制。

乙：太厲害啦！

甲：賣菜都限制嘛。

乙：賣菜受什麼限制啊？

甲：賣茄子、黃瓜、韭菜這都行。賣胡蘿蔔不行。

乙：胡蘿蔔怎麼不行呢？

甲：紅東西不准見。

乙：那它就那麼長來的。

甲：你要賣也行啊，得做藍套兒把它套起來。

乙：套上？我還沒見過套上賣的呢？

甲：那年頭兒吃辣椒都是青的。

乙：沒有紅的？

甲：誰家種了辣椒一看紅了，摘下來，刨坑埋了，不要了。

乙：別埋呀，賣去呀！

甲：不夠套兒錢！

乙：對了，那得多少套啊。

甲：商店掛牌子，底下有個紅布條，紅的，換藍的。

乙：也得換藍的？

甲：簡直這麼說吧，連酒糟鼻子、赤紅臉兒都不許出門兒。

乙：那可沒辦法！這是皮膚的顏色！

甲：出門不行。我聽我大爺說過，我大爺就是酒糟鼻子。

乙：鼻子是紅的？

甲：出去買東西去啦。看街的過來，「啪」就給一鞭子。趕緊站住了，「請大人安！」「你怎麼回事兒？」

乙：打完人問人怎麼回事兒？

甲：「沒事呀，我買東西。」「不知道國服嗎？」「知道！您看，沒剃頭哇。」「沒問你那個，這鼻子什麼色兒？」「鼻子是紅了點兒，天生長的，不是現弄的。」「不讓出門兒。」「不讓出門兒不行啊！我媽病著，沒人買東西啊！」「要出門來也行啊，把鼻子染藍了！」

乙：染了？

甲：那怎麼染哪？

乙：是沒法染。

你看看，慈禧活著折騰國人，死了也不讓大家消停。就這麼連續擾民一年，慈禧死人才正式出殯。停棺期間，除每天要燒紙祭奠外，逢年過節，還要舉行盛大的祭禮。而為祭奠慈禧所打造的一隻大法船，耗銀十幾萬兩。此船以上好木料作框架，外包綾羅綢緞。法船上樓臺亭閣，一應俱全，且都是玉階金瓦，珠璧交輝。船兩側紮有數十位栩栩如生的艄公，撐篙划船。如此耗費，不過就為了付之一炬，以示祭奠。

一九〇九年十一月十六日，慈禧正式下葬。從她斷氣到埋入陵墓，葬禮費時一年之

慈禧出殯

久，耗費白銀達一百五十萬兩。這個生前喪權辱國、揮霍無度的女人，死後仍要勞民傷財，甚至把大量財富帶入地下。從慈禧的棺木說起，原材料為梓木，採自雲南的原始森林。僅此一項，運費就高達數十萬兩白銀。棺木的製作，亦頗費工時，先用一百匹高麗布纏裹襯墊，然後一遍一遍油漆，至四十九遍為止。與慈禧的隨葬品比，棺木的耗費，簡直就是毛毛雨啦。相信，所有看了下面這組資料的人，都會瞠目結舌。

慈禧的隨葬品由兩部分組成，即生前置於墓中金井裡的珍寶，與下葬時的隨葬珍品。清宮檔案《大行太皇太后升遐紀事文件》載，慈禧生前先後向金井中置放了六批珍寶。其隨棺的金銀珠寶，同樣歎為觀止。李蓮英作為慈禧的終身侍從，親自參加了慈禧棺中的葬寶儀式。詳細過程，見於李蓮英口述，其侄子筆錄的《愛月軒筆記》：

慈禧屍體入棺前，先在棺底鋪三層金絲串珠錦褥和一層珍珠，共厚一尺。慈禧屍置荷葉、蓮花之間，頭部上首為翠荷葉，滿綠碧透，精緻無比，葉面上的筋絡不是雕琢之工，均為天然長成；腳下置粉紅碧璽蓮花。頭戴珍珠鳳冠，冠上最大一顆珍珠重四兩，大如雞卵，價值一千萬兩白銀，是件世間難得的瑰寶。慈禧身著金絲串珠彩繡袍褂。

慈禧蓋的衾被上，有珍珠堆製成的大朵牡丹花，手鐲是用鑽石鑲成的一大朵菊花，和六朵小梅花連貫而成。身旁放金、紅寶石、玉、翠雕佛爺二十七尊。腳下兩邊各放翡翠西瓜、甜瓜、白菜兩棵；翡翠西瓜為綠皮紅瓤，黑籽白絲；翡翠甜瓜一個是青皮白籽黃瓤，一個為白皮黃籽粉瓤；兩顆翡翠白菜，都是綠葉白心，菜心上伏著一個滿綠的蟈蟈，菜葉旁停落著兩隻黃色馬蜂。

慈禧屍身左旁，放著一枝玉石製成的蓮花，三節白玉石藕上，有天然的灰色泥汙，節處生出綠荷葉，開出粉紅色蓮花，還有一個黑玉石荸薺。屍身右側，放著一枝玉雕紅珊瑚樹，上繞青根綠葉紅果的蟠桃一枝，樹頂處停落一隻翠鳥。還有寶石製成的桃、李、杏、棗二百多枚。身左放玉石蓮花，身右放玉雕珊瑚樹。另外，玉石駿馬八尊，玉石十八羅漢，共計七百多件。

安葬完畢，又倒進四升珍珠和紅、藍寶石二千二百塊，填補棺內空隙；四升珍珠中有八分大珠五百粒、二分珠一千粒、三分珠二千二百粒；寶石與珍珠約值銀二百二十三萬兩。

《內務府簿冊》載，慈禧棺中的珠寶玉器，無論在數量和種類上，都極為驚人，幾乎是一個珠寶玉器大全。這些珍品，均係天然材料雕成，單是選料就極為難得，更不用說構思之匠心獨運，雕琢之巧奪天工了。這一棺奇珍異寶的價值，據當時人估計，不算皇親國戚、王公大臣私人的奉獻，僅皇家隨葬品入帳者，即值五千萬兩白銀！至於這些珍寶的藝術價值，那就更是無法估量，可謂價值連城。慈禧太后這一具棺槨，其珍寶之多，貴重之巨，堪稱世界之最了。

慈禧出殯時，整個皇室傾巢出動，送葬隊伍浩浩蕩蕩。最前面是六十四人組成的引幡隊，舉著花花綠綠的萬民旗、萬民傘。接著是一千多人的法架鹵簿儀仗隊，所舉器物五花八門，如旗幡、刀槍、樂器、轎輦等。隨後是由一百二十八人抬著慈禧的棺槨。皇家忌諱死字，因此棺材經過喬裝打扮後，如同轎子一樣，取名吉祥轎。棺槨後面跟著排成十路縱隊的武裝部隊，最後則是由數千車輛組成的皇親國戚及文武百官的車隊。整個送行隊伍綿延十幾里。

在送葬隊伍裡，年老而多病的李蓮英，一路步行尾從。送葬的人不知凡幾，只有他表現出非常憂慮的神色，他步履蹣跚，使人見而動心，忘記他曾經的罪惡。

作為一個老太婆的慈禧，走了；
作為一個獨裁者的慈禧，走了；
作為一個嗜權者的慈禧，走了；
作為一個貪婪者的慈禧，走了。

爭強好勝一輩子的慈禧，不甘心就這麼一走了之，於是一下子就帶走了上億的金銀珠寶。中國人常說，「生不帶來，死不帶去」。然而，大家看看古代的帝王將相，看看眼前的老太婆慈禧，他們生前驅趕成千上萬的百姓給他們大造活人墓，他們一蹬腿、一翹辮子，什麼金銀珠寶，一股腦的全帶到墳墓裡。他們生倒未帶來什麼，死卻一定要帶去大量珍寶。不過，這也產生了一個意想不到的好處，中國的絕大多數考古，全靠帝王將相們帶進墳墓的那些東西支撐著了。當然，也養活了很多的盜墓賊。民國時期的大軍閥孫殿英，就屬於這類角色，一九二八年六月，他命令工兵炸開慈禧墓室，將裡面的隨葬奇寶洗劫一空。慈禧機關算盡，最終也未能帶走她想帶走的寶物，真是可憐可歎！

可是，我又始終覺得慈禧是個有福之人。你看看晚清所經歷的一件件大事，國際的，國內的，全讓慈禧給趕上了——她五歲的時候，鴉片戰爭；她執國的時候，先後趕上了太平天國之亂、英法聯軍火燒圓明園、清日甲午戰爭、義和團之亂、八國聯軍進攻北京；再加上她親手發動的一場接一場的宮廷政變，有多少著名的英雄和狗熊與她同台起舞，有多少彪炳史冊的名人與小人與她共歷波瀾。提起這個時期的事，少不了慈禧；提起這個時期的人，還少不了慈禧。所以我說，好了壞了，慈禧都與晚清的歷史並存。一個人能與這麼多大事、這麼多有名的人糾纏在一起，在中國數千年的歷史上，恐怕再也找不出第二個人來。

---

① 載湉因長期生活在慈禧那令人恐懼的陰影裡，他自小就落下一個病根，聞雷即懼，以為又是慈禧大發雷霆。他小的時候，甚至聞雷即尿褲。載湉成人後，聞雷雖不再尿褲，卻又添新疾——渾身哆嗦。我把載湉的這些生理行為，歸結為「恐慈」後遺症。

② 參見《帝國的回憶》第一百四十五-一百五十二頁。

③ 德齡著：《清宮二年記》。

附表

清帝承繼表

愛新覺羅氏	年號	廟號	在位年數	生卒	享年	承繼關係	備註
福臨	順治	世祖	18	1638-1661	24	皇太極第九子	
玄燁	康熙	聖祖	61	1654-1722	69	福臨第三子	
胤禛	雍正	世宗	13	1678-1735	58	玄燁第四子	
弘曆	乾隆	高宗	60	1711-1799	89	胤禛第四子	
顒琰	嘉慶	仁宗	25	1760-1820	61	弘曆第十五子	
旻寧	道光	宣宗	30	1782-1850	69	顒琰第二子	
奕寧	咸豐	文宗	11	1831-1861	31	旻寧第四子	
載淳	同治	穆宗	13	1856-1874	19	奕寧與慈禧所生	無後
載湉	光緒	德宗	34	1871-1908	37	老醇親王奕譞之子，慈禧親外甥	無後
溥儀	宣統	憲宗	4	1906-1967	62	小醇親王載灃長子（其廟號為後人追加）	無後

血歷史48　PC0320

新銳文創
INDEPENDENT & UNIQUE

慈禧與她的帝國

作　　者	魏得勝
主　　編	蔡登山
責任編輯	鄭伊庭
圖文排版	陳姿廷
封面設計	陳佩蓉

出版策劃	新銳文創
發 行 人	宋政坤
法律顧問	毛國樑　律師
製作發行	秀威資訊科技股份有限公司 114 台北市內湖區瑞光路76巷65號1樓 電話：+886-2-2796-3638　傳真：+886-2-2796-1377 服務信箱：service@showwe.com.tw http://www.showwe.com.tw
郵政劃撥	19563868　戶名：秀威資訊科技股份有限公司
展售門市	國家書店【松江門市】 104 台北市中山區松江路209號1樓 電話：+886-2-2518-0207　傳真：+886-2-2518-0778
網路訂購	秀威網路書店：http://www.bodbooks.com.tw 國家網路書店：http://www.govbooks.com.tw

出版日期	2013年7月　BOD一版
定　　價	400元

國家圖書館出版品預行編目

慈禧與她的帝國 / 魏得勝著. -- 一版. -- 臺北市：新銳文創, 2013. 07

面； 公分. -- (血歷史 ; PC0320)

BOD版

ISBN 978-986-5915-79-7 (平裝)

1. (清)慈禧太后 2. 傳記 3. 晚清史

627.81 102008290

讀者回函卡

感謝您購買本書，為提升服務品質，請填妥以下資料，將讀者回函卡直接寄回或傳真本公司，收到您的寶貴意見後，我們會收藏記錄及檢討，謝謝！如您需要了解本公司最新出版書目、購書優惠或企劃活動，歡迎您上網查詢或下載相關資料：http:// www.showwe.com.tw

您購買的書名：______________________________

出生日期：________年________月________日

學歷：□高中(含)以下　□大專　□研究所(含)以上

職業：□製造業　□金融業　□資訊業　□軍警　□傳播業　□自由業

□服務業　□公務員　□教職　□學生　□家管　□其它_____

購書地點：□網路書店　□實體書店　□書展　□郵購　□贈閱　□其他

您從何得知本書的消息？

□網路書店　□實體書店　□網路搜尋　□電子報　□書訊　□雜誌

□傳播媒體　□親友推薦　□網站推薦　□部落格　□其他__________

您對本書的評價：（請填代號　1.非常滿意　2.滿意　3.尚可　4.再改進）

封面設計____　版面編排____　內容____　文／譯筆____　價格____

讀完書後您覺得：

□很有收穫　□有收穫　□收穫不多　□沒收穫

對我們的建議：______________________________

____

____

____

請貼
郵票

11466
台北市內湖區瑞光路 76 巷 65 號 1 樓
秀威資訊科技股份有限公司 收
BOD 數位出版事業部

(請沿線對折寄回,謝謝!)

姓　名:＿＿＿＿＿＿＿＿　年齡:＿＿＿＿　性別:□女　□男

郵遞區號:□□□□□

地　址:＿＿＿＿＿＿＿＿＿＿＿＿＿＿＿＿＿＿＿＿

聯絡電話:(日)＿＿＿＿＿＿＿＿＿＿(夜)＿＿＿＿＿＿＿＿＿＿

E-mail:＿＿＿＿＿＿＿＿＿＿＿＿＿＿＿＿＿＿＿＿